河北省 | 金融创新力发展报告

郭净 任爱华 付锦泉 ◎ 著

中国财经出版传媒集团

经济科学出版社
Economic Science Press

图书在版编目（CIP）数据

河北省金融创新力发展报告／郭净，任爱华，付锦泉著．
—北京：经济科学出版社，2019.6
ISBN 978 - 7 - 5218 - 0674 - 8

Ⅰ.①河… Ⅱ.①郭…②任…③付… Ⅲ.①地方金融事业 -
经济发展 - 研究 - 河北 Ⅳ.①F832.722

中国版本图书馆 CIP 数据核字（2019）第 132270 号

责任编辑：刘　颖
责任校对：齐　杰
责任印制：李　鹏

河北省金融创新力发展报告
郭　净　任爱华　付锦泉　著
经济科学出版社出版、发行　新华书店经销
社址：北京市海淀区阜成路甲 28 号　邮编：100142
总编部电话：010 - 88191217　发行部电话：010 - 88191522
网址：www.esp.com.cn
电子邮件：esp@ esp.com.cn
天猫网店：经济科学出版社旗舰店
网址：http：//jjkxcbs.tmall.com
北京季蜂印刷有限公司印装
787×1092　16 开　15.25 印张　220000 字
2019 年 6 月第 1 版　2019 年 6 月第 1 次印刷
ISBN 978 - 7 - 5218 - 0674 - 8　定价：50.00 元
（图书出现印装问题，本社负责调换。电话：010 - 88191510）
（版权所有　侵权必究　打击盗版　举报热线：010 - 88191661
QQ：2242791300　营销中心电话：010 - 88191537
电子邮箱：dbts@ esp.com.cn）

前　言

　　小小寰球，煌煌史册。自文明肇启，混沌初开，创新便推动着历史前进的步伐，并逐渐成为人类社会发展的动力。中国古史相传，燧人氏钻木以取火，有巢氏构材以为屋，伏羲氏结网以渔猎，仓颉氏造字以传文，此皆古之创新者也。此后，随着生产力的发展，剩余产品开始出现，进而交换也随之产生了。商品交易最初是以物易物的形式进行的。正如《诗经·卫风·氓》中所言："氓之蚩蚩，抱布贸丝。"随后出现了扩大的价值形式和一般的价值形式，最后一般等价物固定在金、银等贵金属上，货币便由此产生。货币的产生看似在一定程度上解决了价值和使用价值之间的矛盾，但实质上它只是将这种矛盾外化为商品和货币的矛盾。因为有了货币，作为货币融通的形式——金融也因此诞生。由此可见，金融的产生本身就是创新。而且在金融发展的过程中从未离开过创新。从中国唐代的"飞钱便换"到宋朝的"交子钱庄"，从元代的"中统宝钞"到明清时期的银票票号，从商路遍及全球的东印度公司到阿姆斯特丹的证券交易所，从英国泰晤士河边的劳合社到美国曼哈顿的华尔街，无不是金融创新的深刻体现。当历史老人的步伐步入现代社会，经济全球化席卷而来，金融业已成为世界经济的核心。金融促进财富向资本转化的作用及其将资本转化为现实生产力的中间媒介的本质更加凸显。现代金融创新更是不可或缺。它融通资金、调剂余缺，高效服务实体经济；它融合科技、驱动创新，激发市场主体活力；它彰显绿色、渗透文化，促进产业结构升级；它注重共享、致力普惠，体现服务宗旨；它突出特色、强调协同，助力区域发展。无论从新经济到大数据，还是从区块链到共享经济，我们都可以看到，经济社会的发展进步离不开金融业的创新，金融对实体经济的支持力度取决于金融机构自身创新的能力、变革的速度以及与市场的适应性。金融技术强大与否以及金融制度的优劣决定着实体资本、人力资本和社会资本向现实生产力转化的速度与强度。

就当前国内形势而言，宏观经济减速增效，产业结构转型升级势在必行，高质量发展蓄势待发。然而，其中矛盾也较为突出，过剩产能有待转化，相关领域企业面临减产、停产危机，职工安置、转产方向、新技术开发应用等都亟待解决；环境污染严重，治理环境必须限制和治理高污染企业，需要大量的资金、技术投入，这些投入的来源也亟待扩展；企业杠杆率高企，同时政府隐性债务规模也不断增大，这既有产业结构调整、基础设施建设加速方面的原因，也与融资渠道不畅、资金使用成本过高有关，而从本质上看，又与企业自身的创新力不足相关，融来的资金生产不出创新的产品、提供不了满足市场需求的服务，自然无法实现利润，要想维持生存则需要更多的资金，于是债台高筑、杠杆高企；随着人口老龄化的趋势降临，劳动红利逐渐丧失，加之资源的限制和治理环境的影响，企业生产成本逐步提高，要想生存无非两种选择，要么降成本、要么增利润，新的增长点出现之前增利润遥不可期，降成本才是关键，然而自然资源、劳动力、资本等要素的成本存在刚性，降成本的唯一方法就是生产技术的改进和生产方法的创新，这也无法离开大量资金的支持；国内房地产市场由火爆逐渐趋于冷淡，然而一二线城市的房价仍然居高不下，即使一些三四线城市甚至是小县城其房产价格也远远超出了当地普通居民的负担能力，致使一方面住者有其屋的刚性需求无法满足，另一方面虚高的房价也给市场带来了巨大的风险，房地产市场本身不是金融，但其矛盾的解决和风险的化解也离不开金融业的创新发展；就金融市场本身来看，影子银行规模越来越大，资金流向的监测越来越难，潜在风险越积越深，加之各种非法金融活动甚嚣尘上，严重扰乱了金融市场秩序，干扰了金融业的稳健运行，阻碍了金融业的创新发展。

从国际形势上看，和平和发展这两个主题仍然是当前世界人民追求的主要目标。从经济形势来看，自2008年金融危机之后，世界经济逐步复苏，新的经济增长周期已经启动，"换挡提速"有望到来。然而，所遇风险和困难也在增长。全球经济增速放缓，通货膨胀率上升，货币政策的紧缩性大幅增加。国际贸易竞争愈加激烈，贸易摩擦频繁发生，贸易保护主义抬头，使全球经济效率衰减，与帕累托最优渐行渐远。世界主要经济体增速放缓，美国经济虽然在金融危机中浴火重生，然而出口大幅减少，就业率严重回落；英国脱欧、希腊等国家的主权债务危机也严重影响着欧盟经济的进一步整合；在后危机时代，全球贸易额下降，世界购买力整体萎缩，使日本、韩国这样的出口导向型国家也困难重重，难以渡过难关；盛产石油的中东国家"流淌着奶和蜜"的同时却战争不断，严重影响着当地的经济发展；俄罗斯、印度、巴西等"金砖国家"虽然已形成世界经济增长的新市场，然而，受历史因素、客观条件、制度体制等方面的制约也使其在全球金融危机之后步履维艰；随着宣布对外开放，朝鲜半岛局势有所缓和，但一些霸权主义大国仍然对冷战思维抱残守缺，接纳态度并不积极，使半岛局势扑朔迷离，经济发展需待时日。

金融业发展所面临的国内、国际环境并不乐观，系统性风险爆发的可能性增加，金融稳健运行的要求越来越高。与此同时，随着科技的发展和交易方式的改进，金融业的经营理念和方法也亟待革新。创新是人类存在发展的永恒法则，是人类社会前进发展的不竭动力，因此，金融业要克服当前危机加速发展，就离不开创新。各类金融机构自身的创新力直接决定着其生存和发展。因此，本书试图探索构建金融机构创新力的评价体系，为各类金融机构衡量自身实力提供依据，为其实现创新发展提供理论支持，同时，也为政府及金融监管部门决策提供有力参考。河北金融学院金融创新与风险管理研究中心的研究人员郭净、任爱华、付锦泉、魏荟颖、李鹏燕、锁罗曼共同撰写完成本书稿。

当此金融业创新发展之际，更值民族伟大复兴之盛世，是以作此书稿，聊为涓滴之绿，冀以汇入千里碧波。本书草成仓促，加之著者水平所限，难免谬误疏漏。愿此稿能为引玉之砖、燃火之薪，关歧途之窗，启正路之门，各位同仁多加斧正，则吾辈创作之执念足以慰藉矣。

郭　净　任爱华　付锦泉
2019 年 1 月 18 日

第一章 国内外金融创新整体情况

随着国际经济的迅速发展，金融创新在世界经济发展中越来越发挥着重要的作用，这也是经济时代发展的必然趋势。当前，我国已经迎来了经济发展的新常态，而经济决定金融，中国经济新常态必然催生中国金融的新常态。与经济增速回落相适应，近几年，我国金融行业也告别了飞速发展，逐步回归理性稳健。金融创新作为经济转型发展的驱动力，有利于提高资源的优化配置，也将成为我国经济突破的重要途径。

第一节　国内外金融创新总体情况与趋势分析

随着世界经济发展区域化和一体化的趋势，金融市场整体的融资能力大大增强，得到了快速发展，在激烈竞争和科技发展的催化下，金融创新成为整个行业发展的大趋势。包括中国在内，全球金融行业在产品创新、技术创新、管理创新和监管创新方面都进行了积极探索，并取得了良好的效果。

一、国外金融创新总体情况

从全球范围来看，尤其是西方国家的金融机构，对于金融创新有着多年的历史和深厚的积淀。悠久的发展历史使这些国家对金融创新有了深入的理解和丰富的经验，许多产品已经经受住市场的多重考验。因此，学习、借鉴西方金融机构相对丰富的创新知识，能够使我们更好地把握金融创新未来的总体方向。

（一）产品创新个性化、多样化

西方国家金融机构的产品创新主要从专业化向多元化、多样化转变，从事业化经营向综合化经营转变，注重以客户需求为中心的业务发展。20 世纪 80 年代以来，主要发达国家的金融体系开始从单打独斗转向混业经营，在这些西方发达国家的金融机构中，消费者在"金融超市"可以享受丰富的"一站式"金融服务，满足了客户的不同需求。其商业银行提供的服务涉及包括银行、信托、保险、基金等金融行业所有分支业务。在为个人客户服务时，国外金融机构更注重以客户为中心，了解每一位客户的需求，在为客户制定全面的理财服务方案的同时，用差异化、个性化的理财产品满足不同人群的需求。例如，美国以前进（Progressive）保险公司为代表的二十多家保险公司均推出了"按驾驶行为定价"的车险产品，其基础是行为表现良好、安全性高的驾驶人员应该获得保费优惠，保费取决于实际时间、地点、具体方式等综合指标的考量。运用车联网技术和大数据分析，为不同风险情况的客户进行差异化定价，同时提升了保险的交互频率，通过 APP 还可以为客户提供更多附加金融服务。

（二）科技与金融深度融合

随着金融科技浪潮席卷全球，金融科技得到了迅速的发展，大数据、人工智能等领域在金融行业中已经有广泛应用，区块链领域的应用也逐渐起步，成为金融创新发展的一大方向。在这种大背景下，国际上众多银行越来越重视科技对金融创新的渗入，加大了对科技研发的投入比例，甚至投资了创新金融科技公司。以美国商业银行为例，其优先考虑将投资用于改善用户服务、增加收入的人工智能技术应用，并将这些投资置于战略高度。摩根大通技术投入占其总收入的近 10%，并将很多科技应用到金融业务中，如把智能服务嵌入银行信贷合同的审查、银行信贷的分析和银行风险的识别与提示，大大降低了信用风险，提升了公司的效益。美国国富银行积极关注金融技术的最新动向，2016年的创新预算也高达30亿美元，目前已开始使用基于人脸和语音的生物识别技术来验证消费者和企业用户，使用机器人自动化进行房屋贷款的处理和对账，利用科技来提供智能服务，改善用户体验。科技与金融的深度融合是大势所趋，也是创新的必然方向。

（三）创新管理能力较强

国外金融机构经营管理完全以市场为导向，满足客户多样性的需求，较为完善的创新管理规章制度和高现代化的管理结构，保证了创新的高效性。国外商业银行的产品创新起源于20世纪60年代对监管的回避型创新。最初，西方国家金融行业实行较为严格的管制模式，导致商业银行在狭小的空间难以发展和生存，这些金融机构为了突破管制，寻找自身的发展空间，把风险进行转移和分散，从而推出了如银团贷款、外汇掉期等创新型的金融产品，随后在70年代针对风险转移手段进行了创新和发展。80年代的风险防范创新和90年代以后的各种创新发展至今，西方国家金融创新体系已经达到相对完善和成熟的水平，丰富的经验让其对市场把控能力和创新管理有了较为深入的理解。

（四）监管手段不断创新

在金融创新的快速发展和深化的大背景下，全球金融监管改革开始面临新的问题，即如何解决平衡监管和创新之间的微妙关系，构建与金融创新相匹配的监管体系。美国次贷危机的主要原因正是过于宽松的监管和金融工具的恶性创新，极大冲击和破坏了国际金融秩序。因此，美国政府不得不进行深刻反思，对金融创新产品市场准入制度、高管薪酬机制、金融衍生品市场、金融创新产品等领域进行了大力度的改革，提出了更加详细的金融监管方案和法案，加强了金融创新产品的信用评级监管。

在这个大背景下，欧美国家为了在鼓励适度的创新基础上更加有效防范风险，不断尝试并积极开展监管创新，希望通过有效的方法防范和控制创新风险。其中，"监管沙盒"模式被推到了监管技术的前沿，英国、新加坡等国家都在积极倡导和运用。许多国家和地区通过"监管沙盒"提供了真实市场的"精简版"和监管环境的"宽松版",在保障消费者权益和金融运营稳定的前提下,允许金融机构和金融科技公司对创新的金融产品、服务与模式进行新的试验,以此寻求有效的监管新平衡。"监管沙盒"的实施,可以让监管法规和政策及时跟上金融创新发展的步伐,避免产生过大的风险,同时,帮助创新型金融机构较容易把握监管的意图和发展方向,从而为金融机构创新提供动力和保障。

二、我国金融创新总体情况

银行、保险、证券等作为我国金融业的主要金融机构,在新常态背景下,转变了规模速度导向,开始积极加大创新转型,抓住机遇、直面挑战、主动作为,并将创新作为判断金融机构发展情况与实力的重要指标。目前,我国金融创新整体能力不断提升,不少金融机构已把金融创新融入自身发展战略当中,尤其是在产品创新、科技应用、创新人才培养方面取得了显著的效果,同时也为我国金融监管提出了更高的要求。

(一)科技应用能力不断增强

近年来,以大数据、区块链、云计算、人工智能为代表的金融科技快速发展,对传统金融业务的模式、流程、效率和监管方式带来深远而广泛的影响。我国十分重视新技术对于经济和其他产业发展的作用,国务院印发的《国家创新驱动发展战略纲要》,就"互联网+"、云计算、大数据等技术发布了有关指导意见;中国人民银行等十部委颁布了《关于促进互联网金融健康发展的指导意见》,同时还成立了金融科技委员会;原保监会为了促进金融科技的发展,引领业务转型升级,颁布了《互联网保险业务监管暂行办法》《保险业新技术应用促进办法(征求意见稿)》。这些政策的颁布是金融科技发展的良好历史性机遇。[①]

目前,我国商业银行正在努力提高自身的现代化水平,大力推进金

---

① 赵军,姜杰,赵晖. 保险行业金融科技创新现状及战略思考 [J]. 中国保险. 2017 (8).

融科学技术的发展，尝试把科技引入商业银行的各个业务流程，一些商业银行甚至将科技金融提升为核心战略，并在此基础上取得了一定的积极效果。例如，随着电子银行的高速发展，金融业务的推广也拥有了更加高效、便捷的渠道，我国大多数商业银行都普及了通过电子银行进行在线支付的业务，如今网上交易和服务已经占到了大型商业银行会计核算的95%以上，对于消费者来说，在提高业务办理效率的同时，也满足了个性化和多样化的金融需求，如民生银行发起成立的"科技金融银行"、农行的"刷脸取款"、建行的"无人值守校园 e 银行"，众多银行机构都在积极运用互联网科技，利用人工智能、区块链技术提高安全等级，缩短等待时间，极大改善了客户金融服务体验。

保险机构也积极抓住发展机遇，运用大数据、人工智能区块链等金融技术开展各领域的探索和实践，充分利用开放、透明、高效的金融技术优势，对服务、渠道和产品加强自主创新能力。如自助投保、手机投保、一键式投保等已经相当普遍，即使在人身险等比较复杂的领域，大部分保险公司营销人员也通过手机 APP 或专用电子设备，实现快捷投保；针对理赔难这个行业痛点，自助理赔、快赔、闪赔等服务在保险公司间基本普及；不少保险公司还在尝试利用可穿戴设备实现了对被保险人进行健康管理，降低了发病率和死亡率，使公司科技研发能力实现跨越式发展。特别是走在保险科技前沿的平安保险公司，截至 2017 年末，平安专利申请数量高达 3 000 余项，相较年初增长了262%，涉及云计算、大数据、区块链、人工智能和安全技术等领域，拥有人脸识别、声纹识别、疾病预测等多项全球领先技术，多项技术成果在医疗影像研究、生物识别等领域斩获国际大奖。[1] 各大保险公司均已把科学技术纳入了公司战略发展的重要部分，并取得了良好的效果。

（二）金融产品普惠化，产品创新能力显著提高

2013 年，党的十八届三中全会首次将"大力发展普惠金融"纳入执政行动纲领中。2015 年底国务院印发了《推进普惠金融发展规划（2016—

---

[1] 根据《2017 年平安年报》整理，http://www.pingan.com/app_upload/images/info/upload/0.pdf。

2020年)》，将"发展普惠金融"正式确立为国家级的战略规划。在国家大力支持的背景下，秉承着让社会各阶层都能平等享有一般金融权利的服务理念，把更多注意力转移到被传统金融所忽视的城乡低收入群体、小微企业、农村地区等金融弱势群体，利用产品与服务创新的手段，试图把被边缘化的群体纳入金融服务范围，使社会绝大多数人从金融发展中获益，金融机构在探索和发展的过程中，产品服务创新力显著提高。

1. 普惠金融成为银行重要发展战略

发力普惠金融服务，打造差异化产品推进创新，已经成为众多银行的重要发展战略之一。据统计，目前我国有 11 家银行成立了普惠金融事业部，但其特色和侧重点不同，专注的企业领域也不同。其中，四大银行（中国工商银行、中国农业银行、中国银行、中国建设银行，下同）率先完善了普惠金融专职机构，且职能明确，运行良好，具体见表 1 - 1。其余股份制银行也在自己擅长的领域提供更加丰富的产品服务。例如，兴业银行根据自身致力于发展绿色金融的特点，成功打造了"1 + N"的普惠金融服务体系，进一步将绿色金融的实践拓展到普惠金融领域，全面运用多样化的产品，如排污权和碳资产抵押贷款、合同能源管理融资品等产品，帮助小型和微型节能减排的企业利用环境权益资产，解决担保和融资困难的问题，信贷余额接近 4 亿元，已经惠及了超过 700 家的小型和微型企业，取得了不错的效果。招商银行在普惠金融上也向其所定位的"金融科技银行"方向倾斜，前期的铺垫发展为其普惠金融的开展打下了良好的基础。招商银行表示，希望能够通过科技变革为客户提供普惠、个性化、智能化的金融服务。目前该行已将小微智能经营平台确定为全行重点 Fintech 项目，目前已经完成一期开发上线并将持续迭代优化。光大银行早就开始关注便民缴费市场，仅 2017 年一年，云缴费平台用户接近 1.5 亿人，人均交易金额达到 176 元，平均每天交易额 2.4 亿元，实现了如手机充值、交通罚款、水、电、气等缴费项目 2 000 余项，① 为众多消费者提供了缴费便利，同时带动了其他的业务发展。

---

① 发力普惠金融服务 11 家银行打造差异化产品 [EB/OL]. http://finance.china.com.cn/money/bank/20180515/4637029.shtml.

表 1-1 　　　　　　　　　　四大银行普惠金融专职机构设置情况

银行名称	机构设立情况	职能或运行机制
中国工商银行	总行设立普惠金融业务部	"六单"机制：单独的信贷管理体制；单独的资本管理机制；单独的会计核算体系；单独的风险拨备与核销机制；单独的资金平衡与运营机制；单独的考评激励约束机制
中国农业银行	董事会设立"三农"发展委员会	统筹全行"三农"业务的战略决策
	总行管理层设立"三农"金融部管理委员会	统筹服务"三农"重大事项的决策部署
	总行设立"三农"金融事业部	针对资本、资金、信贷、核算、风险拨备与核销、考评激励等方面，建立整套有别于城市业务的、专业化的"三农"政策制度体系
	总行设立普惠金融事业部	借鉴 2008 年"三农"金融事业部改革经验，重点服务城市普惠金融领域
中国银行	总行管理层设立普惠金融管理委员会	统筹管理和推进全行普惠金融业务
	总行设立普惠金融事业部	借鉴村镇银行建设经验，负责普惠金融业务的政策制定和规划
中国建设银行	总行党委设立普惠金融发展委员会	统筹推进普惠金融业务的管理和发展
	总行设立普惠金融事业部	牵头完善与普惠金融重点服务对象相适应的管理机制、业务模式、产品、服务和技术支撑体系

资料来源：各银行对媒体披露信息。

2. 普惠金融服务"三农"

由于农村地区普遍存在资金和金融服务供给不足、农民贷款困难、金融机构定位不够准确等问题，农村也成了普惠金融开展的一片热土。截至目前，三年多的探索实践取得了不错的成果，农村普惠金融已成为中国减贫、落实基本保障、平等发展的重要途径，形成了丰富多样的创新模式。例如，江西农业银行在丰城等地区成功推广了"惠农卡＋智福通＋网上银行＋农村保健室＋小超市"的金融创新服务模式，以简单的金融服务帮助农民解决了众多现实问题，针对农民和中老年人等特殊群体的需求创新了适合其使用的非现金支付工具，帮助其学会使用银行卡和自主设备，提高了设备使用效率，受到了广大中老村民的积极响应和热烈欢迎。2017 年，甘肃省人保财险兰州支公司大胆突破农业保险传统的财政补贴模式，尝试采用商业化的保险模式，开发出了"地方财政补贴蔬菜价格指数保险产品"，逐步完善了试点区域，从张掖市推广到省内其他地区，农民抵御自然灾害的能力得到了显著提高，该产品赢得了人民群众广泛的支持和好评，是保险精准扶贫的一大成果。小额信贷作为农民创新创业资金来源的重要途径，也是普惠金融开展的重点内容之一，以江苏省农村金融开展情况为例，金融机构积极研发具有电子商务特征的信贷融资产品，搭建了集合金融交易、金融支持和平台运营为一体的互联网平台，为农民现金支取、惠农惠民政策实施、自助农业贷款、商品代买等提供了众多服务，农民与金融机构实现了双赢的良好局面。截至 2017 年，江苏农业银行的浦口支行为小微企业累计发放了 10 亿元的贷款，服务了将近 40 户企业，为个人提供了 50 余笔高达 1.22 亿元的资金支持，创建了融合农村资产和消费品的信用购买新的小额信贷模式，为当地农村中小企业快速发展提供了巨大支持。①

3. 普惠金融助力中小企业发展

中小企业发展一直面临着一系列挑战与困难，特别是在经济增长放缓的条件下，中小企业承受着市场和融资的双重压力。金融行业试图通过创新发展金融服务机构的服务和产品，拓展借贷、债券、众筹等多渠道、多方式，以可持续的理念为中小企业和创业者提供全方位、全过程的金融服务。截至 2017 年，小微企业贷款总额为 24.3 万亿元，占全部金融机构贷款总额的 20.23%，小微企业申贷获得率 92.8%。② 例如，2017 年中信银行创新推出了一款小企业融资神器——"银税贷"

---

① 顾雷. 农村普惠金融的现实问题与解决之道［N］. 金融时报，2018 - 5 - 7.
② 根据《2017 年四季度金融机构贷款投向统计报告》数据整理，中国人民银行网站。

业务。中信银行"银税贷"是针对诚信纳税的小企业提供的贷款业务，可采用信用方式，以税定贷，让企业的纳税信息活起来，通过银税互动，实现快速批贷，较好地满足了小微企业的融资需求，让有诚信、坚持纳税的小企业客户能够轻松融到企业发展初期急需的信贷资金。

（三）创新人才保证了创新能力的持续化

金融行业作为一个知识密集型行业，人才是金融创新的动力，目前国内金融机构有提升人力资源管理能力的倾向。人才的素质水平受学历和企业的培训制度影响，从国有四大银行近几年员工学历情况来看，硕士以上高学历人员占比逐年上升。2017年，四大银行硕士以上学历占比达到6.6%，比2015年提升0.56个百分点；专科及以下学历人员占比逐年下降，2017年为38.06%，较2015年下降6.37%。[①] 通过对金融机构人员招聘需求调查发现，除了对人员学历要求逐年提高外，"具备创新精神"已经成为各大公司重点关注的条件，公司在招聘过程中均试图通过"模拟沙盘""无领导小组讨论"等面试形式发现更多综合性、创新型的人才。显而易见，各大金融机构对人员素质水平要求越来越高，且更偏向于知识型、创新型人才。近几年，为提早挖掘创新人才，提高创新能力，各大金融机构举办的"大学生创新创意大赛"，成为新的浪潮。自2010年以来，中国工商银行已经连续举办7届"工商银行杯"全国大学生金融创意设计大赛，大赛参赛作品涵盖互联网金融、人工智能、区块链、物联网等多个领域，开创了银校合作、培养创新型人才的新途径，为大学生展示自身才华、实现社会价值提供了新舞台。平安产险公司为鼓励青年大学生敢于创新，激发其对保险行业的热情，锻炼高校学生的创新意识与实践能力，多年举办"平安产险全国大学生保险创意大赛"，并提供高达15万元的奖金鼓励，为大学生从产品设计、营销创意、服务优化等方面创新提供支持，同时从中选拔优秀大学生直接进入总公司面试，以此吸引创新人才。除了引进创新人才，

---

① Wind资讯。

各大金融机构也更加重视企业内部创新人才的挖掘与培养，通过举办公司内部创新比赛、组建创新产品研发团队等形式提升员工创新能力。例如，南京银行长期以创新项目来培养年轻人才，激发年轻人才的创新活力，2016年推出"鑫伙伴"计划，用新项目让员工贡献智慧，用新思维来研发项目，并把从新项目中脱颖而出的人才作为银行人才培养的重点。

（四）创新管理战略化，机构更加重视对创新的管理

2018年，中国银行保险监督管理委员会下发了《关于进一步放宽外资银行与保险市场准入有关事项的通知》。随着金融行业对外扩大开放，金融市场竞争越发激烈。创新能力作为竞争力的重要组成部分，被各大金融机构提到战略化层面，对于创新氛围、文化的培养也提升到新的高度。平安集团在总公司层面确立了"金融＋科技"双驱动战略，致力于成为国际领先的科技型个人金融生活服务集团。在制度上平安高度重视创新型科技人才发展与培养，目前，平安集团拥有22 000多名研发人员，为了保持创新的领先地位，平安集团与北京大学、清华大学、麻省理工学院、美国国立卫生研究院等国内外顶尖高校、研究机构深入开展合作和交流，共同推进金融科技和医疗科技领域的研究。[①] 中国人民保险股份有限公司的党委书记、董事长缪建民在2017年报中明确指出创新对于集团发展的重要意义，提出要通过科技创新、服务创新、商业模式创新和管理创新推动集团向高质量发展转型，满足人民群众更高水平的金融保险服务需求。2018年6月28日，中国人保集团在北京会议上提出了创新驱动发展战略，第一次公布了131个创新驱动发展战略实施项目的宏观规划，根据企业战略目标发展规划，到2022年中国人保将走到国内创新金融保险集团的最前列，2025年国际创新金融保险集团前列也将出现中国人保的身影，这为集团发展设立了明确的目标。民生银行从董事会到经营层，对科技创新高度重视，在最新制定的三年规划中，已经将科技金融银行列入行内战略，将成立金融科技公

---

① 崔元苑. 中国人保集团董事长缪建民：实施创新驱动发展战略 助力集团向高质量发展转型 ［EB/OL］. http://health.people.com.cn/n1/2018/0628/c14739-30094424.html.

司，并通过与华为等外部力量的战略合作，将其科技金融战略落地实践。

在创新项目管理方面，各家公司实施了专门的管理办法，更好监督与扶持创新项目发展。阳光保险集团在 2011 年下发了《阳光保险集团创新管理办法》与《阳光保险集团创新项目管理操作细则》，并对创新项目实行积分管理，即对各创新管理委员会审批立项的创新项目在其推动过程中计划的完善性、管理的规范性等重要方面进行积分，积分结果将作为创新奖项评比的重要参考依据。中国农业银行为提高产品创新工作质量和效率，明确产品研发项目组工作职责，规范银行产品研发项目组工作流程，2013 年下发了《中国农业以农行产品创新与管理委员会工作细则》《中国农业银行产品创新与管理办法》等制度，对产品创新管理提出规范要求。

（五）金融政策监管滞后化

政策对创新扶持力度越强，监管越宽松，则金融机构的创新环境越良好。从国家政策方面，积极鼓励金融机构创新，提供了较为有力的支持。为鼓励商业银行加快金融创新，规范金融创新活动，促进银行业金融创新持续健康发展，早在 2006 年中国银行业监督管理委员会（以下简称银监会）下发了《商业银行金融创新指引》；2012 年 12 月为推动和规范商业银行开展资本工具创新，拓宽资本补充渠道，发布了《关于商业银行资本工具创新的指导意见》；2018 年 1 月银监会又继续发布了《关于进一步支持商业银行资本工具创新的意见》，积极支持商业银行资本工具创新的有益探索。中国保监会、浙江省人民政府认真研究，于 2014 年 9 月在浙江省宁波市建设保险创新综合示范区。宁波综合试验区成立以来，利用保险职能创新服务国民经济的各个薄弱环节，落实了一批独具特色、可持续发展的保险创新产品和商业模式，两年来，共启动保险创新项目 95 个。2016 年中国保险监督管理委员会发布了《关于加强保险公司筹建期治理机制有关问题的通知》，鼓励保险公司使用互联网、大数据和云计算等技术创新保险产品与商业模式，优化业务流程，更有效地服务于各行各业。在众多政策支持下，我国金融机构创新力有所提升，政策作用初显成效。

但相对于金融机构创新的发展水平，明显的滞后性仍是我国法制建设存在的一个巨大问题，监管制度缺乏一定系统性和预见性，"被动监督"现象比较突出，很多早期制定的法律法规主要适用于传统的金融业务规范，对于当前的发展创新需要无法充分满足，经常是金融市场出现一系列业务变化甚至暴露出风险之后，监管规则才逐步进行更新和改善，许多金融市场的新发展和新问题缺乏法律的规范，[①] 如此以往限制了我国金融行业产品的创新发展。2018 年，监管层面经常出现"叫停""禁止""规范""不得""应当"等词汇，例如，包括信托、券商资管、基金专户、私募基金等在内的传统通道路径全被堵住，以及包括公募基金出让管理权的证券类通道、资管产品不合规的分级设计、无场景 ABS 以及政府融资的相关业务（如 PPP、特色小镇、政府投资基金等）已经受到明显的政策压制或高压约束等。金融监管缺乏对金融创新的有效保护和激励机制，没有保护，不能很好地帮助金融机构解决金融创新可能带来的不良后果，缺乏容错机制意味着对引导商业银行的创新缺少安全保障，极大削减了金融机构的创新积极性。因此，金融机构在逐渐趋于严格的金融监管环境中，又缺乏相关法律政策的支持，通常不敢加快金融创新产品的规模。

三、国内外金融创新总体趋势

（一）金融行业逐步走向混业经营，产品种类更加丰富

随着金融创新的不断开展，银行、证券、保险在内的几个分支业务逐渐融合，互相渗透。从 20 世纪 80 年代开始，金融行业较为发达的西方国家已经开始由分业经营向混业经营转变。1986 年，英国完成了金融大改革。两年后，日本开始实施金融"一揽子法"，分业经营制度退出了历史舞台。美国于 1999 年 11 月通过了《金融服务现代化法案》，废除了《格拉斯—斯蒂格尔法案》，从此金融行业交叉经营不再受到严格限制。

---

① 杨宇焰，谭明鹏. 英国监管沙盒对我国完善金融创新监管的启示及应用研究 [J]. 西南研究，2017（7）.

从而以美国为带领的金融行业分业经营模式的模式正式在西方国家终结，迎来了金融业混业经营的新时代。

2018年3月13日，国务院公布了机构改革方案，整合中国银行业监管管理委员会和中国保险监督管理委员会，成立中国银行保险监督管理委员会，作为国务院直属事业单位，从此我国金融行业监管实现了一定程度的"混业监管"。在业务上，我国目前仍实行分业经营体制，但随着我国金融市场的竞争逐渐加剧，各机构为提高自身的竞争力，扩大行业生存空间，必然会进行业务创新，以规避或突破分业经营的限制。近年来，影子银行的迅速发展，导致了事实上的"混业经营"加速发展。银行、信托和证券等金融行业之间的"跨业合作"并不少见，信贷市场、货币市场和资本市场的交叉市场"运营"屡见不鲜，混业经营逐渐成为一种默认的趋势。它是金融机构在利益驱动和分散多样化风险的需要下，适应经营环境变化的必然结果。在未来混业经营趋势下，引导金融机构创新产品种类也将更加的丰富，更加强调综合理财服务与全面的金融管理，因此对金融机构的创新能力提出了更高的要求。

（二）金融与科技进一步深度融合

金融科技基于大数据、区块链、人工智能等技术，适用于支付结算、贷款融资、理财、零售银行、保险、交易结算等六大金融领域，将成为金融业的主流趋势。随着5G时代的到来，区块链技术重塑底层技术推动全球投资研发热潮，以及第三次人工智能浪潮金融创新可能迎来突破性拐点，全新科学技术正在将现有的金融产品和行业模式进行重塑，时代的大潮流也促使企业消化、吸收新鲜事物的速度和效率明显提升，科技创新将是金融行业转型升级的必然趋势。

全球金融科技浪潮已成为不可逆转的发展趋势。据报道，在国际商业银行的从业人员中，80%以上为科技型人才，且这一比例还在不断上升。以美国银行（Bank of America）、花旗集团（Citigroup）和摩根大通（JPMorgan Chase）为代表的国际银行正在逐渐缩减线下实体网点的数量，为了提高用户的移动终端服务体验大量增加了对移动终端设备的投资。普华永道（Pricewaterhouse Coopers）在2017年发布信息称，未来五年，传统金融机构中的零售银行、财富管理和资金转移支付最有可能受到金融技术影响和冲击，从而得到颠覆式的发展。接下来将是深入发展基于大数据的客户画像，以此提升消费信贷的个性化定价能力，在不同场景提供相应的金融服务，逐步渗透到商业银行服务客群的各个角落。中国在战略和战术层面也在不断提高对金融技术研究与应用的重视，国务院《"十三五"国家科技创新规划》再次明确提出，要深入实施创新驱动发展战略，并将科技与金融的结合提到了前所未有的高度，确立了要让"科技＋金融"成为点燃创新发展的新引擎。这一场自上而下的战略改革，需要经历长期的探索与发展。[①]

（三）金融政策、监管不断创新

不断完善金融法规的建设，提高金融风险的防范和化解金融风险能力，需要我国金融政策和监管技术的不断创新。在金融创新的同时，我们必须注意防范金融风险，加强金融监管，用法律手段来保护金融行业的标准化发展。完善金融监管体系、有效解决问题不能依靠当前传统的金融监管技术，要尽可能走在金融创新的前沿，利用监管创新手段提前防范风险，为金融创新提供适度宽松和安全的法律环境。就目前我国金融监管力度来看，有些过于紧张，给予金融机构的空间较小，金融监管的不确定性阻碍了其积极开展创新发展。一方面，监管法规和政策出台已经被金融科技的创新速度远远超过，监管要求不够明确和稳定；另一方面，创新型的金融机构很难准确把握监管的意图和发展方向，从而导致创新动力不足。因此，借鉴国外经验大力采用"监管沙盒"技术进行金融创新监管势在必行，将成为我国监管模式的新选择。此外，按照国际惯例，监管还要从市场准入、市场运营、市场退出各个环节进行有效把控，以此降低金融创新所带来的种种风险，防止金融危机的发生。

---

① 潘小明，屈军. 商业银行与金融科技融合：现状、趋势与对策［J］. 海南金融，2018（5）.

（四）外资金融机构竞争下我国金融创新业务将出现跨越式发展

目前，在沿海城市和内陆主要中心城市外资金融机构均已入驻，逐渐参与到金融业的各个行业。2018 年 4 月，中国银行保险监督管理委员会下发《进一步放宽外资银行与保险市场准入有关事项的通知》，提出加快落实银行业和保险业对外开放举措。随着金融业对外开放，来自世界各金融机构的竞争变得更加激烈。外资金融机构的母公司通常是一些跨国公司，实力雄厚、历史悠久、技术先进，可以利用自身优势与国内金融机构开展行业的业务竞争，以优质的服务和产品获取到相应优质的客户，或以先进的科学技术发现国内还没有充分开发的潜在优质客户，扩大自己在中国金融市场的份额，对国内金融机构来说是个极大的挑战。

为了在竞争中求生存谋发展，国内金融机构也将在国外金融机构业务创新示范效应的带动下迅速跟进，从而推动金融创新和金融服务深化发展。因此，我们必须做好外资金融机构全面入驻的所有准备工作，积极面对挑战，在竞争中不断成长和壮大。金融行业的开发帮助我国培养了一个具有竞争性的金融市场，允许国有商业银行和其他金融机构在同一个开放、公平的市场大环境中进行竞争，允许不同类型的金融机构合并和重组，继续壮大非国有金融机构的体量，形成更多实力雄厚的竞争实体，增加国有金融机构参与竞争的压力，激发创新动力，促进各金融机构共同发展。为了生存，国内金融机构将在国外金融机构业务创新示范效应的带动下，积极探索金融创新之路，从而推动全国金融创新和金融服务的深化。

（五）监管与金融行业创新将形成良性互动

金融行业监管将会不断寻求新方式，在创新中监管、在监管中创新，实现二者良性互动，形成"监管—创新—再监管—再创新"的动态博弈过程。在面对金融改革的问题时，中国监管为金融机构松绑、拓展创新领域是刻不容缓的事情。虽然经过了多年的改革，中国的金融环境有所放宽，但与西方国家相比，金融管制仍相对严格，为了改善中国长期在金融创新中被困住的局面，改变中国在国际金融发展中"跟随者""模仿者"的角色，务必积极探索新的监管模式，给予创新更多空间，与金融行业创新形成良性互动。立足国际视角，欧美国家积极开展了既鼓励真正的金融创新，又有效防控风险的监管创新探索，金融创新"监管沙盒"模式走在前列，形成了监管新趋势。各国和地区通过"监管沙盒"提供一个"缩小版"的真实市场和"宽松版"的监管环境，在保障消费者权益和金融运营稳定的前提下，允许金融机构、金融科技公司对创新的金融产品、服务和模式进行新的试验，以此寻求有效的监管新平衡。"监管沙盒"的实施，可以让监管法规和政策及时跟上金融创新发展的步伐，避免大的风险，同时，帮助创新型的金融机构较容易把握监管的意图和发展方向，从而为金融机构创新提供动力和保障。[①] 目前，我国业界人士也在积极探索"监管沙盒"之路，为金融创新提供空间的同时保驾护航。

第二节　河北省金融创新总体情况

一、河北省金融机构发展整体情况

近年来，在京津冀一体化的协同发展的带动下，河北省金融行业发展较为迅速，金融资产总量快速增长，规模不断扩大，取得了一些成绩。但与江苏、广东等其他经济发达省份相比仍然存在较大差距，整体发展保持全国中等水平。

（一）银行业

河北省银行业健康稳健发展，为河北地区经济社会发展提供了坚实的金融支撑。截至 2016 年，河北省设有 5 家大型商业银行，共有 3 276 家网点，11 家股份制商业银行，13 家城市商业银行，152 家农村合作金融机构，74 家村镇银行，另外还设有 3 家政策性银行及国家开发银行，2 家外资银行，以及包括渤海国际信托有限公司在内的 9 家非银行金融机

---

① 张景智．"监管沙盒"的国际模式和中国内地的发展路径［J］．金融监管研究，2017（5）．

构,以中华融资产管理股份有限公司河北省分公司为代表的 4 家金融资产管理机构,整体来看河北省银行业组织体系日益健全,网点较为丰富。特别是城市商业银行与新型农村金融机构近几年呈现出了较为强劲的发展势头,2016 年末,河北省 13 家城商行资产总额 15 081.78 亿元,比年初增加 4 527.43 亿元,全年实现净利润 123.04 亿元,同比增长 23.46%;全省村镇银行实现 11 个地市全覆盖,县(市)覆盖率达 74%,较上一年度提高了 15 个百分点;河北省银行业金融机构资产合计 68 345.73 亿元,同比增长 16.4%;负债合计 66 117.68 亿元,同比增长 16.4%,与资产增长情况持平;从存贷款情况来看发展良好,稳步增长,2016 年银行存款合计 54 414.87 亿元,增长了 14.1%,贷款合计 37 817.14 亿元,同比增长 15.8%。[①]

(二)证券期货业

相比于国内快速发展的证券期货市场,河北省的发展相对较慢。截至 2018 年 3 月,河北省有 57 家公司在境内上市,占全国境内上市公司的 1.62%,居全国第 14 位(2015～2017 年情况见表 1-2);河北省上市公司总市值为 8 440.8 亿元,全国占比为 1.51%,总市值较年初增长 1.60%,同比增长 3.85%;河北省全国中小企业股份转让系统挂牌公司 253 家,占全国挂牌家数的 2.19%。新增挂牌公司 1 家,与上年同期相比,新增挂牌公司家数降幅明显。从融资情况来看,截至 2018 年 3 月,河北省直接融资总额为 82.17 亿元。其中,养元饮品 IPO 融资 33.89 亿元;上市公司股权再融资 25.98 亿元,分别为博深工具增发筹资 3.25 亿元、新奥股份配股筹资 22.73 亿元;非上市公司债券融资 22.3 亿元。河北省证券期货经营机构不断增加,但盈利能力有所减弱,截至 2018 年 3 月,河北省共有证券公司 1 家(财达证券股份有限公司),分支机构共计 283 家,同比增长 11.42%,累计交易金额 4.28 万亿元,同比下降 43.24%,累计营业收入 27.06 亿元,同比下降 58.82%;河北省共有期货公司 1 家(河北恒银期货经纪有限公司),分支机构共计 38

---

① 根据《2016 年河北省银监局年报》整理。

家，同比增长 11.76%，累计代理交易额 10 682.53 亿元，同比下降 68.62%，累计营业收入 0.33 亿元，同比下降 39.75%；河北省已登记私募基金管理人 130 家，已备案私募基金 255 只，基金认缴规模 426 亿元。①

表 1-2   2015～2017 年河北省沪深交易所上市公司数量情况

年份	数量（家）	占全国的比例（%）
2015	53	1.87
2016	52	1.56
2017	56	1.58

资料来源：Wind 资讯。

（三）保险业

近年来，保险公司、保险经纪公司的数量逐渐增加，保险市场发展加快，2016 年保险业发展水平综合排名全国第 8。截至 2017 年底，河北保险公司机构主体已达 42 家，其中，财产险 19 家，寿险 23 家。2015 年 2 月，燕赵财险在石家庄成立，成为第一家总部设在河北省的保险公司。2016 年，河北省原保费收入为 1 491.49 亿元，同比增长 28.23%。其中，财产险保费收入 442.13 亿元，同比增长 10.67%；人身险保费收入最多为 1 049.35 亿元，同比增长 37.42%（见图 1-1）。2016 年支付保险赔付总额 548.24 亿元，同比增长 18.69%，反映出保险的损失补偿作用得到了更好的发挥。2016 年，河北省保险深度（保费收入占 GDP 的比例）为 4.65%，略高于全国 4.16% 的水平，反映出河北省保险业在河北省经济中的地位与全国情况相似；保险密度（人均保费收入）为 1 996.6 元/人，低于全国 2 258 元/人的水平，体现出河北省保险普及程度有待提高。② 从河北省保费收入和保险赔付整体情况上看，河北省的保险业务增长迅速，在全国保险市场的影响力逐渐加大。

① Wind 资讯。
② 根据河北省保监局发布数据整理，http://hebei.circ.gov.cn/web/site19/。

（亿元）

	2012	2013	2014	2015	2016
原保费收入	766.16	837.59	931.94	1 163.1	1 491.49
人身险保费收入	507.5	527.81	575.32	763.61	1 049.35
财产险保费收入	258.65	309.77	356.72	399.5	442.13

—■— 原保费收入 —◆— 财产险保费收入 —✳— 人身险保费收入

图1－1 2012～2016年河北省保费收入情况

资料来源：国家统计局。

二、河北省金融机构创新总体情况

（一）金融主体多元化程度较低，机构缺乏自主创新能力

与其他发达省份相比，河北省整体金融机构主体数量较少，竞争能力不足，同时，由于在河北省设立的金融机构总部和外资机构数量较少，加之地方金融资源还未得到有效整合，从创新型金融机构整体的情况来看发展较为缓慢。2014年12月，河北省政府出台《关于加快金融改革发展的实施意见》，要求驻冀各金融机构要积极向总行（总部）争取金融产品创新试点。2016年7月，河北省财政厅发布《河北省鼓励新型金融组织发展奖励资金管理办法》，意在鼓励在河北省内成立金融机构总部，并给予财政支持。各金融机构在政策的支持和引导下，创新意识有所增强，取得一定成效。截至2016年，河北省内设有13家城市商业银行，4家金融资产管理公司，1家信托公司，2家金融租赁公司，1家证券公司，[①] 2015年2月，燕赵财险在石家庄成立，成为第一家总部设在河北省的保险公司。总部机构从无到有，是一个重大的跨越，但城市商业银行、新

---

① 根据《2016年河北省银监局年报》整理。

型农村金融机构的资产规模都相对较小，总部设在区域内的金融机构依然过少。由于产品创新权利大部分掌握在总公司层面，导致目前河北省众多金融机构缺乏自主创新的能力，只能把创新精力主要放在易掌握、易操作、科技含量低的外在形式建设上，如中间业务代理范围的扩大、资产业务零售品种的增多等，在业务和产品创新上能力欠缺。

（二）人才流失，缺少复合型创新人才

河北省地处京畿要地，由于京津地区与河北省在经济发展水平、公共服务环境、金融机构规模等方面存在的巨大差距，在"虹吸效应"的影响下，河北省大量金融创新型人才流失到京津地区。金融业务在创新中的研发和风险管理是一个极其复杂的过程，利用精通多个行业和领域的复合型人才进行管理是非常必要的，然而河北金融机构的从业人员较为单一，大多是金融领域的人才，缺乏能够掌握不同领域的复合型人才，这在很大程度上阻碍了河北省金融业务的创新和推广。为解决人才问题，各金融机构也进行了新的探索，2015 年以来，河北银行和张家口商业银行分别在上海、北京设立了研发中心，保定银行计划在北京设立资金营运中心，试图借助经济发达地区聚集的人才来解决自身创新发展的问题。中国人保、中国人寿等各地区分公司，积极与当地高校进行"校企合作"，探索培养创新实践性人才，协助高校举办各大论坛与"创新创意大赛"，激发金融专业人才的创新意识与实践能力，促进金融机构和高等院校的合作交流，培养并留住更多当地人才。

（三）积极拥抱互联网，金融科技融入创新发展

随着金融科技快速的发展，河北省金融机构也紧跟步伐，积极拥抱互联网，众多金融机构已将科技助推创新与发展纳入其新的战略，且取得了不错的效果。如兴业银行就提出"输出金融科技建设智慧河北"，整合"行业解决方案＋银行账户体系与支付体系"，形成"智慧城市"解决方案，助力多家医院上线"智慧医疗"公众号，助力法院行业上线"智慧法院"案款管理系统，助力爱泊车科技公司上线"爱泊车"APP等，运用互联网技术为燕赵大地的蓬勃发展注入了金融力量。农行沧州分行利用"金穗快农贷"大数据技术推动普惠金融发展，依托农行惠农

通服务点，推出"金穗快农贷"产品，用大数据分析技术筛选客户，设计信贷模型匹配授信额度，采取线上线下相结合方式办理贷款对首批"白名单"农户531户授信1 000万元，并成功发放首笔贷款2万元，[①]有效解决了农户贷款难、担保难的问题。

（四）金融创新融入企业文化，机构创新意识不断增强

河北省区域内尽管总部机构较少，但各级分公司创新意识不断增强，各金融机构在自身能力范围内尽可能进行创新发展，将创新融入自身发展战略与企业文化中。中国人保保定市分公司于2017年6月8日成立保险创新实验室，成为河北省分公司辖内首家设立保险创新实验室的地市机构，旨在加强经营管理创新，整合内外部人才优势、专业优势和资源优势，强化部门协作与团队合作，积极探索保险服务创新的内容、模式和载体，创新实验室不仅创新开发了集团客户拓展、法人客户专属服务、科技保险、农网功能激活、异业联盟商家拓展、保险顾问系统开发6个项目，还为培养和储备创新人才、技术骨干搭建了成长平台。近年来，河北金融机构联合高校积极举办各种论坛、峰会，不断探索金融创新发展的方向，如在河北省成功举办了"2016京津冀金融科技与金融创新峰会""保险创新与雄安发展论坛·2017""第二届中国（河北）·瑞士金融开放创新论坛""环雄安金融科技创新论坛"等，为河北省金融机构带来了创新的新思路。

（五）以金融创新助力精准扶贫与小微企业发展

针对普惠金融创新业务，河北省金融机构实施了有效的探索，特别在精准扶贫和扶持小微企业发展方面，取得了较为突出的成绩。秉承"金融扶贫、保险先行"的精神，中国人保保定分公司与阜平县政府合作创新建立了"联办共保"机制，在农业保险产品、合作模式、普惠性农业保险制度、"政融保"项目"支农支小"的功能上实现"四个创新"，在农业保险的带动下，农户的风险保障显著增加。中国人保保定

---

① 根据中国银行业监督委员会发布数据整理，http://www.cbrc.gov.cn/hebei/docPcjgView/D2E4D908918C496892F91F7B1F0E7D99/25.html。

分公司成功探索出了保险精准扶贫的"阜平模式"。保定银行在业务上主攻产业扶贫方向，构建"政府＋银行＋保险＋担保机构＋农户（企业）"新型金融扶贫模式，设立"惠农小贷中心"专营机构，与阜平、顺平等贫困县政府签署战略合作协议，授信额度10亿元，仅在阜平就已发放产业扶贫贷款2.94亿元，[①] 在帮助农民脱贫致富工作上取得了巨大的成效。

2018年5月17日，河北银监局在全国出台首个《关于支持银行业金融机构开展小微企业续贷业务的指导意见》，细化了金融创新服务小微企业发展的相关要求，众多金融机构进行了积极的探索实践。河北银行作为河北省唯一一家省属地方法人银行，带头通过设立小微专营机构、创新金融产品，形成小微金融服务体系。截至2017年一季度，小微企业贷款余额492.95亿元，贷款户数13 852户，申贷获得率达93.99%，[②] 该行连年实现"三个不低于"指标，被银监会评为2010年、2012～2015年全国小微企业金融服务先进单位。中国建设银行河北省分行在2017年推出了一款线上版的"云税贷"产品，基于小微企业涉税信息，运用大数据技术进行分析评价，采用全线上自助贷款流程，针对诚信纳税优质小微企业，帮助其进行短期生产经营周转。小微企业可通过手机或者网银在线申请、审批、签约、支用和还款，随借随还，不用抵押担保，大大节约了财务成本，帮助优质诚信纳税企业实现快速融资。

第三节 我国金融创新的政策与监管

一、我国对于金融创新的政策支持与监管情况

近年来，为鼓励金融机构加快金融创新，规范金融创新活动，促进金融行业持续健康发展，从国家政策方面，提供了较为有力的支持。

---

① 根据中国银行业监督委员会发布数据整理，http：//www.cbrc.gov.cn/hebei/docPcjgView/D2E4D908918C496892F91F7B1F0E7D99/25.html。

② 根据《2016年河北省银监局年报》整理。

（一）金融行业创新支持政策

1. 银行业

早在 2006 年中国银行业监督管理委员会就下发了《商业银行金融创新指引》，鼓励商业银行加快创新，并从运行机制、客户利益保护、风险管理、监督管理等多方面对商业银行的创新提出了规范和引导。2012 年 12 月，为了对银行开展的创新资本工具进行规范，丰富资本补充的渠道，从而提高银行体系的稳健性，服务于实体经济的良好发展，银监会发布《关于商业银行资本工具创新的指导意见》，提出合格资本工具的认定标准以及完善商业银行资本工具创新的工作机制，在该意见中银监会提出继续与有关部门进行协调，进行配套法律法规的完善工作，为商业银行资本工具的创新保驾护航。随着创新脚步的不断加快，新型资本工具发行环境逐步改善，2018 年 1 月，银监会发布《关于进一步支持商业银行资本工具创新的意见》，提出要拓宽资本工具发行渠道、增加资本工具种类、改进资本工具发行审批工作，进一步积极支持商业银行资本工具创新的有益探索。互联网的迅猛发展，为金融行业带了前所未有的变革，新型的互联网金融机构、互联网金融产品、服务层出不穷。为鼓励金融创新，促进互联网金融健康发展，明确监管责任，规范市场秩序，2015 年 7 月 18 日，经党中央、国务院同意，中国人民银行等十部委联合发布《关于促进互联网金融健康发展的指导意见》，该意见按照"鼓励创新、防范风险、趋利避害、健康发展"的总体要求，明确了众多鼓励创新、为互联网金融稳步发展保驾护航的政策措施，并按照"依法监管、适度监管、分类监管、协同监管、创新监管"的原则，明确了金融主要业态的监管职责分工，落实了监管责任，明确了业务边界，第一次明确提出要鼓励创新，支持互联网金融稳步发展，并为互联网金融创新提出了指导意见。同时，针对金融产品的创新，国家也提出了相应的政策，大力支持普惠金融发展。2013 ～ 2015 年中国银监会连续三年发布关于做好农村金融服务工作的通知，对农村金融提出了发展和创新的要求，大力支持农村普惠金融的发展，通过创新全面提升农村金融服务质效，切实提升农村金融服务水平。针对小微企业金融服务，为着力解决小微企业借助外部高成本资金续借贷款问题，减少小微企业融资的成本，从而促进小微企业健康发展。2014年7月，银监会发布《关于完善和创新小微企业贷款服务，提高小微企业金融服务水平的通知》，鼓励金融机构积极开发创新符合小微企业资金需求特点的流动资金贷款产品和服务模式，从而积极提升小微企业金融服务技术水平，对金融创新提出了较高的要求。

2. 保险业

保险行业当中，国家对创新发展也给予了不少政策上的支持。2016年，中国保险监督委员会（以下简称保监会）关于印发《中国保险业发展"十三五"规划纲要》中提出，"要优化供给，创新发展，深刻把握发展新特征，以创新驱动激发供给侧新动力，着力提高供给体系质量和效率。充分运用新理念、新思维、新技术，积极探索新产品、新渠道、新模式，加快形成以创新为主的保险业发展新业态、新动力。"该纲要对保险创新提出了新要求。在长期受到严格监管的车险行业，在2015年开始费率条款改革后也开始给予了一定的创新空间，中国保监会《关于深化商业车险条款费率管理制度改革的意见》明确提出，要建立创新型条款形成机制，"鼓励财产保险公司积极开发商业车险创新型条款。引导财产保险公司为保险消费者提供多样化、个性化、差异化的商业车险保障和服务，满足社会公众不同层次的保险需求。支持中国保险行业协会成立商业车险创新型条款专家评估委员会，建立科学、公正、客观的创新型条款评估机制。探索建立保险产品创新保护机制"。该意见给予了部分条款创新的空间，随后各家公司积极对 UBI 车险、车险分期等创新型车险产品进行研和创新，增强了市场活力。国家为积极鼓励保险产品创新，促进新产品的健康发展，针对多种产品提出了试点支持和相应的指引。2018年5月，为促进个人税收递延型商业养老保险健康发展，保护各方当事人的合法权益，中国银行保险监督管理委员会（以下简称银保监会）发布《个人税收递延型商业养老保险业务管理暂行办法》与《个人税收递延型商业养老保险产品开发指引》，从经营要求、产品管理、销售管理、业务管理、投资管理、财务管理、服务管理等方面对新产品提出了指导要求，并鼓励各大公司积极开展实施。2018年，中国银保监会发函同意中煤财产保险、中国平安财产保险股份有限公司等开展"保险＋期货"的试点，同意公司开展玉米、棉花、鸡蛋等农产品价格保险试点，并通过相应的农产品期权交易对冲风险，为农业保险的创新提供了新思路。

3. 证券业

推动金融市场对外开放大环境下，券商行业政策环境趋于积极，自上而下业务开启创新契机。2004 年，中国证监会发布《关于推进证券业创新活动有关问题的通知》，这是国家颁布实施的促进证券公司业务创新的重要政策措施，其内容主要针对推动证券公司进行创新业务与发展模式，提出了相关的支持政策。这项政策为今后的证券公司业务创新铺平道路，成为证券公司开展业务创新活动的政策基础，证券公司业务创新的主动性和积极性得到明显提高。为了使行业创新更加有序，中国证监会于 2011 年 10 月发布《证券公司业务（产品）创新指导意见》。该指导意见的出台再一次有力支持了证券公司的创新发展，拓宽了证券公司业务的覆盖面，有规可循的政策和更加宽松的创新环境，带动了证券创新产品专业化的发展，进一步提高了证券行业的创新意识，扩大了券商业务范围，改善了对投资者的服务能力。特别是自 2012 年以来，我国证券业改革力度进一步加大，尝试通过证券业的制度创新，为证券业的创新营造了更加宽松和透明的政策空间，促进和增强了证券公司的创新意识和创新能力。2012 年 8 月，中国证监会向证券公司发布《推进证券公司改革开放和创新的思路和措施》，明确证券公司在未来创新发展的首要任务是鼓励券商开展资产托管、结算业务，自主决定分公司组织架构及产品在柜台市场流通转让等相关政策，给予证券公司更多创新的空间。2013 年 3 月，中国证券业协会制定《证券公司创新业务（产品）专业评估指引》，提出要加强证券业自律管理，规范中国证券业协会专业评估工作，按照中国证监会的规定指导证券公司自律管理，要求组织专家对证券公司的创新产品和创新业务进行专业评估，确保创新活动的规范性、有效性和可行性。

（二）金融行业创新监管情况

随着创新风险的增加，监管也紧跟步伐趋于严格。近年来，互联网金融的井喷式发展，金融风险随之上升，中国人民银行于2015年7月联合十部门印发《关于促进互联网金融健康发展的指导意见》，有关部门为了保护互联网金融业务，打击压制了一批涉及大额违法经营、影响范围较广、社会危害大的有关互联网金融风险和欺诈的案件，得到社会良好反响和消费者的大力拥护。2015年，中国保监会随后印发《互联网保险业务监管暂行办法》，用监管办法规范互联网保险业务的经营行为，为保险消费者合法权益保驾护航，达到促进互联网保险业务良好发展的目的。随着创新需求的增加，为了对如住房反向抵押、养老社区业务发展，以及商业车险条款费率改革等创新业务的监管进行统计，中国保监会于2015年10月启用了保险创新业务统计信息系统，方便通过数据统计及时发现问题，针对创新监管新的方式进行积极探索。为了鼓励和保护真正有价值的互联网金融创新业务，维护好互联网良好环境，从而切实防范金融风险，建立监管长效机制，国务院办公厅于2016年4月发布《互联网金融风险专项整治工作实施方案的通知》，针对风险案件频发的P2P网络借贷和股权众筹业务、通过互联网开展资产管理及跨界从事金融业务、第三方支付业务等进行重点整治。银监会于2018年1月印发《关于进一步深化整治银行业市场乱象的通知》，针对2018年可能出现的市场乱像提出一系列具体的工作操作要求，对评估、检查、督查和整改等环节进行了明确设定，对重大风险事件、存在严重违法违规的行为、多次违反的问题依法针对金融机构进行处罚，保证监管的严肃和威慑力。

2018年，监管层面经常出现"叫停""禁止""规范""不得""应当"等词汇，例如包括信托、券商资管、基金专户、私募基金等等在内的传统通道路径全被堵住，以及包括公募基金出让管理权的证券类通道、资管产品不合规的分级设计、无场景ABS以及政府融资的相关业务（如PPP、特色小镇、政府投资基金等）也均已经受到明显的政策压制或高压约束。从不断发布的各种"规范性"文件来看，更加严格的监管将会成为最近一段时间的大趋势，但由于原来的法律法规已经无法解决许多金融市场发展中的新问题，突出表现为"被动监督"的状态，常常是金融市场出现或者暴露出了一定的风险之后，监管规则才逐步进行更新和改善，甚至一些领域由于缺乏相关法律的支持与监管，部分领域处于监管盲点。另外，金融监管缺乏对金融创新的有效保护和激励机制，容错机制不健全，不能很好地帮助金融机构解决金融创新可能带来的不良后果，无法引导商业银行正确处理好安全与效益之间的关系。因此，金融机构在逐渐趋于严格的金融监管环境中，又缺乏相关法律政策的支持，通常不敢加快金融创新产品的规模。由此可见，过紧的监管政策一定程度上遏制了我国金融产品创新发展。

二、河北省对于金融创新的政策支持与监管情况

近年来，河北省高度重视金融业对经济发展的促进作用，因此对于金融机构创新一直持积极支持的态度，并给予了政策上的支持。

（一）金融政策支持创新发展

河北省从省政府层面对金融机构创新提出了高要求，并给予了良好的政策支持。2014 年 12 月，为加快推进金融改革发展，创新金融体制机制，优化金融发展环境，河北省政府出台《关于加快金融改革发展的实施意见》，文件中明确提出要加快金融创新，发展互联网金融，加快要素交易平台建设，推动投融资模式创新，提升信息服务质量，创新抵押担保方式，并要求驻冀各金融机构要积极向总行（总部）争取金融产品创新试点。2015 年河北省政府为了贯彻落实《国务院关于印发推进普惠金融发展规划（2016—2020 年）的通知》，大力发展普惠金融，结合河北省实际，制定了《河北省普惠金融发展实施方案》，其中指出要大力支持完善"三农"金融服务，创新农村金融产品，"鼓励金融机构开发支持农业科技研发、农产品国际贸易和农业'走出去'的金融产品。加快在农村地区推广应用微贷技术。依托农业龙头企业，推广应用产业链融资模式。创新和推广专营机构、信贷工厂等服务模式。支持各类金融机构通过互联网为'三农'发展提供多样化金融产品和服务。丰富绿色金融服务内涵，加强对节水农业、循环农业和生态友好型农业发展的金融服务"。同时鼓励创新涉农贷款抵质押方式、创新发展政策性涉农保险业

务，通过金融行业的创新全方位支持"三农"发展。

（二）财政政策营造良好创新环境

为促进河北省金融业进一步创新发展，引导金融业支持河北省实体经济发展和经济转型升级，河北省财政厅积极发挥财政政策和金融政策的协同作用，自 2014 年以来连续发文，利用财政补贴等支持方式鼓励金融机构积极创新，服务民生，助推经济发展，给予了地方金融机构良好的创新环境。2015 年 7 月，河北省财政厅出台了《财政助推金融创新支持经济发展的实施意见》（以下简称《意见》），《意见》提出要鼓励金融机构创新，"大力支持金融机构在农村金融、科技金融、文化金融、绿色金融、民生金融、小微金融等方面的产品、技术、工具和服务等创新，省财政每年安排不低于 1 500 万元，对促进地方经济发展做出突出贡献的金融机构给予奖励"。《意见》还明确提出要支持互联网金融产业发展，鼓励市场主体依法发起设立网络借贷、网络证券、网络保险、网络支付、P2P 和众筹等新型互联网金融机构，并提供每年 2 000 万元的财政资金支持。对于普惠金融的发展，政府也将通过财政激励政策鼓励金融机构创新产品，引导金融资源向"三农"倾斜。随后在此《意见》基础上，河北省财政厅 2016 年 7 月发布《河北省鼓励新型金融组织发展奖励资金管理办法》，针对各类资本发起设立自担风险的中小型民营银行以及金融租赁公司、消费金融公司等民营金融机构；境内外金融机构在省内组建的科技支行、科技保险机构等各类专营式金融服务机构；村镇银行、扶贫小额贷款公司、科技小额贷款公司等，省级财政对上述各类新型金融组织自批准设立起三年内按其对地方经济贡献度给予奖励，以引导各类资本进入金融行业，服务河北省实体经济。同年河北省财政厅还颁布了《河北省资产证券化奖励资金管理办法》《河北省普惠金融发展奖励资金管理办法》，利用财政补贴和支持，积极推动地方法人金融机构加速开展信贷资产证券化业务与普惠金融业务。

（三）金融监管趋于严格规范

金融监管方面也趋于严格和规范。河北省地方金融监督管理局为落实《河北省地方金融监督管理条例》，依法对地方金融组织开展监管工作，2018 年 7 月下发《关于抓好河北省地方金融监管执法文书落实的通知》，研究制定《河北省地方金融行政处罚流程图》《河北省地方金融监管行政处罚听证工作流程图》《河北省地方金融监督管理局行政处罚文书样式》《河北省地方金融行政执法检查流程图》《河北省地方金融监督管理局行政执法检查文书样式》，内容包括"处罚流程图""处罚样书""检查笔录表"等，希望通过更加完善规范的监管流程抓好金融风险管控的落实，同样也预示着预防金融风险，实行更加严格和规范的管理将会成为金融监管近期的主旋律。

第二章 金融创新力评价指标体系构建

本章的任务是建立金融创新力的评价指标体系。在这一部分中，我们将首先梳理与金融创新力相关的理论基础，借此对金融创新、企业创新力、金融创新力的内涵和外延进行界定。

第一节 金融创新力的理论基础

一、熊彼特创新理论[①]

在西方国家，学者们将"创新"定义为新思想、新方法或者新观念的引进或出现。"创新"一词及相关理论最早是在 1912 年由奥地利政治经济学家熊彼特首次提出。熊彼特将创新定义为对各类生产要素、生产条件的重新组合，认为创新是生产要素的进一步重组，即将生产要素与客观条件相结合形成全新组合并投入生产领域中。随着生产体系的不断完善，企业家通过利用创新成果使企业获得超额利润并不断发展壮大，从而推动了整个经济社会的持续发展。同时，熊彼特还认为，资本主义社会中经济的周期性波动也是源于创新的阶段性与非均衡性。不同阶段、不同方向的创新对经济发展产生影响也不一致，从而形成了经济的周期性的波动。熊彼特创新理论的最大意义在于，他将生产技术与生产条件

---

① JA Schumpeter. Economic Doctrine and Method [M]. Commercial Press, 1912: 117 - 121.

的变革与资本主义社会的经济发展关联起来，这种理论体系微观与宏观相结合，主要将创新概括为以下四点：一是创新发生于生活领域，自主创制、自发产生，是内生因素并非外力强制；二是创新中蕴含了旧事物的灭亡和新事物的诞生，且新事物产生于与旧事物的对抗和竞争中，新事物最终取得斗争的胜利，从而实现了创新；三是创新即是新价值的创造，这是其最重要的作用，这主要源于新方法的发明和新工具的应用，其结果便是新经济价值的产生；四是创新的本源在于经济发展，创新理论正是用来解释经济发展的，同时为经济发展找到新路径。由此可见，创新在经济发展中起着至关重要的作用。

二、规避管制论[①]

美国经济学家凯恩 1984 年首次提出了规避管制理论。他认为规避是为了实现自己的目的对各类限制性的制度进行人为回避的行为。规避管制则是指金融市场主体对充当监管角色的政府所采取的各种金融管制进行回避的行为。在一定程度上，当市场作用、机制以及金融机构内在要求及利益驱动一致时，各类回避金融管制的行为则将应运而生。因此，在一定范围内的规避行为被认为是符合法律要求的。也正是以此为基础，凯恩设计了相关制度框架。在制度框架中，经济领域规则的制定和被管制人的规避是相互适应、相互作用的过程，通过这种互动过程，产生了一种客观、成熟、切实可行的规章制度。因此，规避管制理论认为金融创新是金融机构为获得更多利益诉求而采取的一种规避政府部门管制的方法。政府的管制行为实际上可以当作是政府对金融机构征收的一种隐性税收，该行为必然会减少金融机构获得额外收益机率。因此，金融机构为增加收益，就需要通过创新来规避政府管制。

三、企业核心竞争力理论[②]

著名管理学家普拉赫拉特（Prahalad）、哈姆尔（Hamel）发表的经

---

① 裴少峰. 货币银行学 [M]. 广东：中山大学出版社，2006.
② 杨丽华. 企业核心竞争力结构模型及评价体系的研究 [D]. 南京：东南大学，2017.

典文献《企业的核心竞争力》一文是企业核心竞争力理论的基础，成为对该理论进行研究的重要里程碑。该理论认为，所谓的企业核心竞争力就是知识和技能在企业中的积累，而其中如何对多种不同的技能和知识进行协调又称为关键能力。具体来看，核心竞争力是企业在经营其生产和销售的产品与服务中所隐含的知识与技能。① 其特性主要表现在三个方面：第一，企业的核心竞争力在价值的创造和成本的降低等方面发挥着重要作用，对最终产品的开发与服务的提供有着较大贡献；第二，企业核心竞争力是企业扩大经营范围、拓展新市场的动力源泉，同时也促进了企业的可持续发展；第三，企业的核心竞争力很难被其他企业所模仿，同时具有不可替代性，是企业自身所独有的一种特殊能力。② 人们过去还经常使用"知识""资源"这样的概念来形容这种能力，但与企业核心竞争力这一概念相比则显得过于宽泛。所以，当前的学者以及企业家们才更愿意接受和使用企业核心竞争力这一概念，并认为核心竞争力才是企业在市场竞争中致胜的不二法宝。一般来说，企业的核心竞争力能够成为竞争对手进入行业或改善行业地位的壁垒，在企业核心竞争力结构当中，智能化成分所占的比重越大企业越能获得长期的竞争优势。如果有两项或多项核心能力叠加，则可能会派生出一种新的核心能力，而且这种新的核心能力往往不只是原来几项核心能力的简单相加，而是类似于经济学中的规模经济和物理学中的共振。

第二节　金融创新力概念的界定

一、金融创新、企业创新力与金融创新力

本书所讲的金融创新力虽然与金融创新有着密切的关系，但它并非传统的金融创新，而是源于企业创新力的概念。

---

① C. K. Prahnalad and Gary Hamel, The Core Competence of the Corporation ［M］. Harved Business Review, May-June 1990.

② 朱培莹. 基于战略竞争力的我国商业银行金融创新力评价体系研究 ［D］. 南昌：江西师范大学, 2015.

（一）金融创新

1. 金融创新的内涵

关于金融创新的概念，不同学者观点不一。因此，首先需对金融创新做出界定。国外关于金融创新的研究比较早，对金融创新最早的定义见于熊彼特（1912），创新是对生产要素进行重新组合，进而构造出一种全新的生产函数，从而使关于生产要素和生产条件的组合焕然一新的进入生产程序。熊彼特作为经济学家最先在理论上对创新进行了研究。其后许多学者都是熊彼特的基础上从不同角度研究了创新并提出了不同结论。戈德史密斯在其 1969 年出版的《金融结构与金融发展》（*Financial Structure and Development*）① 中，把所有金融现象都归结为金融工具、金融机构和金融结构。他认为，金融结构对经济的作用主要借助于金融工具和金融机构的多样化，金融工具和金融机构种类越丰富，金融活动对经济的渗透力越强，经济发展就越快。美国经济学家西尔伯在其著作 *Financial Innovations* ② 中写道：金融创新是银行业为寻求利润最大化和风险最小化，以满足市场对新金融产品、新金融服务需求为实现途径而对金融工具、金融结构的改进和提高。富兰克林·艾伦、格伦·雅戈（2015）③ 认为，金融创新就是"开发新的金融工具、技术、机构和市场，包括新的金融产品和服务的研发、检视、推广与应用"。我国学者对金融创新理论研究开始于 20 世纪 80 年代中后期，起步较晚。周林和何旗（1985）首次提出"金融创新"是在其刊登于期刊《金融研究》上的译文和评论中提到，④ 之后相关的金融创新文献逐渐在一些书报刊物上展示出来，不管是理论还是实践，国内研究都是跟着金融业的发展步伐逐渐深入的。陈国庆（1990）认为，在供给上，金融机构通过管制、技术等要件的影响，产生了创造新的金融服务和工具，给金融

---

① Christopher James. The Use of Loan Sales and Standby Letters of Credit by Commercial Banks [J]. Journal of Monetary Economics. 1988（2）.

② W. L. Silber. Financial Innovations [M]. New York，The Free Press，1975：89 - 95.

③ 富兰克林·艾伦，格伦·雅戈著．牛红军译．金融创新力 [M]．北京：中国人民大学出版社，2015：252.

④ 周林，何旗．浅谈西方国家的金融创新 [J]．金融研究，1985（12）：42 - 43.

市场创新带来动力的意愿，加强流动性和转移风险等方面的需求促使金融机构加速金融创新，且汇率利率的波动及通货膨胀的加剧也会引起金融创新。① 陈岱孙、厉以宁（1991）指出，金融创新是在金融领域里形成新的生产函数，且金融业发展进程中的每一步都离不开金融创新，金融创新是在追求利润机会的基础上而进行的金融要素重新组合的市场化改革。② 朱菁（1992）认为，金融创新同世界经济在结构上的变化相关联，不是偶然事件，是由"新工业革命"等新社会产生的，金融创新包含的内容有执行账户转移的新媒介、新的金融市场还有作为交易对象的新的金融工具等。③ 王仁祥等（2004）探讨了金融创新的动因理论、运行机制及经济效应，对金融创新理论进行了梳理。④ 王术芳（2016）基于创新的定义及金融的发展历史，将金融创新定义为金融组织机构（包括金融主管当局和其他金融机构）为更好实现资产的流动性、安全性和营利性目标，利用新的组织形式、技术或观念，对金融体系中基本要素进行重新组合，从而推出新型的金融制度、金融市场、金融机构和金融工具，创造性地组合一个更具效率的资金运营方式或运营体系的过程。⑤ 中国银监会（2006）指出，金融创新是指商业银行为适应经济发展的要求，通过引入新技术、采用新方法、开辟新市场、构建新组织，在战略决策、制度安排、机构设置、人员准备、管理模式、业务流程和金融产品等方面开展的各项新活动，最终体现为银行风险管理能力的不断提高，以及为客户提供的服务产品和服务方式的创造与更新。肖科、夏婷（2006）认为，银行金融创新是银行家对金融资产和从业人员进行新的组合以获得利润最大化。陈岱孙、厉以宁（1991）认为，金融创新就是在金融行业内构建"新的生产组合"，包括在金融体系和金融市场中出现的新的金融产品、新的金融技术、新的市场需求、新的结算方式、新的融资手段、新的经营模式与组织结构等一系列

① 陈国庆. 国际金融市场的金融创新 [J]. 南开经济研究，1990，6（1）：19－66.
② 陈岱孙，厉以宁. 国际金融学论史 [M]. 北京：中国金融出版社，1991：178－179.
③ 朱菁. 论金融创新及其影响 [J]. 世界经济文汇，1992，1（1）：1－5.
④ 王仁祥，喻平. 金融创新理论研究综述 [J]. 经济学动态，2004（5）：90－94.
⑤ 王术芳. 我国金融创新对经济增长的影响研究 [D]. 长沙：湖南大学，2016.

新事物。

由此可见，金融创新是金融机构以客户为中心，以市场为导向，不断提高自主创新能力和风险管理能力，有效提升核心竞争力，更好满足资金需求者和资金供给方日益变化的金融服务需求，实现金融机构重大发展战略的重要组成部分。它是对现有的金融体制、金融工具进行变革以取得超额利润的一个过程。金融创新包括微观、中观和宏观三个层面。

从微观层面来看，金融创新是金融业务、金融工具和金融产品的创新。其中具有开创性意义的是花旗银行在 1961 年推出了"大额可转让定期存单"，而后 20 世纪 70 年代，开始出现一系列的金融创新工具，这是由于西方国家逐渐放松了对金融业的管制，为金融创新的快速发展营造了良好的环境。

从中观层面来看，金融创新则是金融制度、体制、交易规则的改变。通常是指 20 世纪 60 年代之后金融机构的功能细化。当时各类金融机构，尤其是银行，在金融制度、组织、工具、市场等涉及金融体系的多个方面进行了改进和变革。中观层面的金融创新建立在政府的金融监管部门、市场中的金融中介对微观利益和宏观效益的考量上，建立在供给与需求的平衡中，是对金融机构、金融制度和产品创新进行不断调整以使其符合供、需两大需求，是金融体系内的一种要素重新组合。

从宏观层面来看，金融创新则包括整个金融史当中的历次重大变革，如从最原始的以物易物发展出一般等价物是金融创新；一般等价物固定在金银等贵金属上出现真正意义上的货币也是金融创新；纸币的出现、银行的兴起亦是金融创新；证券交易所的出现、资本市场的兴起还是金融创新；远期交易、期货、期权、互换的出现更是金融创新；互联网金融出现，移动支付交易方式的使用同样是金融创新。陈岱孙、厉以宁（1991）认为，金融业的发展史可以等同为金融创新的历史，金融体系自诞生后所发生的每一次关键性革新都是由金融创新带来的，金融创新在促进金融业发展的路途上，起到了决定性作用。

2. 金融创新的外延

从具体包含的内容上来看，金融创新又包括制度创新、市场创新、产品创新、机构创新、工具创新、技术创新等六个方面。所谓金融制度创新就是金融组织体系、交易制度、管理制度、监管制度等方面的创新。所谓金融市场创新就是金融机构在某一时期对某一新市场的开发：（1）开发不同交易标的的市场，如货币市场、资本、外汇、黄金、衍生品、保险等市场的相继开发；（2）开发不同地域的市场，如欧洲市场、亚洲市场、美洲市场、国内市场、国际市场等；（3）开发不同时间的市场，如即期市场和远期市场等。所谓产品创新就是根据金融消费者的不同需求，开发具有各种特点的金融产品与服务，大额可转让定期存单的产生就是典型的金融产品创新，还有当前各类理财产品也属于产品创新的范畴。金融机构创新就是新型金融机构的创设，如中国的村镇银行、孟加拉国的乡村银行、兴起于美国的社区银行以及信托机构、小额贷款公司的创立等都属于金融机构的创新。布特和塔克（Boot and Thakor，1997）认为，[①] 金融机构通过创新以降低金融市场的信息不对称性，从而促进经济增长，保证经济稳健发展。现代金融的发展要求银行业务更加多元化，以提高盈利能力和抗风险能力。金融工具创新就是金融市场上交易对象的创新，资产证券化业务的产生就是当前最为典型的金融工具创新。金融技术创新就是应用于金融业交易、管理等方面技术的变革，互联网金融的兴起和移动支付的产生就是典型的金融技术创新。当前，金融创新的蓬勃发展既促进了金融业的发展，同时也加剧了金融风险，由此可见金融风险具有两面性，是一把"双刃剑"（石睿，2011）。[②] 如果运用得当，必能沟通有无，使金融市场货币充盈、交易繁盛，起到促进实体经济发展的作用；如果运用不当、缺乏监管，金融创新又会使金融风险的危害性成倍增加，给实体经济带来灭顶之灾。因此，在现代市场经济当中，金融创新不可不有，金融创新又不可不慎。

[①] Boot, A. W. A., Thakor, A. V. Financial Systerm Architecture [J]. Review of Financial Studies, 1997, 10 (3).

[②] 石睿. 金融创新、金融风险与金融稳定的理论分析 [J]. 南方金融, 2011 (6).

（二）企业创新力

1. 企业创新力的内涵

所谓企业创新力就是企业完成创新活动的能力。从内涵来看，创新力是当今社会快速发展的内在驱动力，是对方法、技术、理念进行创新的能力。创新力是企业保持竞争优势和成长活力所必需的也是企业长远发展的根本所在。创新力的高低直接关系到一个企业竞争力的强弱，决定着企业发展的高度和未来。许多企业的成长都是伴随着企业的技术创新、产品创新、组织创新和市场创新的过程完成了自身的蜕变，进而在全面创新力的推动下成长壮大起来。[①] 企业创新能力具有主观见之于客观、历史延续、动静结合、层次分明等性质。所谓主观见之于客观，就是指企业的创新能力既受客观条件和经济规律的制约，同时也是企业管理者和员工主观能动性的体现，是企业管理者的主观思维理念通过企业管理的客观实践所表现出来的效果。因此，关注企业的创新能力既要关注客观因素也不可忽视主观因素。另外，企业创新能力还具有历史延续性，它不仅和企业当前的经营状况有关，也受到企业历史经营状况的影响。因此，企业要想提升创新能力就要做好长期不懈奋斗的打算，要有"只争朝夕"的紧迫感，但不要奢望一朝一夕一蹴而就。这也就决定了企业创新力是静态创新能力和动态创新趋势的结合。所谓静态创新能力，就是企业当前所具有的科技研发水平、员工素质、研发投入等现实的创新能力；而所谓动态创新趋势则是指企业在整个生存发展的过程中进行创新的过程，如研发水平的逐步提高、员工素质的不断改善、研发投入的不断增加等。层次分明是指企业创新力具有明显的层次性。高层次的创新力以知识和理念为特征，主要体现在管理层；低层次的创新力则以技术和方法为特征，主要体现在基层一线的员工身上。

国内外学者对企业创新力的研究有不同的结论。其结论主要分为以下三类。

---

① 王燕茹. 金融危机环境下中小企业创新力的提升对策 [J]. 未来与发展，2011，34（1）：79－83.

（1）企业创新力是一种技术创新能力。在企业创新力研究的早期阶段，国外一些学者将企业创新力视为企业创新能力。巴顿（Barton，1992）以企业作为技术创新主体的视角，认为企业创新力主要是技术创新能力，而其核心是专业人员的素质、应用的技术和管理系统的效率以及企业文化和价值观。[①] 该定义揭示了技术创新的核心，但却忽略了对企业资源进行整合的观念。美国的迪萨（1990）指出，企业的技术创新能力应包括：操作可靠的、可应用的技术的能力；引进最适合技术的决策能力；实现从投入到产出的转换力能力；实现局部创新的能力。该定义对技术创新的要素进行了概括，但忽略了企业在 R&D 过程中适应当地客观环境的能力及制订基础研究计划并进一步提高改进技术的能力。[②]

（2）企业创新能力是种创新体系的集合。国内一些学者在前人研究的基础上对企业创新力进行了深入研究。部分学者将企业创新力定义为企业创新体系的集合。赵彦云（1996）认为，研发总支出及其增长率以及与销售额的比值、研发人员占比、员工受教育程度、专利数、新产品销售占比、劳动生产率等指标可以用来评价企业的创新能力。企业这一组织形式是制度创新、组织创新、管理创新等各个方面创新活动的成果。"创新力"就是企业在市场中将企业要素资源条件进行有效的内在变革，从而提高其内在素质、驱动企业获得更多与其他竞争企业差异性的能力，这种差异性最终表现为企业在市场上所能获得的竞争优势（李颖灏、彭星闾，2007）。[③] 企业创新能力既包括企业的有形要素（如生产装备水平、人员结构、创新资源投入和企业信息化水平等企业所拥有的有形资源），也包括企业的无形要素（如企业文化、创新决策机制、科技发展环境等）。企业创新能力的有形要素，即"硬"的方面一般是可以量化和测量的，而"软"的方面一般是需要通过特殊的方法来进行量

① Dorothy Leonard-Barton. Core Capabilities and Core Rigidities：A Paradnx Managing New Product Development［J］，Stategic Management Journal，1992，Vol. 13.

② Desai New Explorations and Gary Hamel. The Core Competence of the Corporation［J］. Harvard Business Review. 1990. Mary-June：79－91.

③ 李颖灏，彭星闾. 基于创新力与控制力动态均衡的企业持续成长路径分析［J］. 科研管理，2007（4）：67－72.

化和测量的。[①]

（3）企业创新力是对资源的整合。远德玉（2000）以生产技术、组织管理、经济效益三类创新资源不同阶段的配置和运用为评价标准，将企业创新能力分解为技术与市场行为选择能力、技术设计能力、样品制造能力、中试能力、规模生产能力、销售与市场开拓能力、市场信息反馈以及产品更新能力。[②] 何鹏（2006）在研究我国中小企业创新力时提出，创新力是企业在生产、技术、经营、管理等各个环节中，以获取商业利益为目标，不断应用先进的思想、科学的方法、新颖的技术，重新组织生产条件和要素，建立起效能更强、效率更高和费用更低的生产经营系统的能力，它是包括技术创新、管理创新和制度创新等一系列创造性活动在内的综合能力。[③] 对于企业而言，能够在生产、采购、营销、服务、技术研发、财务、人力资源管理等多个环节中，高效能、高效率、低费用地生产最好的产品，而企业凭借各方面创新以得到高效能、高效率、低费用的产品的能力就是企业的创新力。简单说来，创新力是包括在产品创新、生产工艺创新、市场营销创新、企业文化创新、企业管理创新等的综合能力（王珊珊，2011）。[④]

综上所述，可以认为创新能力就是企业为了提高经营效率获取利润，而随着市场的变化所呈现出的，观念更新、机制变革、技术革新、产品服务升级换代等方面的能力。创新是企业获得持续成长力的源泉，善于创新让企业不被淘汰，持之以恒的创新则让企业基业长青（袁宇霞，2016）。[⑤]

2. 企业创新力的外延

从外延方面来看，企业创新力包括：理念文化创新、技术创新、市

① 孔祥纬，许洪贵. 论企业创新力 [J]. 管理现代化，2009（3）：33－35.
② 远德玉. 科技风险投资与技术创新 [J]. 北京化工大学学报（社会科学版），2000（2）：1－4＋15.
③ 何鹏. 我国中小企业创新力研究 [D]. 长沙：中南大学，2006.
④ 王珊珊. 金融危机背景下我国中小企业创新力的提升研究 [J]. 时代金融，2011（12）：175＋215.
⑤ 袁宇霞. 9月8日寻访团来到"挑战生命极限"的夹金山——谈红军长征爬雪山的精神与企业创新力的持之以恒 [J]. 今日印刷，2016（10）：38－41.

场创新、管理创新等几个方面。所谓理念文化创新就是企业经营理念和企业文化的创新，经营理念和企业文化是一家企业的灵魂，经营理念创新业就是企业灵魂的创新，是指导其经营行为活动创新的先导和关键。技术创新就是企业生产技术的创新，这主要体现在两个方面：一是新技术的研发和使用能够使企业生产出新的产品或提供新的服务从而满足新的需求，甚至引领新需求的产生；二是新技术的研发和使用虽然不能提供新的产品或服务，却能降低原有产品和服务的成本，使企业获得更多的利润。所谓市场创新就是开发出新的市场，如开发新地域的市场或开发新消费群体市场等。所谓管理创新就是企业管理制度的变革，通过制定更加有效的制度实现更有效率的管理。

（三）金融创新力

以上详述了金融创新力和企业创新力。其中，金融创新力的概念又源于企业创新力，那么什么才是金融创新力呢？首先，从国内外学者关于金融创新力的研究历程出发，界定金融创新力的内涵和外延。

1. 金融创新力的内涵

在金融创新力内涵的研究中，国外学者研究成果较少。随着金融创新的发展，国内学者对此研究较多，且均以商业银行为研究对象。早期国内学者主要从金融创新力的经济度量模型来研究其内涵。代表性学者有林建华、肖克和夏婷。林建华（2001）选取占用一定金融资产的每个金融机构员工所创造出的一定量利润作为度量金融创新力水平的经济计量值，探讨了金融创新力与金融机构微观经营效益的关系。[①] 肖克、夏婷（2006）借鉴林建华的研究成果，选择以每个员工占用一定量的金融资产创造出一定量的银行利润作为衡量银行业金融创新力的经济计量值，建立了金融创新力的度量模型。[②] 此后，学者们在研究金融创新力时不仅用经济度量模型来衡量，而是从创新要素视角出发，全方位、多层面对金融创新力内涵及评价进行研究。曹燕燕（2009）在对我国商业银行创新

[①] 林建华. 金融创新力与银行微观经营效益关系探讨 [J]. 金融论坛，2001 (3)：51 – 56.
[②] 肖科，夏婷. 国有商业银行金融创新力的评价 [J]. 统计与决策，2006 (21)：105 – 106.

力评价研究时首先分析了我国商业银行的金融创新现状，界定了金融创新力，构建了我国商业银行金融创新力的评价指标体系，并以此为基础，利用主成分分析法对这些银行的金融创新力进行实证分析，并做出相应的综合评价。她认为，金融创新力体现在商业银行利用金融创新资源（如高新人才等）开展的一系列金融创新业务和服务的多样性、采用的金融创新技术的先进性以及金融创新风险的控制水平上。[①] 司彩丽（2010）认为，金融创新力是把金融创新各环节综合起来加以运用的能力，即推动金融发展和金融深化的能力。金融创新能力依据主体不同可以分为微观、中观和宏观三个层次，即金融机构的金融创新能力（微观）、金融业的金融创新能力（中观）和国家的金融创新能力（宏观）。金融机构是金融创新的主体，是金融业金融创新能力和国家金融创新能力的基础。金融业和国家的金融创新能力的大小主要取决于金融机构的金融创新能力，与金融业内金融机构组织结构、金融产品结构等紧密相关，与全民的金融创新意识以及高效协作的金融创新体系紧密相关，即金融创新能力是一个系统性的概念，需要从多方面、多角度来体现。例如，金融业务创新能力、金融风险控制能力、金融资源开发利用能力、金融机构创新构思与规划能力和金融机构价值实现能力。在研究对象上她选择了微观层面的上市商业银行金融创新能力进行研究。[②] 朱培莹（2015）的研究承袭了司彩丽的研究，并在其基础上进行了更深入探讨。二者相似之处是均选择了微观层面的商业银行进行研究，不同点是朱培莹侧重于从战略竞争力角度来评价金融创新力。[③]

2. 金融创新力的外延

具体来看，金融机构理念文化方面的创新力主要是指金融机构在经营理念和企业文化方面的创新能力，主要考察金融机构经营理念的更新是否跟得上市场潮流，金融机构企业文化的形成是否适应市场形势。治

---

① 曹蒸蒸. 我国商业银行金融创新力评价 [J]. 金融理论与实践，2009 (11)：85 – 88.

② 司彩丽. 我国上市商业银行金融创新能力评价 [D]. 合肥：合肥工业大学，2010.

③ 朱培莹. 基于战略竞争力的我国商业银行金融创新力评价体系研究 [D]. 南昌：江西师范大学，2015.

理结构创新力是考察金融机构现代企业制度的建立和完善程度：其股东大会、董事会、监事会和管理层各方面的职责是否明确清晰；股东的利益是否能够得到保障；董事会的重大决策是否能够得到有效的贯彻实施；信息披露制度是否完善。金融科技创新力是指金融机构研发和应用新技术的能力，也反映了金融机构的现代化建设水平和信息化水平。就当前形势来看，全球金融机构都在大力推进金融信息科技的发展，并尽可能将互联网、移动通信等信息技术广泛应用于金融业中，网上银行、手机银行迭代勃兴，金融机构在科技方面的竞争愈演愈烈。因此，金融科技创新力是金融创新力的关键一环。人力资源创新力也是金融创新力的一个重要方面。随着金融业的发展，传统柜员正在逐步让出金融服务的主要角色，一些传统业务可由柜员机、网上银行和手机银行所替代，今后金融业所需的不再是提供简单重复操作的劳动力，而是具有业务开发、系统维护、市场营销等综合能力的人才。因此，人力资源创新能力必须引起各类金融机构的广泛重视。风险控制创新能力是金融机构为了应对经营中的风险，通过识别分析、计量评估、监测报告、控制缓释等方式降低损失以提高稳健运行的能力。随着金融全球化和金融创新的复杂化，风险控制的重要性越来越凸显出来，因此，金融机构风险控制的创新能力直接关系到其经营业绩乃至兴衰成败。产品服务创新力是指金融机构适应市场变化，及时提供能够满足市场需求的产品和服务的能力。金融机构只有不断创新产品与服务，才能保持其营利性并获得持续发展的机会。因此，产品服务创新力对金融机构未来的可持续发展至关重要。

从整体上看，一国或一地区经济的发展离不开金融业的健康发展，而金融业的健康发展又离不开各类金融机构的稳健运行。同时，各类金融机构要想维持稳健运行，又必须不断提升自身创新力。由此可见，金融机构自身的创新力不仅关系到其自身的生存与发展，还关系到当地金融业的稳健运行，甚至会影响到该地区宏观经济的可持续发展。因此，构建金融创新力评价体系，客观评价某一地区金融创新力，对当地社会国民经济发展具有重大的现实意义。

已有的文献为研究金融创新力提供了借鉴与帮助，但已有研究还存在以下两个方面的不足：第一，大部分学者对于金融创新力指标的选取所包含的信息量不够，不能全面刻画金融创新力的范围。第二，在多数文献中，考察视角多基于微观层面的商业银行，仅以商业银行为研究对象得出的结论适应性不强，不能全面反映整个金融机构的创新力。鉴于此，本书以整个金融机构为研究对象，通过构建金融创新力评价指标体系，以弥补包含信息不足导致无法准确反映整个金融机构创新能力的缺陷，借此为整个金融机构提升创新力提供部分建议，促进金融机构健康发展。本书所谈的金融创新力就是作为现代市场经济主体，从企业经营的角度来审视的金融机构创新的能力。具体来看，就是金融机构为了适应新的市场需求，以达到稳健运行、实现盈利目的而进行的理念文化、治理结构、金融科技、人力资源、风险控制、产品服务等方面的变革与更新的能力。

二、金融创新力与金融创新的联系与区别

金融创新力与金融创新是时下流行的两个概念，且对世界经济和人类社会的发展至关重要。两者之间存在着必然的联系，但不可忽视的是，尽管两个概念只有一字之差却也存在着巨大的区别，我们不能将金融创新力简单地等同于金融创新，同样也不能将金融创新力简单地理解为金融创新的能力，对二者之间的联系与区别需要进行具体分析。

（一）二者联系

首先，金融创新力与金融创新同源于熊彼特创新的概念。1912年美国经济学家约瑟夫·熊彼特首次将"创新"一词引入经济学领域。他认为创新就是在生产体系中将生产要素和生产条件进行重新组合，并以此获得超额利润。熊彼特所说的"创新"包含以下五个方面：一是新产品的开发，即生产出当时市场没有的产品以满足消费者新的需求，或是使原有产品发生质的改变提升满足消费者需求的程度或是开发出新的使用途径以满足消费者新的需求；二是新工艺的采用，即采用新的生产方法或是对原有生产方法的改进，从而达到提高生产效率或降低生产成本的目的；三是新资源的利用，即利用自然界中新发现的资源或是对原有资

源采取新的利用方式；四是新市场的开拓，即进入新市场或对原有市场进行细化和深入挖掘，以产生新的需求；五是新制度的构建，即构建新的企业组织和管理体系，成立新组织形式的企业，或对原有企业进行组织结构的变革。无论金融创新力还是金融创新，都与熊彼特的"创新"理念有关，二者都会涉及产品服务、技术工艺、资源利用、市场开拓和组织形式的变化与革新，只是针对的角度不同。

其次，金融创新力和金融创新都与金融业发展密切相关。金融创新围绕整个金融行业展开，它离不开金融科技的发展、金融交易方式的变革、金融哲学理念的更新、新金融市场的开辟以及掌握新技术、新方法的金融人才。金融机构的金融创新力同样表现在这几个方面，只是金融创新力主要围绕金融机构自身金融业务的管理和经营。中国银监会（2006）在《商业银行金融创新指引》中指出：金融创新是商业银行为了提升其核心竞争力，不断适应经济全球化发展，更好满足客户多样化的需求，实现可持续发展战略的根本内容。[1] 因此，无论是金融创新还是金融创新力都是以金融为基础的，虽然金融创新不一定只表现在金融上，但脱离金融谈创新不是金融创新；同样，脱离金融机构谈创新力，则仅仅是普通企业的创新力，也不是金融创新力。伊恩阿拉姆（Ian Alam，2003）指出，金融创新内容可以包括三个部分：一是以科技创新为依托的产品和服务创新，主要包括电子化渠道创新和产品创新；二是风险管理创新，如内部信用评级（IRB）、为银行进行重大决策提供信息支持等；三是信息体系创新，包括数据库系统和综合平台。[2]

再其次，无论是金融创新还是金融创新力都应以服务实体经济为基础。无论什么样的金融创新，脱离了实体经济就成了无源之水、无根之木。水无源，从天而降，如果汹涌猛烈则可能形成洪灾淹没大地；千仞之树，生而无根，就可能颓然倒塌，对周围环境造成破坏。金融创新亦是如此，

---

① 张炜. 银监会《商业银行金融创新指引》解读［J］. 中国城市金融，2007（3）：77－80.

② Alam I. Innovation strategy, process and performance in the commercial banking industry［J］. Journal of Marketing Management，2003（19）：9－10.

如果创新出的资金流最终不能流入实体经济形成现实的生产力和购买力，则可能会掀起金融风暴，酿成经济危机。一些学者将金融创新视作回归实体经济的本质。金融的根本在经济，经济的根本在科技创新（方先明，2014）。[①] 同样，无论金融机构的创新力有多强，如果不为实体经济服务，也会形成恶性循环。因此，无论是金融创新还是金融创新力都要以服务实体经济为基础。

最后，金融创新力和金融创新都是主观见之于客观的人类实践活动。无论是金融创新还是金融创新力都要符合客观的经济规律，但并不能认为金融创新和金融创新力就是完全客观的一个过程，可以像物理、化学那样完全用数学公式表达出来。尽管在前人的研究中无论是金融创新还是金融创新力都曾经用数学模型进行模拟和测算，但是，那些数学模型只能在特定的条件下对金融创新和金融创新力的某一个方面进行描述，而不能涵盖所有金融创新和金融创新力的内容。这是因为，金融创新和金融创新力都是由人类作为主体参与的，归根结底，它们都是人类通过认识和应用客观经济规律对社会进行改造的行为与过程，都是主观见之于客观的人类实践活动，都离不开人类意识和主观行为的参与。因此，试图用绝对客观的数学模型来描述金融创新和金融创新力的方式是片面的，要想对金融创新和金融创新力进行研究、评价，既要运用客观实证分析的方法，也要采用主观调研等规范分析的方法。因此，本书对河北省金融创新力的评价体系既有客观指标也有对金融机构进行主观调研所获得的数据和材料，兼顾了主观与客观的统一和内因与外因分析的结合。

（二）二者区别

首先，金融创新力与金融创新的本质不同。陈岱孙、厉以宁（1991）认为，金融创新就是在金融行业领域内构建"新的生产组合"，包括在金融体系和金融市场中出现的新的金融产品、新的金融技术、新的市场需求、新的结算方式、新的融资手段、新的经营模式与组织结构等一系列新事物。其本质是一种行业行为乃至社会行为，包括组织结构的创新、

[①] 方先明等. 我国商业银行竞争力水平研究——基于 2010－2012 年 16 家上市商业银行数据的分析［J］. 中央财经大学学报，2014（3）：31－38.

产品的创新以及服务的创新。唐双宁（2007）认为，金融创新有广义和狭义之分。广义泛指发生在金融领域范畴内一切的创新活动，如制度安排创新、管理方法创新、市场需求创新、组织形式创新、金融工具创新以及金融产品与服务创新；而狭义的金融创新仅仅是关于金融产品的创新。[①]

一些学者结合我国金融机构金融创新力发展的现状，得出金融创新能力五大要素分别为金融风险控制能力、金融机构的创新构思与规划、金融资源开发利用能力、金融业务创新能力、金融机构价值实现能力（叶萍，2002）。[②] 喻平、李敏（2007）认为，金融创新力可以作为反映国家金融发展或一个金融组织发展的竞争力的标尺，通过构造金融创新力的指标体系，为衡量、研究国家金融和金融组织发展的竞争力提供依据，并为其金融创新力的提升给出建议。[③] 司彩丽（2010）结合我国商业银行创新发展的现状，构建了金融创新力评价指标体系，并收集14家上市银行的相关数据，对其进行实证分析，总结出制约金融创新力发展的因素，并给出了相应的建议和对策。赵志宏（2010）认为，金融机构的创新需经历四个阶段：业务操作、产品研发、市场投入和组织实施，并从这四个方面构建了商业银行的创新能力评价体系。朱盈盈（2011）认为，金融机构的金融创新一般可以概括为三个层次：产品与服务创新；管理与技术创新；体制与机制创新。[④] 邱洪华（2012）认为，金融创新主要反映在创新基础、创新竞争力以及创新实施效果等三个方面，并在此基础上构建了金融创新力的评价体系。[⑤] 许鹏远（2012）对比了我国商业银行与发达国家商业银行金融创新发展现状的差距，得出了制约我国商业银行金融创新发展的因素，并收集整理了我国16家上市商业银行的数据进行定量分析，为如何促进我国上市商业银行金融创新提出了相

[①] 唐双宁. 城市商业银行的发展阶段和现存问题 [J]. 资本市场, 2007 (12)：26 - 27.

[②] 叶萍. 金融创新模式与金融创新能力相关问题研究 [D]. 武汉：武汉理工大学, 2002.

[③] 喻平, 李敏. 金融创新能力评价 [J]. 当代经济管理, 2007 (3)：99 - 102.

[④] 赵志宏. 采用科学的方法提升金融创新能力 [J]. 中国金融, 2007 (15)：51 - 54.

[⑤] 邱洪华. 基于层次分析模型的中国内外资银行创新力综合评价 [J]. 研究与发展管理, 2012 (5)：64 - 72.

应的对策建议。① 而本书所探讨的金融创新力本质上则是作为企业的金融机构自身具备的创新能力，它不仅局限于其金融业务本身，也包括企业的治理结构、文化理念、人力资源、风险控制等方面的内容，其本质则是对作为企业的金融机构自身的一种评价。

其次，金融创新力与金融创新所涉及的范围不同。金融创新涉及金融业的方方面面，只要是能引起金融业产品服务模式、交易方式、组织形式、获利模式发生变化的行为和活动都是金融创新。且一般金融创新不是一家金融机构的行为，而是具有社会性的、普遍性的。即使某一金融创新首先在一家金融机构产生，往往也会以较快的速度扩散到金融行业的其他机构乃至各个领域。而本书所讲的金融创新力则是针对具体金融机构而言，对其进行的评价只针对某一家金融机构，或由扩展到某一区域中的部分金融机构，不会针对全部的金融业评价其创新力。因此，从所涉及的范围的角度来看，金融创新力比金融创新更加具体深入。

再其次，金融创新与金融创新力包含的风险不同。金融创新刺激了金融业的飞速发展，为实体经济的增长带来了源源不断的资本供给，但与此同时，金融创新还包含了大量的风险存在。以 21 世纪最火爆的金融创新——资产证券化为例，它使沉淀在生产过程中的"死"资产以证券的形式销售出去获得了"活"资金，可以使生产规模无限扩大。但资产收益的有限性和资产销售次数的无限性也蕴含着不可忽视的风险。一旦同一项资产以证券的形式销售多次，其需支付的成本超过了资产本身所能带来的收益，则风险会不期而至，给企业、金融机构，乃至给整个金融体系带来巨大的破坏。金融创新力则与金融创新不同，金融创新力是金融机构创新的能力，这种能力不仅体现在其从事金融创新活动的能力上，还存在于金融机构，作为一个企业在文化理念、治理结构、科学技术、人力资源、风险控制和产品服务等方面的创新能力。作为金融机构，其创新力越强意味着其克服化解风险的能力越强，相对而言，其面临的风险就越小。由此可见，金融创新与金融创新力所包含的风险不同，金

---

① 许鹏远．现阶段我国上市商业银行金融创新评价研究［D］．安徽大学硕士论文，2012.

融创新越发展金融体系的风险就越大，而金融创新力越强金融机构的风险就越小。

最后，金融创新与金融创新力的内在驱动因素不同。驱动金融创新的因素有以下几个方面：一是对规避风险的需求，市场利率的波动对资金需求者和供给者带来较大的风险，这就刺激市场产生了对规避风险的需求，从而渴望出现一些金融产品、金融工具或新的交易机制能够规避风险，于是产生了金融创新，期权交易的产生就是生动的例子。二是金融投机行为，市场利率的波动不仅会产生损失，有时也会带来额外的收益即资本利得。一些投资者为了获得这部分额外的投资收益，便将投资行为转化为投机，为了进行金融投机，他们也创设出新的金融产品、金融工具和交易机制，从而进行金融创新。三是金融科技的发展产生了新的金融供给，刺激金融创新。随着计算机网络和通信技术的进步，大大降低了金融交易的成本，金融机构便设置出更多的金融产品和工具来满足消费者的新需求，这就产生了金融创新，银行卡的广泛应用和移动支付的出现就是例证。四是对现有法律法规的规避。由于金融业具有较大的风险性，所以各国政府都对金融业的发展有着严格的监管法律法规。而作为金融机构，为了拓展业务范围以获取更多的利润，往往采取一些措施合法的绕过监管规则，这也会刺激金融创新的产生。五是市场对资金的需求也会引发金融创新。当市场资金不足时，金融消费者的资金需求无法得到满足，市场利率上升，则必然激发金融创新产生新的资金流以满足资金需求。当前的资产证券化就是例证，当资金沉淀在生产、研发或流通领域时，市场缺乏资金供给，金融机构便将企业原有资产包装成新的证券进行出售，从而提前收回资金用于再次投资，增加市场资金供给。金融创新力的内在驱动因素有以下几个方面：一是企业资本追求利润的驱动力，驱使作为企业的金融机构不断提升自身的创新力；二是金融机构在市场竞争中为了保持竞争优势和成长活力，以战胜竞争对手的危机意识激发其提升创新力的欲望；三是企业新的运行机制和盈利模式的出现刺激金融机构不断提升创新力；四是广大金融消费者对金融产品需求的增加和提高金融服务质量的愿望也客观上要求金融机构不断提升自身创新力；五是后金融危机时代，各国政府对金融机构更加严格的监管也迫使金融机构不断提升自身创新力，在符合监管要求的前提下获取更高的利润。由此可见，金融创新和金融创新力内在的驱动因素不同，这就要求各国、各经济体、各地区在促进金融创新发展和提升金融机构创新力时要采取不同的对策与措施。只有根据二者不同的内在驱动因素，找准相应的对策措施，才能使金融创新稳步发展，使金融机构的金融创新力不断提升，为实体经济发展和人类社会的进步做出更大贡献。

第三节 金融创新力对金融机构发展的重要性

创新是企业发展恒久不变的主题，也是企业乃至社会实现高质量发展的持久动力。金融创新力是金融机构创新的能力，它对于金融机构的发展具有重要的意义和不可忽视的作用。

一、金融创新力是金融机构在市场竞争中胜出的关键因素

当今的市场竞争就是创新的竞争，创新是企业的生存之道。金融机构进行金融创新不论是外部环境驱使下被动式的反应行为，还是其自身的主观能动性，其根本动因都是对利润最大化的追求，是为了提升其在经济全球化背景下的竞争力。企业能否在市场竞争的优胜劣汰中胜出，其创新能力就成为关键因素。金融创新力是一种综合能力，是金融机构在激烈的竞争环境中，相对于竞争对手所表现出来的、难以被复制和模仿的、并能够产生强大竞争力和创造长期竞争优势的综合能力。金融创新力的高低决定了金融机构能否在金融市场竞争中胜出。金融创新力从制度、技术、产品、服务、人才、风险、文化等多个方面促进了金融机构核心竞争力的形成。企业需要意识到在如今变化多端的市场环境中，金融创新力较高的金融机构往往能更早地适应经济新常态下的金融市场变迁，更快地完成自身转变，通过制定新制度、采用新技术、研发新产品、开展新服务、起用新人才和建设新文化逐步提升自身整体竞争力，从而在经济新常态下的市场竞争中胜出。而金融创新力较低的金融机构，

则缺乏经营活力、人才流失严重、产品服务单一、技术条件落后，最终被市场所淘汰。因此，金融创新力是金融机构在市场竞争中胜出的关键因素。

二、金融创新力在金融机构生命周期中发挥着重要作用

如同物质世界的成、住、坏、空，或是人类的生、老、病、死，每一个企业都有着它自身的生命周期，金融机构也有其自身的生命周期。在河北省，村镇银行、农村商业银行、小额贷款公司等新型机构以及信托公司、财务公司、金融消费公司等非银行金融机构正处在初创期，在激烈的市场竞争中只有通过提高风险管控能力、技术应用水平、人力资源水平、设施设备投入量、进行产品创新、提升服务质量等一系列创新力水平才能得以生存和发展；股份制银行、城市商业银行、保险公司、证券公司等金融机构处于成长期，同样需要通过不断培育自身创新力，丰富产品和服务种类，拓宽盈利渠道，提升核心竞争力与同行业机构之间拉开差距，实现成长，并逐步走向成熟。国有控股大型商业银行资金实力雄厚，无论是资产总额还是负债总额均占我国银行业资产总额和负债总额的半壁江山。尽管其在市场份额、盈利能力、业务渠道、客户基础和品牌力量方面有较大的竞争优势，即处于生命周期的成熟期，但其创新能力不足也成为主要的发展阻力。这就需要国有大型商业银行不断提升自身创新力才能不被行业内的后起之秀所超越，通过延缓或避免进入衰退期，实现可持续发展。农村信用社等传统农村金融机构虽然曾经在支持"三农"方面发挥了巨大的作用，但由于历史客观因素及自身体制的限制，已逐步进入衰退期，因此，更需要提高自身创新力，逐步向农村商业银行或农村合作银行转型。由此可见，金融创新力在金融机构生命周期中发挥着重要的作用。

三、金融创新力决定了金融机构的人力资源管理水平

当今金融领域的竞争更多地体现在人才领域的竞争。优良的人力资源管理、激励和约束机制是金融机构经营成败的关键。金融机构作为知

识密集型服务业（KIBS）的典型代表，它的发展在很大程度上依赖知识和人才的大量投入。人员是金融机构开展创新活动的主体，高素质的人才更是银行提升创新能力和竞争力的关键。人才作为金融机构创新能力的核心要素，是商业银行最为宝贵的财富，其特殊性在于人才所拥有的主观能动性、有价值的思想观念、创新的意识和能力，以及不断实践和探索的精神。金融机构人员素质的高低，一方面体现在员工总体受教育水平的高低；另一方面离不开机构对于人员培训的投入和支持，培训可以大大提高员工的业务水平和创新思维。而人力资源管理机制的变革与更新则是金融创新力的一个重要方面。金融创新力在人力资源管理机制方面的充分体现，可以帮助金融机构延揽并留用具有创新能力的人才，从而带动整个机构的创新。缺乏创新的人力资源管理体系，会使金融机构人力资源利率效率低下，各类人才无法发挥其积极性，进而降低金融机构经营绩效。人力资源管理方面的金融创新力体现在人才引进机制的灵活性、待遇与德才匹配程度、人才稳定程度等方面。

四、金融创新力制约着金融机构的风险管理水平

从整体金融环境来说，有金融创新就有与之相伴的金融风险，有金融风险就需要金融创新来加以规避，二者相互依存，相伴相生。金融机构开展创新活动是一个收益与风险并存的过程，金融机构风险水平的高低在很大程度上受到其创新能力的制约。从单个金融机构来看，其金融创新力制约着自身风险管理水平。金融创新力较高的金融机构其风险管理水平也就越高，因为创新过程中金融机构为了能有效规避和化解风险而建立了金融风险防范体系。金融机构运用有效的方法和手段，对金融创新风险进行识别、测量和控制，最大限度地减少金融创新风险所带来的和可能带来收益减少的损失及成本增加的损失。而创新力较低的金融机构，则受制于金融风险，无法建立有效的金融风险"防火墙"，在行业竞争中处于下风水平。因此，金融创新力制约着金融机构的风险管理水平。

第四节　金融创新力评价体系的构建

要对金融机构创新力进行客观的评价，首先就应当建立金融创新力评价体系。孙立媛、邓三鸿（2012）研究归纳了国内外企业创新力评价指标体系，认为应当将创新风险加入企业风险能力评价体系当中，并选择创新意识水平、创新投入能力、创新活动能力、创新产出能力、创新风险控制能力、组织管理创新能力作为一级指标，同时选择管理人员创新意识水平、团队人员创新意识水平、研发人员投入、研发经费投入、研发机构数量与水平、产学研结合程度、引进新技术产品数量、政府扶持力度、金融机构支持力度、外资化程度、新产品销量和销售额、投入产出比、新产品研发投入生产周期、知识创造能力、技术风险控制能力、市场风险控制能力、财务风险控制能力、政策风险控制能力、管理风险控制能力、企业文化创新性、管理者综合素质水平、创新规划能力等作为二级指标。① 程思劢（2014）分析了我国商业银行发展的现状，研究了商业银行金融创新力的主要内容，并选取了创新投入能力、创新实施能力、创新产出能力、创新保障能力等 4 个一级指标并在此基础上设计了 25 个二级指标构建商业银行金融创新力的指标体系。② 王宁江（2015）认为，企业创新力的构建应坚持合理性、系统性、可操作性和可对比性原则，并建议从创新投入、创新环境和创新绩效等三个方面构建创新力评价指标体系。③ 张协奎、邬思怡（2015）基于系统视角，运用"要素—结构—功能—环境"系统分析范式，探讨了城市系统要素、结构、功能与环境之间的联系，认为城市创新力离不开其系统中要素的投入、结构的变化、功能的发挥和环境的支撑，并由此构建了城市创新力评价指

---

① 孙立媛，邓三鸿. 企业创新能力构成要素研究与评价指标体系的构建 [J]. 西南民族大学学报（人文社会科学版），2012，33（12）：230－235.

② 程思劢. 基于相对位次法的商业银行金融创新能力评价研究 [D]. 合肥：安徽财经大学，2014.

③ 王宁江. 企业创新力如何评价 [J]. 浙江经济，2015（22）：40.

标体系。[①] 乔新周（2017）基于要素市场衡量商业银行的创新水平，建立了 5 个一级评价指标，具体包括技术应用能力、设施设备能力、人员素质水平、创新成果水平以及风险管控水平。[②] 赵广翔（2018）分析了我国商业银行创新力评价体系，认为影响商业银行金融创新力的因素包括金融创新机制、金融创新方法和目标、金融创新中的研发能力，应当从金融业务创新能力、金融创新人力资源能力、金融技术创新能力、金融创新风险控制能力等几个方面构建评价指标体系。[③]

一、金融创新力评价体系构建原则

张协奎、邬思怡（2015）在建立城市创新力评价指标体系时，为了全面、客观地评价创新型城市的综合能力及发展水平，提出在构建评价指标体系时遵循以下原则：（1）系统性原则；（2）目标导向性原则；（3）代表性原则；（4）可比性原则；（5）可操作性原则。本书借鉴其评价体系构建原则，将系统性、科学性、具体性、可比性作为金融创新力评价体系构建原则。

（一）系统性

金融创新力在金融机构当中是一个完整的体系，涉及理念文化、治理结构、金融科技、人力资源、风险控制、产品服务等多个方面，是一个有机的整体。因此，在构建金融创新力评价体系时，应坚持系统性原则，进行综合考察，列出每个影响因素及其效果。另外，在设计体系中要尽量考虑周全，将各类影响因素设置全面。

（二）科学性

金融创新力的评价是一个客观的过程，只有坚持科学性原则，对金融机构的金融创新力进行评价，其结果才能被应用和推广，才能帮助企业选择适合自身需求的金融机构进行合作，才能为政府及金融监管部门

① 张协奎，邬思怡．基于"要素—结构—功能—环境"的城市创新力评价研究——以 17 个国家创新型试点城市为例 [J]．科技进步与对策，2015，32（2）：138 – 144．
② 乔新周．基于要素视角的上市商业银行创新能力评价研究 [D]．深圳：深圳大学，2017．
③ 赵广翔．商业银行金融创新力评价的分析 [J]．商场现代化，2018（9）：88 – 89．

的决策提供客观依据。因此，在构建金融创新力评价体系时一定要坚持科学性原则。根据金融业发展的客观规律和企业管理的基本原理选取相应的指标，并根据河北省金融业发展的实际情况，制定各类指标的范围。通过科学的构建评价体系，真正实现金融创新力评价的目的。

（三）具体性

本书研究的金融创新力，不是整个社会的创新力，也不是整个金融体系的金融创新力度，而是针对每一家金融机构而言的金融创新力。即使构建的指标体系可以对某一地区大部分金融机构进行整体评价，仍然是建立在对每一家具体金融机构数据的收集和汇总基础之上的。因此，金融创新力评价体系的构建要有具体性。无论是主观指标还是客观数据，都是从具体的金融机构收集而来。因此，本书所研究的金融创新力评价体系在评价具体的金融机构方面会发挥更明显的作用。

（四）可比性

金融创新力指标的选取应具有可比性，选择指标的含义要明确，指标统计的口径应一致，时间、地域、适用范围也应保持一致，以确保各类指标间能够进行纵向和横向比较。同时，也只有具有可比性，对不同金融机构的评价进行比较才有意义，才能更好判断不同金融机构的优劣。

二、评价指标的选取

为了构建有效的金融创新力评价体系，在相关文献研究和分析的基础上，根据前面对金融创新力的概念界定，借鉴乔新周（2017）的研究，通过建立金融创新评价体系从而客观、科学的衡量金融创新力。[①] 因为此方法一方面避免了单一评价指标的局限，采用指标体系来进行评价从而使评价过程更具科学性和说服力；另一方面也规避了问卷和访谈等的不足。此外，数据指标来源的可测性、可靠性与完整性也为银行创新评价指标体系的构建奠定了良好基础。金融机构主要由商业银行、证券公司、

---

① 乔新周. 基于要素视角的上市商业银行创新能力评价研究［D］. 深圳：深圳大学，2017.

保险公司组成。在构建金融机构创新力评价指标时离不开这三类主体，故指标也主要从这三类机构中选取。将选取的指标分为两个层次：第一个层次是宏观环境对金融机构创新力的影响。该层次可选取区域性宏观经济变量作为指标，如 GDP、货币政策变量等。第二个层次是金融机构自身的客观因素。如创新人员（包括技术人员、营销人员、市场人员）占比、设备投入情况、资本充足率、贷款拨备率、银行规模、证券公司规模、资管业务占收入比重、保费收入、保险密度和深度、净资产收益率、非利息收入占比等。

（一）宏观经济环境影响的指标

在该层次中主要选择了能够从创新环境方面对金融机构的金融创新力产生影响的宏观经济指标，主要包括以下具体指标。

1. 区域内生产总值（GDP）

区域内生产总值（GDP），即一定区域内的常住单位在一年内创造的所有最终产品和劳务的市场价值量的总和。GDP 是衡量一地区乃至一国经济增长速度的最重要的指标，它在一定程度上是该地区或该国家经济发展状况最直接、最重要的说明。从金融创新力评价体系指标选取的角度来看，河北省的 GDP 对该地区内金融机构的创新力存在着重要的影响。因为 GDP 的总量和增长速度决定了经济增长的速度，而经济增长的速度在一定程度上影响着金融机构创新力的培育。同时，该地区金融机构的创新力又会反作用于经济增长，对 GDP 产生影响。因此在宏观经济环境影响指标中首选 GDP 指标。

2. 区域内货币政策变量

货币政策的变化会相应调整银行的经营策略与收益结构，故对银行的发展经营产生重要作用。根据我国对货币层次的划分标准，货币供应量中 M2 同时反映现实和潜在购买力，更能够反映经济投资的货币环境，对金融体系的影响也最大，因此选择 M2 的增长率作为货币政策变量。

3. 区域内人均可支配收入

人均可支配收入即某一地区一定时期内居民可用于最终消费和储蓄的收入的总和。它是居民可自由支配的收入。河北省居民的可支配收入是本地区居民消费水平和储蓄水平的基础。可支配收入越高，居民的消费和储蓄额就越高，消费和储蓄额越高，就对金融发展越有利，从而也刺激了金融创新力的提升。因此，选择人均可支配收入作为宏观经济环境影响指标。

4. 区域内存贷款余额

区域内存贷款余额即一地区内金融机构年末的各项存款余额和各项贷款余额。金融机构发放贷款是建立在吸收存款基础上的，因此存款余额的多少直接决定了贷款的发放规模。而贷款发放规模的大小又反映了金融机构对经济发展的支持力度及其自身的活力。这在一定程度上也反映了金融机构金融创新力的强弱。在现代市场经济条件下，金融机构尤其是商业银行更加注重金融市场业务，而不再将信贷业务作为核心。如果存贷款规模过大，特别是利息收入占比过高，又阻碍了金融创新力的提升。因此，存款余额和贷款余额是影响金融创新力的重要指标。

5. 区域内保费收入

保费收入即保险公司为履行保险合同规定的义务向投保人收取的费用。保费收入是保险公司最主要的资金流入途径，也是保险公司履行保险责任支付保险金的主要资金来源。保险公司保费收入的多少类似于银行存款余额的大小，决定了其经营规模的大小。从宏观上看，一定区域内的保费收入是该区域内的所有保险公司保费收入的总和。它一方面决定了该区域内保险业经营规模的大小；另一方面在资产层面上是该区域内保险资产增长的动力，在负债层面上它也造成了保险业负债的增加。进而对该地区金融机构的创新产生影响。因此，可选取保费收入作为评价金融创新力的宏观经济影响指标。

6. 区域内保险密度和保险深度

保险密度即人均保费额度。一地区的保险密度反映了该地区居民参加保险的程度和保险业的发展水平。这在一定程度上影响到保险机构金融创新力的大小，进而对该地区整个金融业的创新力产生影响。保险深度则是一地区的保费收入占该地区生产总值即 GDP 的比重，反映出保险业在该地区国民经济中所占的比重，在一定程度上说明该地区保险业的发展速度，而保险业的发展速度必然会对当地金融创新力产生影响。因此，选取以上两个指标作为金融创新力的宏观经济影响指标。

7. 区域内金融机构规模

目前，我国的金融机构主要有银行、保险公司和证券公司三大类。因此，可将金融机构规模分为：银行规模、证券公司规模和保险公司规模。银行、保险公司及证券公司的规模常用其资产作为衡量指标。其资本实力又是金融创新的支撑和基础，往往资产规模较大、资本实力雄厚的机构在创新力方面表现更为突出，故将区域内金融机构资产的总体规模纳入该区域内金融创新力评价的宏观经济影响指标范畴。

（二）金融机构自身的主观因素

该类指标主要通过调查问卷的形式获得，反映金融机构对其自身创新力水平的认识，主要包括以下几个方面。

1. 创新环境感知力

包括政策对创新的扶持程度和监管对创新的宽松程度。金融机构金融创新力的提升离不开政府政策的扶持和监管的规范。从政策扶持角度来看，只有政府出台切实符合金融机构需求的扶持政策，才能最大限度地促进金融创新力的提升。从监管的角度来看，一方面要维护金融市场正常的竞争秩序，而另一方面又要给予金融机构一定的创新空间，不能管得太死、统得太严。法国启蒙思想家卢梭在《社会契约论》中提到：人是生而自由的，却无往不在枷锁之中，自以为是别人主人的人，却比别人更是奴隶。这个论断引申到金融创新力领域就是说，自由创新和监管规制是相对的，金融机构的自由创新离不开监管规制的保驾护航作用，但同时金融机构的自由创新又必须在监管规制的范围内进行。在监管范围内进行创新可得自由，而离开监管谈创新则易引发风险和混乱。对金融机构调查其对政府的扶持程度和监管规制的了解情况可以判断金融机构对创新环境的感知力如何，进而对其金融创新力进行评价。

2. 机构管理创新力

机构管理创新力包括创新战略、创新制度、创新氛围、创新文化、创新流程和创新结果绩效考核等几个方面。这一系列指标反映了金融创新机构对创新力的管理水平。如金融机构将创新完全融入公司战略的程度、将创新融入企业文化的程度、保障金融创新制度的完善程度、工作中创新氛围的浓厚程度、创新流程的完善程度等。

3. 科技应用创新力

科技应用创新力包括金融科技投入、采用的新技术、关注新技术在金融领域的使用等几个方面。这些指标反映了金融机构技术创新的能力。一般金融科技投入越高、采用的新技术越多、对新技术在金融领域的使用关注越强烈则该机构在技术方面的金融创新力越强。反之，则金融机构在科技方面的创新力则越弱。

4. 人力资源创新力

创新归根结底是人的行为。金融机构的创新力也是其人力资源的创新力。人力资源是金融机构开展业务的主要依托和取得良好发展的根本依靠。人力资源的优劣直接决定了金融机构的各项政策能否得到有效实施，其业务能否得到积极拓展，进而关系到金融机构的生存和发展。因此，人力资源创新力是金融创新力的一个重要方面。该系列指标的设置具体包括：引进创新和研发相关人才的力度、是否有专门的创新研发人才以及创新研发人才占比等三个方面。

5. 风险管理创新力

金融机构经营的主要业务都包含大量风险。风险与金融创新相伴而生，经营得好，风险可以为金融机构带来额外的利润；经营不当，则可能因风险爆发带来巨大损失。因此，要评价金融机构的创新力则对风险管理因素的考虑必不可少。本评价体系将金融机构对创新中风险点的了解程度和掌握控制创新风险技术的程度作为指标来衡量金融机构的风险管理创新力。

6. 产品服务创新力

金融机构的创新力还体现在其向市场和金融消费者提供的产品服务上。产品服务的创新也是金融机构市场竞争力的有力体现。因此，在金融创新力评价体系中设置了金融机构对客户新需求的了解程度、提供个性化定制化金融服务与产品的能力以及是否具有针对新产品的创新营销策略。

（三）金融机构自身的客观因素

金融机构创新力的影响因素除了通过问卷调查获得的主观因素外，还包括金融机构一些具体的数据和指标反映出来的客观因素。具体包括以下几个方面。

1. 创新人员占比

所谓创新人员占比就是金融机构中从事创新业务的人员占全部工作人员的比重，具体包括技术人员、营销人员和市场人员等。创新人员占比客观反映了金融机构当中创新人力资源实力。其中，选入技术人员是因为其在金融机构中技术领域的创新中发挥作用；选入营销人员是因为其在新产品、新服务的营销中发挥作用；选入市场人员是因为其在市场调研、新产品新服务定价、企划策略和广告宣传等方面的作用。

2. 知识产权数量

知识产权数量反映了金融机构自主创新设立的金融产品和服务的数量，它在一定程度上反映了金融机构创新力水平，知识产权数量越多，其金融创新力越强。相反，知识产权数量越少，其金融创新力则不足。

3. 净资产收益率

净资产收益率又称股东权益报酬率，是净利润与平均股东权益之比。该指标反映了股东权益的收益水平，体现了金融机构自有资本获得净收益的能力。在无法界定哪些净收益是金融机构创新带来的时候，可以笼统地运用净资产收益率来反映金融机构创新力产生收益的能力和效率。

4. 非主营业务收入占比

金融机构的创新力也体现在创新业务收入占总收入的比重方面。因此，可选择金融机构的非主营业务收入占总收入的比重作为衡量其自身创新力的客观因素指标。具体来看，在银行业机构中应选择非利息收入占比。非利息收入是除存贷款利差之外的营业收入，其主要来源主要是中间业务和金融市场业务。而银行业机构的金融创新产品和服务也主要在中间业务和金融市场业务领域，而非传统的信贷领域。因此，可以用非利息收入在营业收入中的占比来反映银行业机构产品创新和服务创新的成果。在保险机构中，可以选择非原保费收入。原保费收入是由公司自己做的业务得到保费收入，主要和再保险的保费收入相区别，考虑到再保险也是金融创新的一种形式，因此将再保险收入、保险公司投资收益等非原保费收入占总收入的比重作为反映保险公司创新力的客观因素指标。在证券公司中应选择资管业务收入占比。资产管理业务收入已经成为证券公司新的利润来源，故可将证券公司资管业务收入占总收入的比重作为衡量证券公司创新力的重要指标。

金融创新的评价指标体系如表2－1所示。

表2－1　　　　　　　　　金融创新的评价指标体系

指标名称	一级指标	二级指标	获得方法
宏观经济环境影响的指标	区域内生产总值GDP	—	当年GDP总和/当年平均总人口数
	区域内货币政策变量（M2的增长率）		（当期的M2－上期的M2）/上期的M2
	区域内人均可支配收入		当年的可支配总收入/常住人口总人数
	区域内存贷款余额		由统计年鉴查询得出
	区域内保费收入		由统计年鉴查询得出
	区域内保险密度和保险深度		保险密度＝保费收入/该地区生产总值即GDP×100%　保险深度＝人均保费额度
	区域内金融机构规模		由统计年鉴查询得出金融机构资产总额

指标名称	一级指标	二级指标	获得方法
金融机构自身的主观因素指标	创新环境感知力	政策对创新扶持程度	由调查问卷获得
		监管对创新宽松程度	
	机构管理创新力	将创新融入公司战略的情况	由调查问卷获得
		将创新融入公司文化的程度	
		制度保障创新的程度	
		机构的创新氛围	
		创新流程完善程度	
	科技应用创新力	机构在金融科技方面的投入情况	由调查问卷获得
		机构采用新金融技术的情况	
		机构对技术在金融领域的应用关注度	
	人力资源创新力	引进创新人才情况	由调查问卷获得
		专门创新研发人才的拥有情况	
	风险管理创新力	对创新中风险点的了解程度	由调查问卷获得
		控制创新风险技术的掌握程度	
	产品服务创新力	对客户新需求的了解程度	由调查问卷获得
		个性化产品和定制化产品的开发情况	
		针对新产品的创新性营销策略制定情况	

指标名称	一级指标	二级指标	获得方法
金融机构自身的客观因素指标	创新人员占比	—	（销售人员人数＋市场人员人数＋技术人员人数）/员工总数
	知识产权数量		商标＋专利＋资质认证＋网站备案＋软件著作权
	净资产收益率		净利润/净资产×100%
	非主营业务收入占比		银行：非利息收入/营业收入 保险公司：（非原保险收入＋投资收益）/营业收入 证券公司：资产管理业务收入/营业收入

  综上所述，本书选取的金融创新能力的评价指标体系包括 17 个一级指标和 17 个二级指标，共分为三大类，既涵盖了宏观经济的影响因素，又包括了金融机构自身的主观因素和客观因素，是一种综合性的金融创新力评价指标体系。由于本书的分析主要建立在对河北省金融领域各行业开展问卷调查的基础之上，因此各部分的分析都会涉及金融机构自身主观因素指标。至于宏观经济影响因素指标和金融机构自身客观因素指标，则会在分析过程中考虑数据的可获得性和河北省具体金融行业的具体因素，在本书后续章节中有斟酌地进行选取，不逐一进行分析。这也是本书研究存在的不足之处，在今后的研究中有必要进一步完善。

第三章 河北省银行业金融创新力评价

传统银行业主要经营存贷款业务，调剂资金余缺，是企业和个人间接融资的重要渠道。现代银行业向多元化混业经营发展，既保留原有的存贷款业务，也涉足证券、保险等金融行业，同时还经营大量的金融市场业务和中间业务。因此，银行业机构的创新力是金融创新力的重要组成部分。

第一节 河北省银行业金融创新力现状

一、河北省银行业发展背景

近年来，世界经济风云变幻、险象环生，各类矛盾凸显，经济复苏在艰难曲折中不断前行。直到 2017 年，世界经济才呈现出较为明显的回升趋势。主要发达经济体 GDP 增速明显，新兴市场国家与发展中国家经济增速整体上也呈现出止跌回升的态势。与此同时，劳动力市场逐步改善，失业人数有所减少，物价水平温和上升，国际贸易量价齐飞，国际直接投资仍显低迷，全球债务水平继续上升，金融市场风险加剧。从国内来看，2017 年，中国宏观经济在"稳中求进"总基调的指导下，坚持以供给侧结构性改革为主线，努力推进结构优化、动力转换和高质量发展，总体呈现稳中向好的局面。2017 年全年国内生产总值 827 122 亿元，比 2016 年增长了 6.9%。①工业企业利润有所增长，服务业保持了较快发展，投资和产业结构不断优化，转型升级取得新成效。但同时也应看到，人民日益增长的美好生活需要和不平衡不充分的发展之间的矛盾仍然突出，企业杠杆率高企，影子银行规模渐增，房地产泡沫仍然存在，非法金融活动甚嚣尘上，政府隐性债务有待整顿。从河北省的具体情况来看，2017 年，河北省实现生产总值 35 964.0 亿元，比上年增长了 6.7%，略低于全国水平；新增就业 82.06 万人，登记失业率为 3.68%，低于 4.5% 的预期目标；消费价格比 2016 年上涨了 1.7%，较为平稳；民营经济增加值 24 406.4 亿元，比上年增长 7.0%，增速比上年 7.2% 回落了 0.2 个百分点。②无论国际形势、国内形势，还是河北省自身经济、社会发展状况，都对河北省银行业的发展产生了相应的影响。

二、河北省银行业发展现状

2017 年，河北省银行业整体保持运行稳健、结构优化、风险可控的态势。截至 2017 年底，河北省银行业各项存款余额 43 315.28 亿元，比年初增加 5 569.43 亿元，同比多增 432.06 亿元；比上年同期增长 14.76%，同比放缓 1.00 个百分点，高于全国平均增速 2.66 个百分点。③具体来看，近几年河北省银行业的发展状况表现在以下几个方面。

（一）银行业体系结构进一步完善

近几年，河北省银行业的体系结构得到了进一步的完善，政策性银行和商业银行的数量和种类都有所增加。2016 年 10 月 9 日，中国进出口银行河北省分行成立，政策性银行体系在河北省实现全覆盖，在河北省开放性经济转型中发挥着重要作用。天津银行石家庄分行开业，为河北省城市商业银行的发展融入了新鲜血液，至此，在河北省营业的城市商业银行达到 14 家。④张家口银行发起设立了河北省首家消费金融公司——

---

① 国家统计局网站。
② 河北省 2017 年国民经济和社会发展统计公报。
③ 河北银行业 2017 年总体运行稳健结构更为优化 [EB/OL]. https：//baijiahao. baidu. com/s? id = 1592364164823656172&wfr = spider&for = pc.
④ 河北银监局年报。

东旭集团筹建财务公司，丰富了河北省非银行金融机构。各类新型银行机构纷纷发起设立或完成改制。截至 2017 年 3 月末，河北省共组建村镇银行 95 家，资产总额达到 394.1 亿元，贷款总额达到 205.6 亿元，存款总额达到 295.1 亿元。[①] 截至 2017 年 8 月，河北省已开业农商行 89 家。[②] 目前，河北省 3 家政策性银行已经聚齐，共有机构 165 个；5 家国有控股大型商业银行共有营业网点 3 264 个；10 家全国性股份制商业银行共有机构网点 506 个；城市商业银行共有 13 家、1 114 个网点；农村商业银行、农村合作银行和农村信用社等小型农村金融机构共有网点 4 901 个；村镇银行、农村资金互助社等新型农村金融机构共有 98 家、网点 265 个；邮政储蓄银行共有网点 1 461 个；另有外资银行 2 家。[③] 如表 3-1 所示，银行体系结构得到进一步完善。

表 3-1　　　　　　　　河北省银行业金融机构类型及数量

序号	机构类型	机构数量（家）	营业网点数量（个）
1	政策性银行	3	165
2	国有控股大型商业银行	5	3 264
3	城市商业银行（法人机构）	13	1 114
4	小型农村金融机构（农村商业银行、农村合作银行和农村信用社）	148	4 901
5	新型农村金融机构（村镇银行、农村资金互助社）	98	265
6	邮政储蓄银行	1	1 461
7	外资银行	2	2

（二）服务实体经济质效稳步提升

2017 年，河北省银行业着力提升服务实体经济质效。在支持国家重

---

① 2017 年一季度河北省村镇银行发展再上新台阶［EB/OL］. http：//www.sohu.com/a/134928367_123643.

② 力争 2018 年完成农商行改制河北农信社改革加速全力打造现代化商业银行［EB/OL］. https：//www.sohu.com/a/162097376_445908.

③ 河北省 285 家法人银行和省外银行在河北分支机构名单［EB/OL］. https：//baijiahao.baidu.com/s？id=1606235808690914273&wfr=spider&for=pc.

大发展战略方面，为支持京津冀协同发展项目授信余额达到 11 552.24 亿元，为重大工程项目授信余额 6 854.07 亿元。在推动产业升级方面，为全省工业转型升级发放贷款余额 859.80 亿元，发放战略性新型产业贷款余额 841.51 亿元。在支持科创企业发展方面，全年累计发放科技型中小企业贷款 1 121.79 亿元，创新型企业信贷 75.34 亿元。在支持绿发展方面，全年累计发放节能减排重点工程贷款 129.48 亿元，发放技术改造升级贷款 213.01 亿元。在支持河北省企业参与"一带一路"倡议方面，新设立的中国进出口银行河北省分行 2017 年全年累计发放相关贷款 92.81 亿元。在支持供给侧结构性改革方面，2017 年全省"两高一剩"行业贷款保持稳定，同时将多头过度授信纳入银行机构违法违规专项治理的重点领域，支持银行业机构稳妥推进重点企业市场化、法制化债转股事项，引导辖内银行业机构参与地方政府债务置换，购买置换债券 798.13 亿元，每年为地方政府节约融资成本 45 亿元。在推进普惠金融发展方面，2017 年末涉农贷款余额 14 194.13 亿元，有效支持了"三农"建设，小微企业贷款余额 13 146.79 亿元，贷款户数 413 110 户，申贷获得率 94.95%，全年累计发放无还本续贷贷款 379.21 亿元。在精准扶贫方面，省级政府以上立项扶贫开发项目贷款余额 91.73 亿元，建档立卡贫困户小额信用贷款余额 34.51 亿元，惠及 7.04 万户。[①]

（三）银行业经营规模不断扩大

近年来，河北省银行业经营规模不断扩大。如表 3 - 2 所示，河北省银行业资产规模从 2010 年的 26 132.0 亿元增长到 2017 年的 74 030.7 亿元，涨幅达到 183.30%；贷款总额从 15 948.91 亿元增长到 43 315.28 亿元，涨幅达到 171.59%；存款总额从 26 270.59 亿元增长到 60 451.27 亿元，涨幅达到 130.11%；从业人数也从 149 025 人增加到 181 096 人，增加了 121.52%。由此可见，伴随着经济的发展，河北省银行业经营规模近年来持续扩大，在河北省经济领域当中的影响力不断增强。特别是在近几年宏观经济下行、利率市场化已全面实现、供

---

① 河北省银行业服务实体经济支持供给侧改革见实效 [EB/OL]. https：//baijiahao.baidu.com/s？id = 1593513967427449153&wfr = spider&for = pc.

给侧结构性改革不断推进的客观条件下，河北省银行业的经营规模还能实现稳定增长实属不易。当前不断扩大的经营规模也为今后的持续发展积蓄了力量，同时也为守住不发生系统性金融风险的底线奠定了基础。

表3-2   2010~2017年河北省银行业规模发展情况

年份	资产总额（亿元）	贷款总额（亿元）	存款总额（亿元）	从业人数（人）
2010	26 132.0	15 948.91	26 270.58	149 025
2011	35 531.0	18 460.60	29 749.53	151 765
2012	41 430.7	21 317.96	34 257.16	159 758
2013	47 204.5	24 423.22	39 444.45	163 317
2014	52 816.1	28 052.29	43 764.02	165 848
2015	58 714.7	32 608.47	48 927.59	171 202
2016	68 345.7	37 745.85	55 928.87	172 740
2017	74 030.7	43 315.28	60 451.27	181 096

资料来源：2010~2017年河北省金融运行报告。

（四）支持河北省经济增长的作用凸显

金融是现代市场经济的核心，银行业在金融领域中占据重要地位。在河北省经济发展过程中，银行业对经济增长的作用愈发凸显。存贷比即商业银行存款总额与贷款总额的比值，从微观上看，某家银行的存贷比是反映其流动风险的指标。而从宏观上看，它在一定程度上可以反映某一地区金融效率即银行业对经济增长的贡献程度。由图3-1可以看出，2010~2017年，河北省银行业的存贷比除2012~2013年略有回落外，呈整体上升趋势。特别是2016~2017年，河北省银行业在供给侧结构性改革的背景下，加强了对科技型中小企业和小微企业以及"三农"的扶持力度。因此，在此期间河北省银行业存贷比的上升速度明显加快，这也在一定程度上说明银行业在河北省经济增长中发挥的作用愈发凸显。

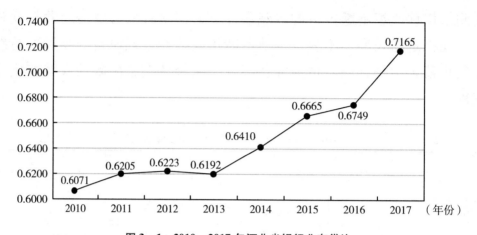

图 3 - 1　2010 ~ 2017 年河北省银行业存贷比

资料来源：根据 2010 ~ 2017 年河北省金融运行报告数据计算得出。

三、河北省银行业提升金融创新力的有益实践

（一）提升金融创新力助力国家重大战略实施

近年来，河北省银行业不断提升自身创新力，积极开展金融创新，支持国家重大战略实施。一是助力京津冀协同发展战略。河北省银行业围绕疏解北京非首都功能这个"牛鼻子"，通过提升自身创新力积极开展金融创新，在交通支持、产业转移、生态环保三个领域持续发力，为京津冀一体化交通网络建设、永定河综合治理等生态工程以及高端高新产业转移对接给予了信贷资金支持，提供了稳定可靠的金融服务。二是助力雄安新区规划建设战略。各类银行积极设立雄安新区分支机构，并开展授信工作。2018 年 3 月，中国工商银行、中国农业银行、中国银行、中国建设银行四大国有银行的雄安分行同时获批开业，另外，华夏银行雄安新区安新支行早已开业。针对新区起步区棚户区改造、基础设施建设、白洋淀综合治理等项目，中国农业银行已核定授信额度 1 500 亿元；中国银行也为新区建投批复贷款 220 亿元，同时还协助雄安集团完成了首笔"雄投债"募集工作。[①] 三是积极参与"一带一路"建设，为开展

[①]　四大行雄安分行获准开业贷款审批权限更大 [EB/OL]. http：//www.sohu.com/a/225407588_237556.

国际产能合作提供金融支持，大力提升提升外贸综合金融服务质效，扩大融资规模。

（二）提升金融创新力推动实体经济高质量发展

河北省银行业通过提升自身创新力，提升服务实体经济质效，推动实现高质量发展。一是以信贷资金重点支持大数据和物联网、人工智能与智能装备、高端装备制造等 10 个先进领域的战略新兴产业。二是通过创新组织架构和信贷管理机制，设立科技支行，创新有针对性的金融产品，适当拓宽抵质押品范围，重点支持各类创新主体开展创新创业活动，为高新技术企业和科技型中小企业提供高品质金融服务。三是积极开展绿色信贷业务，大力支持低碳环保产业和绿色改造项目。四是进一步拓展消费金融业务，努力满足河北省居民在大宗耐用消费品、新型消费品、教育和旅游等方面的融资需求。

（三）提升金融创新力为民营经济发展提供支持

2018 年 11 月 11 日，习近平在民营企业座谈会上发表讲话，指出"要解决民营企业融资难融资贵问题""要改革和完善金融机构监管考核和内部激励机制，把银行业绩考核同支持民营经济发展挂钩，解决不敢贷、不愿贷的问题"。为落实好中央要求，河北省银行业积极提升自身金融创新力，积极为民营经济提供服务，大力支持河北省民营经济发展。河北省银行业积极开展发行小微企业贷款资产支持证券业务，将小微企业贷款基础资产由单户授信 100 万元及以下放宽至 500 万元及以下。同时，优先办理小微企业票据再贴现业务，提高了再贴现的使用效率。积极创新融资产品，开展以税授信业务，针对守信纳税且经营状况良好的中小企业发放信用贷款。积极探索开展知识产权质押、应收账款质押等抵质押贷款业务。针对"专精特新"中小企业适度放宽授信规模、期限和利率水平。积极开展"无还本续贷"业务，以支持民营经济发展。

（四）提升金融创新力积极推进供给侧结构性改革

近年来，河北省银行业不断提升自身金融创新力，坚持稳中求进的工作基调，持续强化服务实体经济导向，专注主业，回归本源，积极支持河北省供给侧结构性改革。截至 2017 年末,河北省银行业共发放工业转型升级贷款余额 859.80 亿元,战略性新兴产业贷款余额 841.51 亿元。积极做好科创金融服务,着力培育新经济增长点,2017 年累计发放科技型中小企业贷款 1 121.79 亿元,创新型企业贷款 75.34 亿元,实现了科技型支行在设区市全覆盖。持续开展绿色信贷业务,2017 年累计发放节能减排重点工程贷款 129.48 亿元、技改升级贷款 213.01 亿元。同时,河北省银行业积极配合"三去一降一补"供给侧结构性改革关键任务的有序推进,采取有控有扶的信贷政策,促进产能过剩行业优化重组,达到了助力去产能的目的。积极推动保障性安居工程建设,截至 2017 年末,全省银行业保障性安居工程贷款余额达到 1 314.87 亿元,为"去库存"做出贡献。河北省银行业机构还积极参与地方政府债务置换,截至 2017 年末,购买置换债券 798.13 亿元,有效缩减了地方政府债务。①

四、河北省银行业提升金融创新力的优势

(一) 区域地缘优势

河北省地处华北平原,环抱京津,是京津冀协同发展的核心区域,承接着北京非首都功能的转移。这些都为河北省银行业金融创新力的提升创造了有利条件。首先,北京作为首都是金融政策制定发布的策源地,金融制度所有的顶层设计几乎都在北京酝酿发布,河北省紧邻首都北京,自然具有政策信息优势,能够较充分地掌握关于银行业顶层设计的政策信息,这对提高银行业金融创新力十分有利。其次,北京是中国人民银行、中国银行保险监督管理委员会、中国证券监督管理委员会等金融监管机构总部和许多大型商业银行、全国性股份制商业银行总部所在地,其总部优势很容易向河北扩散,对河北省银行业金融创新力水平的提高十分有利。再其次,天津市在区域协同发展中被定位为金融创新运营示范基地,其银行业基础较好,机构类型也比河北省完善,待金融跨区域便

---

① 河北省银行业服务实体经济支持供给侧改革见实效 [EB/OL]. https://baijiahao.baidu.com/s? id = 1593513967427449153&wfr = spider&for = pc.

利程度和金融产品"互通、互联、互认"程度提高后，其金融辐射功能和产业联动效果将得到充分发挥，届时河北省银行业创新力水平必将受益。最后，河北省还与山西省和山东省相邻，山西自古多票号，是中国银行业的发源地之一，无论在历史上还是在当今时代，在银行业发展方面都有值得河北省借鉴之处；山东省经济发达，银行业的创新水平也高于河北，其金融创新模式也值得河北省银行业借鉴。

（二）经济基础优势

河北省银行业提升金融创新力的经济基础实力雄厚。近年来，河北省以供给侧结构性改革为主线，不断提高发展质量，宏观经济形势总体平稳，整体向好。如图 3-2 所示，2013~2017 年，GDP、固定资产投资和人均收入均呈逐年增长态势。GDP 从 2013 年的 28 442.95 亿元增加到 2017 年的 35 964.00 亿元，增长了 26%；固定资产投资从 2013 年的 23 194.23 亿元增加到 2017 年的 33 406.80 亿元，增长了 44%；人均收入从 2013 年的 15 189.64 元增加到 2017 年的 21 484.13 元。GDP 和固定资产投资的持续增长，离不开银行业提供贷款的支持，同时，也创造了大量的金融需求。而人均收入的持续增长则为银行业提供源源不断的资金供给，这些都为河北省银行业进一步提升金融创新力创造了条件。就全

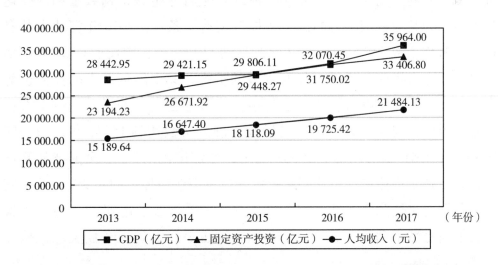

图 3-2　2013~2017 年河北省 GDP、固定资产投资和人均收入发展情况

资料来源：根据国家统计局网站公布数据整理得出。

国范围来看，河北省的宏观经济发展势头也较为迅猛，如表 3 - 3 所示，GDP 增速由 2013 年的 7.03% 增长到 2017 年的 12.14%，增速在 31 个省份中的排名也由 2013 年的第 28 名提升至 2017 年的第 9 名。由此可见，与全国大部分省份相比，河北省银行业提升金融创新力的经济基础具有优势。

表 3 - 3   2013 ~ 2017 年河北省 GDP 增速及在全国排名

年份	GDP 增速（%）	排名
2013	7.03	28
2014	3.44	30
2015	1.31	25
2016	7.60	23
2017	12.14	9

资料来源：根据国家统计局网站公布数据整理计算得出。

（三）潜在创新优势

河北省银行业金融创新力的提升还具有一定的潜在优势，这主要表现在：一是河北省银行业在机构、产品和服务方面的创新尚不完备，有进一步提升的空间。二是近年来，河北省银行业金融机构数量和规模逐步增加，为其金融创新力的进一步提升创造了条件。2010 年河北省共有银行业机构个数 9 966 个，2017 年则达到 11 689 个，增长了 17.29%，随着银行业金融机构数量的增加和规模的扩大，其金融创新力的提升也势在必行。三是河北省科技创新也为银行业金融创新力的提升提供了潜在优势。当前，河北省万人研究与试验发展人员数达到 15 人/年，居全国第 19 位；R&D 经费内部支出 383 亿元，占 GDP 的 1.2%，全国排名第 18 位；高新技术产业增加值达到 430 亿元，占工业增加值的 4.9%；万人发明专利拥有量达到 2.2 件，综合科技创新水平指数已达到 48.78%。[①] 科技的创新必然带动企业和金融的创新，这也是河北省银行业金融机构提

---

① 中国科学技术发展战略研究院. 中国区域科技创新评价报告（2018）［M］. 北京：科学技术文献出版社，2018.

升创新力的潜在优势所在。

（四）政策优势

近年来，河北省推出多项政策鼓励金融创新，对于银行业金融机构创新力的提升发挥着显著作用。2017 年，河北省财政厅推出了资产证券化奖励资金、新型金融组织发展奖励资金、普惠金融发展奖励资金、农村产权抵押贷款风险补偿资金、银行保险业金融机构创新产品奖励资金等多项奖补政策，发挥财政投入"四两拨千斤"的功效，有力地促进了河北省银行业金融创新力的提升。河北省科技厅和财政厅联合出台《河北省科技型中小企业贷款风险补偿实施细则》，河北省扶贫办、财政厅联合印发《河北省扶贫小额信贷风险补偿资金管理办法（试行）》，对银行发放的科技型中小企业贷款和扶贫小额贷款形成不良的部分给予风险补助，解决了银行在以金融创新向科技型中小企业提供支持的过程中产生的后顾之忧，对提升银行业金融创新力多有助力。另外，河北省政府印发的《关于加快金融改革发展的实施意见》、河北省财政厅印发《关于财政助推金融创新支持经济发展的实施意见》等都形成了河北省银行业金融机构提升创新力的政策优势。

第二节　河北省银行业金融创新力主观分析

为了对河北省银行业的金融创新力进行分析，制作并发放了《河北省银行业金融机构创新力情况调查问卷》，以获得评价河北省金融创新力的主观因素。在本次问卷调查中银行从业人员共填写调查问卷 783 份，全部有效。通过对问卷进行分析，发现从主观因素上看，河北省银行业金融创新情况一般，创新力不够明显。

一、政策环境感知力

银行业机构金融创新政策环境的感知力主要体现在管理部门（监管部门）现有政策对金融机构创新的扶持程度、监管部门对金融机构创新的宽松和容忍程度两个方面。银行业金融机构工作人员对管理部门金融创新扶持程度及监管部门的宽松和容忍程度的看法即其对银行业金融机构创新力政策环境的感知力，这直接决定了银行业金融机构从业人员提高金融创新力的信心。

（一）银行从业机构人员认为当前的政策扶持力度

如表3-4所示，参与调查的银行从业人员中有324人认为当前政府管理部门（监管部门）现有政策对银行业机构金融创新的扶持力度一般，占所有参与答卷人数的41.38%；认为扶持力度高的为243人，占比31.03%；认为扶持力度非常高的有140人，占比17.88%。由此可见，大部分被调查人员的观点集中在政府管理部门对金融创新扶持力度一般和高，其次是认为扶持力度非常高，认为扶持力度低和非常低的占比不超过10%。由此可见，大部分银行从业人员主观上认为政府对银行业金融创新的扶持力度一般，但认为扶持力度一般（含）以上的占比能达到90%多，这说明银行从业人员在整体上对政府管理部门的扶持还是持满意态度的。

表3-4　　　　　　　　银行业机构对目前政府扶持力度的认知水平

选项	人数（人）	比例（%）
非常低	29	3.70
低	47	6
一般	324	41.38
高	243	31.03
非常高	140	17.88

资料来源：根据调研数据整理。

（二）银行业机构认为目前的监管部门对创新的容忍度

如表3-5所示，参与调查的银行从业人员中有383人认为监管部门对创新的容忍度一般，占所有参与调查人数的48.91%；有181人认为容忍度较高，占比23.12%；有93人认为容忍度非常高，占比11.88%；有79人认为容忍度低，占比10.09%；有47人认为容忍度非常低，占比6.00%。由此可见，认为监管部门对创新容忍度一般的银行从业人员占比最高；认为容忍度较高和非常高的一共占到35%，而认为容忍度较低和非常低的仅占不到20%。这说明从银行从业人员的主观角度来看，目前监管部门对创新的容忍度一般，还有一定的改进空间。

表3-5　　　　　　　银行业机构对监管部门对创新容忍度的认知水平

选项	人数（人）	比例（%）
非常低	47	6.00
低	79	10.09
一般	383	48.91
较高	181	23.12
非常高	93	11.88

资料来源：根据调研数据整理。

综上所述，河北省银行业金融创新的政策环境感知力一般。这说明政府和监管部门所出台的政策在支持河北省银行业机构提升金融创新力方面产生的影响还不够充分，经过改善还可以让更多的银行业从业人员体会到政府和监管部门对金融创新给予的支持和宽容，从而激发市场主体进一步提升其金融创新力的活力。

二、机构管理创新力

银行业机构管理创新力主要体现在将创新融入公司战略的情况、将创新融入公司文化的程度、是否有较完善的制度保障创新、机构的创新氛围、机构创新流程完善程度等五个方面。将创新融入公司战略和文化可以使银行业金融机构具备创新的内部软实力，完善的创新制度、创新流程和浓郁的创新氛围为银行业金融机构创新力的提升提供外部保障。

（一）银行业机构将创新融入公司战略的情况

如表3-6所示，参与调查的银行从业人员中有295人认为创新已高度融入银行业机构的公司战略，占所有参与调查人数的37.68%；有225人认为创新融入战略程度一般，占比28.74%；有221人认为创新已完全融入公司战略，占比28.22%；只有32人认为创新融入战略程度低，占比为4.09%；只有10人认为创新完全没有融入公司战略，占比仅为1.28%。由此可见，绝大多数银行从业人员均认为创新已融入公司战略，且融入程度不低，仅有 5% 多一点认为创新融入公司战略程度较低或完全没有融入。因此，从被调查的银行从业人员主观认知方面来看，创新融入银行业机构公司战略的情况较好。

表 3 - 6　　　　　　　银行业机构对创新融入公司战略的认知水平

选项	人数（人）	比例（%）
完全没有	10	1.28
低	32	4.09
一般	225	28.74
高	295	37.68
完全融入	221	28.22

资料来源：根据调研数据整理。

（二）将创新融入公司文化的程度

如表 3 - 7 所示，参与调查的银行从业人员中有 320 人认为创新已高度融入公司文化，占所有参与调查人数的 40.87%；有 234 人认为创新已完全融入公司文化，占比为 29.89%；有 183 人认为创新融入公司文化的程度一般，占比为 23.37%；有 35 人认为创新融入公司文化的程度较低，占比为 4.47%；有 11 人认为创新完全没有融入公司文化，占比为 1.40%。由此可见，绝大多数被调查人员认为创新已高度融入银行业机构公司文化当中，且有将近 30% 的被调查者认为创新已完全融入银行业机构公司文化。因此，从被调查人员主观认知方面来看，河北省银行业机构将创新融入公司文化的程度较高。

表 3 - 7　　　　　　　银行业机构对于创新融入公司文化的认知水平

选项	人数（人）	比例（%）
完全没有	11	1.40
低	35	4.47
一般	183	23.37
高	320	40.87
完全融入	234	29.89

资料来源：根据调研数据整理。

（三）银行业机构制度保障创新的程度

如表3–8所示，参与调查的银行从业人员中有320人认为银行业机构保障创新的制度较为完善，占所有参与调查人数的40.87%；有205人认为保障创新的制度非常完善，占比为26.18%；有200人认为保障创新的制度一般，占比为25.54%；有43人认为保障创新的制度不够完善，占比为5.49%；有15人认为创新完全没有融入公司文化，占比为1.92%。由此可见，绝大多数被调查人员认为银行业机构保障创新的制度较为完善、非常完善或一般，但仍有7%多的被调查者认为银行业机构保障创新的制度不够完善或完全没有。因此，虽然从被调查人员主观认知方面来看，河北省银行业机构保障创新的制度建设较为完善，但仍有可改进的空间。

表3–8　　　　　　　　　　　　　银行业机构制度保障创新的程度

选项	人数（人）	比例（%）
完全没有	15	1.92
不完善	43	5.49
一般	200	25.54
较完善	320	40.87
非常完善	205	26.18

资料来源：根据调研数据整理。

（四）银行业机构的创新氛围

如表3–9所示，参与调查的银行从业人员中有309人认为银行业机构的创新氛围较浓厚，占所有参与调查人数的39.46%；有209人认为创新氛围一般，占比为26.69%；有203人认为创新氛围非常浓厚，占比为25.93%；有47人认为创新氛围不浓厚，占比为6.00%；有15人认为完全没有创新氛围，占比为1.92%。由此可见，多数被调查人员认为银行业机构创新氛围较浓厚或非常浓厚，但仍有近30%的被调查者认为银行业机构创新氛围一般，近8%的被调查者认为银行业机构创新氛围不浓厚或完全没有。因此，虽然从被调查人员主观认知方面来看，河北省银行业机构创新氛围已较为浓厚，但仍有部分机构和人员有待创新文化的进一步渗透。

表 3 – 9　　　　　　　　　　银行业机构的创新氛围

选项	人数（人）	比例（%）
完全没有	15	1.92
不浓厚	47	6.00
一般	209	26.69
较浓厚	309	39.46
非常浓厚	203	25.93

资料来源：根据调研数据整理。

（五）银行业机构创新流程完善程度

如表 3 – 10 所示，参与调查的银行从业人员中有 279 人认为银行业机构的创新流程较为完善，占所有参与调查人数的 35.63%；有 251 人认为创新流程完善程度一般，占比为 32.06%；有 167 人认为创新流程非常完善，占比为 21.33%；有 67 人认为创新流程不够完善，占比为 8.56%；有 19 人认为完全没有完善的创新流程，占比为 2.43%。由此可见，多数被调查人员认为银行业机构创新流程较为完善或非常完善，但仍有 30% 以上的被调查者认为银行业机构创新氛围一般，10% 以上的被调查者认为银行业机构创新流程不够完善或完全没有。因此，虽然从被调查人员主观认知方面来看，河北省银行业机构创新流程已比较完善，但仍有部分银行业机构的创新流程可以再进一步提升。

表 3 – 10　　　　　银行业机构对创新流程完善程度的认识水平

选项	人数（人）	比例（%）
完全没有	19	2.43
不完善	67	8.56
一般	251	32.06
较完善	279	35.63
非常完善	167	21.33

资料来源：根据调研数据整理。

综上所述，在被调查人员的认知中河北省银行业机构管理创新力整体较好，创新无论在银行业机构的公司战略还是公司文化中均有较好地融入，创新流程及保障创新的制度安排均较为完善，创新氛围也较为浓厚，但各方面仍有进一步提升的空间。

三、科技应用创新力

金融科技创新力是指金融机构研发和应用新技术的能力，也反映了金融机构的现代化建设水平和信息化水平。银行业机构科技应用创新力主要体现在金融科技方面的投入、所采取的新金融技术、关注新技术在金融领域的应用等三个方面。银行业机构在金融科技方面投入的情况决定了其金融科技实力基础；所采用的新金融技术决定了其科技创新能力；对科技在金融领域的关注程度决定了其对金融科技应用创新力的重视程度。

（一）银行业机构在金融科技方面的投入情况

如表3-11所示，参与调查的银行从业人员中有269人认为银行业机构在金融科技方面的投入一般，占所有参与调查人数的34.36%；有257人认为银行业机构在金融科技方面的投入较高，占比为32.82%；有192人认为金融科技方面投入非常高，占比为24.52%；有49人认为金融科技方面投入较低，占比为6.26%；有16人认为本机构完全没有金融科技方面的投入，占比为2.04%。由此可见，多数被调查人员认为银行业机构在金融科技方面投入一般，因此，银行业机构在金融科技方面的投入有待进一步增加。

表3-11　　　　　　　银行业机构对于金融科技投入的认知水平

选项	人数（人）	比例（%）
完全没有	16	2.04
较低	49	6.26
一般	269	34.36
较高	257	32.82
非常高	192	24.52

资料来源：根据调研数据整理。

（二）银行业机构采用新金融技术的情况

如表 3 - 12 所示，参与调查的银行从业人员中有 243 人认为银行业机构采用金融技术的水平一般，占所有参与调查人数的 31.03%；有 238 人认为金融技术较多采用，占比为 30.40%；有 227 人认为银行业机构积极采用金融技术，占比为 28.99%；有 58 人认为银行业机构较少采用新金融技术，占比为 7.41%；有 17 人认为银行业机构完全未采用新金融技术，占比为 2.17%。由此可见，多数被调查人员认为银行业机构采用新金融科技的情况较多或一般，但同时也有近 10% 的被调查人员认为银行业机构采用新金融科技较少或完全未采用。因此，银行业机构应加大采用新金融技术的力度。

表 3 - 12　　　　　　　　银行业机构对金融技术采用的认知水平

选项	人数（人）	比例（%）
完全未采用	17	2.17
较少采用	58	7.41
一般	243	31.03
较多采用	238	30.40
积极采用	227	28.99

资料来源：根据调研数据整理。

（三）银行业机构对技术在金融领域的应用关注度

如表 3 - 13 所示，参与调查的银行从业人员中有 258 人认为银行业机构对技术在金融领域的应用关注程度一般，占所有参与调查人数的 32.95%；有 257 人认为关注程度较少，占比为 32.82%；有 217 人认为关注程度较高，占比为 27.71%；有 48 人认为银行业机构积极关注技术在金融领域的应用，占比为 6.13%；有 3 人认为完全不关注，占比为 0.38%。由此可见，多数被调查人员认为银行业机构对技术在金融领域的应用关注一般或较少，因此，银行业机构需加大对技术在金融领域应用的关注程度。

表 3 – 13   银行业机构对金融技术采用的关注程度

选项	人数（人）	比例（%）
完全不关注	3	0.38
关注较少	257	32.82
一般	258	32.95
关注较高	217	27.71
积极关注	48	6.13

资料来源：根据调研数据整理。

综上所述，被调查人员认为河北省银行业在科技应用创新力方面表现一般。在金融科技方面的投入有待进一步提高，新金融技术的采用也不足，对技术在金融领域应用的关注度也有待进一步提高。

四、人力资源创新力

银行业机构人力资源创新力主要体现在引进创新研发人才的积极程度、专门创新研发人才的拥有程度两个方面。银行业机构拥有专门创新研发人产的程度反映其人力资源创新力的存量水平；银行业机构引进创新研发人才的积极程度反映其人力资源创新力增长变化的状况。

（一）银行业机构引进创新人才情况

如表 3 – 14 所示，参与调查的银行从业人员中有 270 人认为银行业机构引进创新人才的情况一般，占所有参与调查人数的 34.48%；有 251 人认为引进创新人才情况较多，占比为 32.06%；有 178 人认为银行业机构积极引进创新人才，占比为 22.73%；有 68 人认为银行业机构引进创新人才较少，占比为 8.68%；有 16 人认为银行业机构从不引进创新人才，占比为 2.04%。由此可见，多数被调查人员认为银行业机构引进创新人才的情况一般或较多，但仍有 10% 以上认为银行业机构较少或从不引进创新人才。因此，银行业机构应加大对创新人才的引进力度。

81

表 3-14	银行业机构引进创新人才情况	
选项	人数（人）	比例（%）
从不引进	16	2.04
较少	68	8.68
一般	270	34.48
较多	251	32.06
积极引进	178	22.73

资料来源：根据调研数据整理。

（二）银行业机构专门创新研发人才的拥有情况

如表 3-15 所示，参与调查的银行从业人员中有 297 人认为银行业机构专门创新研发人才拥有情况一般，占所有参与调查人数的 37.93%；有 261 人同意银行业机构专门拥有创新研发人才，占比为 33.33%；有 210 人非常同意银行业机构拥有创新研发人才，占比为 26.82%；有 8 人不同意银行业机构拥有创新研发人才，占比为 1.02%；有 7 人对银行业机构拥有创新研发人才持非常不同意的态度，占比为 0.89%。由此可见，多数被调查人员认为银行业机构拥有创新研发人才的情况一般。因此，银行业机构应加大对自身创新研发人才的挖掘和培养力度。

表 3-15	银行业机构专门创新研发人才的拥有情况	
选项	人数（人）	比例（%）
非常不同意	7	0.89
不同意	8	1.02
一般	297	37.93
同意	261	33.33
非常同意	210	26.82

资料来源：根据调研数据整理。

综上所述，从主观角度来看，被调查人员认为河北省银行业机构无论是在创新研发人才的拥有方面，还是创新人才的引进方面都表现一般，没有特别突出的优势，因此，河北省银行业机构人力资源创新力状况一般，需要进一步加强。

五、风险管理创新力

风险管理创新力是金融机构为了应对经营中的风险，通过识别分析、计量评估、监测报告、控制缓释等方式降低损失以实现稳健运行的能力。对其进行主观方面的调查，主要体现在对创新中风险点的了解程度、控制创新风险技术的掌握程度。对创新中风险点的了解程度反映银行业机构识别分析、计量评估和监测风险的能力；控制创新风险技术的掌握程度反映银行业机构控制缓释风险的能力。

（一）对创新中风险点的了解程度

如表 3 - 16 所示，参与调查的银行从业人员中有 332 人认为自己所在的银行业机构对创新中风险点的了解程度一般，占所有参与调查人数的 42.40%；有 212 人认为自己所在的银行业机构对创新中的风险点了解较多，占比为 27.08%；有 193 人认为自己所在的银行业机构对创新中的风险点完全了解，占比为 24.65%；有 41 人认为自己所在的银行业机构对创新中的风险点了解少，占比为 5.24%；有 5 人认为自己所在的银行业机构对创新中的风险点完全不了解，占比为 0.64%。由此可见，多数被调查人员认为自己所在的银行业机构能对创新中存在风险点了解的情况一般，虽然也有许多被调查人员认为自己所在的银行业机构对创新中存在的风险点了解较多或完全了解，但也有少数被调查人员认为自己所在的银行业机构对创新中存在的风险点了解少或完全不了解。因此，从总体上看，虽然银行业机构对自身创新中存在的风险点有一定的了解，但了解程度还不够深入全面，有待进一步提高。

表 3 - 16　　　　　　银行业机构对创新中风险点的了解程度

选项	人数（人）	比例（%）
完全不了解	5	0.64
了解少	41	5.24
一般	332	42.40
了解较多	212	27.08
完全了解	193	24.65

资料来源：根据调研数据整理。

（二）控制创新风险技术的掌握程度

如表 3－17 所示，参与调查的银行从业人员中有 294 人认为自己所在的银行业机构掌握的控制创新风险技术较多，占所有参与调查人数的 37.55%；有 259 人认为自己所在的银行业机构对控制创新风险技术的掌握程度一般，占比为 33.08%；有 161 人认为自己所在的银行业机构已完全掌握控制创新风险的技术，占比为 20.56%；有 56 人认为自己所在的银行业机构掌握的控制创新风险技术较少，占比为 7.15%；有 13 人认为自己所在的银行业机构完全不了解控制创新风险的技术，占比为 1.66%。由此可见，多数被调查人员认为自己所在的银行业机构能掌握的控制创新风险技术较多，但也有少数被调查人员认为自己所在的银行业机构掌握的控制创新风险技术较少或对控制创新风险技术完全不了解。因此，从总体上看，虽然银行业机构已掌握了较多的控制创新风险技术，但仍有进一步提升的空间。

表 3－17　　　　　　　银行业机构控制创新风险技术的掌握程度

选项	人数（人）	比例（%）
完全不了解	13	1.66
较少	56	7.15
一般	259	33.08
较多	294	37.55
完全掌控	161	20.56

资料来源：根据调研数据整理。

综上所述，从主观角度来看，被调查人员认为河北省银行业机构普遍对自身存在风险点有所了解，且掌握控制创新风险技术也较好，这说明河北省银行业机构在风险管理创新力方面有一定的水平。但同时也反映出少数机构对其风险点的了解不够深入，且控制创新风险技术的掌握情况也不好，因此还有进一步提升的空间。

六、产品服务创新力

产品服务创新力是指金融机构适应市场变化，及时提供能够满足市场需求的产品和服务的能力。对其进行主观方面的调查主要体现在银行业机构对客户新需求的了解程度、个性化产品和定制化产品的开发情况、针对新产品的创新性营销策略制定情况等三个方面。银行业机构对客户新需求的了解程度是其提升产品服务创新力的基础，只有对客户需求有充分的了解，产品服务的创新才有方向；银行业机构针对个性化、定制化产品的开发情况反映其金融创新产品与服务的供给能力，其强弱多少直接体现银行业机构能够为市场提供的金融创新产品和服务的数量与质量；银行业机构针对新产品的创新性营销策略的制定情况反映其为市场提供金融创新产品与服务渠道的多少，体现其营销推广的能力。

（一）对客户新需求的了解程度

如表 3 - 18 所示，参与调查的银行从业人员中有 412 人认为自己所在的银行业机构对客户的新需求了解较多，占所有参与调查人数的 52.62%；有 172 人认为自己所在的银行业机构对客户的新需求了解一般，占比为 21.97%；有 169 人认为自己所在的银行业机构已完全了解客户的新需求，占比为 21.58%；有 25 人认为自己所在的银行业机构对客户的新需求了解较少，占比为 7.15%；有 5 人认为自己所在的银行业机构完全不了解客户的新需求，占比为 0.64%。由此可见，多数被调查人员认为自己所在的银行业机构对客户的新需求了解较好，但也有少数被调查人员认为自己所在的银行业机构对客户的新需求了解情况一般或较少，甚至完全不了解。因此，从总体上看，虽然银行业机构已对客户的新需求有了较多的了解，但针对个别结构和个别业务人员来说，仍有进一步深入了解的必要。

表 3 - 18　　　　　　　　　银行业机构了解客户的新需求的程度

选项	人数（人）	比例（%）
完全不了解	5	0.64
了解较少	25	7.15
一般	172	21.97
了解较多	412	52.62
完全了解	169	21.58

资料来源：根据调研数据整理。

（二）个性化产品和定制化产品的开发情况

如表 3-19 所示，参与调查的银行从业人员中有 257 人认为自己所在的银行业机构个性化产品和定制化产品开发情况一般，占所有参与调查人数的 32.82%；有 252 人认为自己所在的银行业机构开发的个性化产品和定制化产品较多，占比为 32.18%；有 208 人认为自己所在的银行业机构开发的个性化产品和定制化产品非常多，占比为 26.56%；有 48 人认为自己所在的银行业机构开发的个性化产品和定制化产品较少，占比为 6.13%；有 18 人认为自己所在的银行业机构完全没有开发银行业机构个性化产品和定制化产品，占比为 2.30%。由此可见，认为自己所在的银行业机构开发的个性化产品和定制化产品情况一般的调查人员人数最多，其次认为其所在的银行业机构开发个性化产品和定制化产品情况较多或非常多。但也有少数被调查人员认为自己所在的银行业机构开发的个性化产品和定制化产品较少，甚至完全没有。因此，从总体上看，银行业机构针对个性化产品和定制化产品的开发情况还有进一步提升的空间。

表 3-19　　　　　　　　银行业机构个性化产品和定制化产品开发情况

选项	人数（人）	比例（%）
完全没有	18	2.30
较少	48	6.13
一般	257	32.82
较多	252	32.18
非常多	208	26.56

资料来源：根据调研数据整理。

（三）针对新产品的创新性营销策略制定情况

如表 3-20 所示，参与调查的银行从业人员中有 276 人认为自己所在的银行业机构针对新产品的创新性营销策略制定较多，占所有参与调查人数的 35.25%；有 245 人认为自己所在的银行业机构针对新产品的创新性营销策略制定情况一般，占比为 31.29%；有 206 人认为自己所在的银行业机构针对新产品的创新性营销策略制定的非常多，占比为26.31%；有45人认为自己所在的银行业机构针对新产品的创新性营销策略制定较少，占比为5.75%；有11人认为自己所在的银行业机构完全没有针对新产品的创新性营销策略，占比为1.40%。由此可见，多数被调查人员所选择的情况集中在银行业机构制定的创新性营销策略较多、一般或非常多这个区域，也有一小部分被调查人员认为自己所在的银行业机构针对新产品制定的创新性营销策略较少或完全没有。因此，从总体上看，虽然银行业机构针对新产品制定创新性营销策略的情况较好，但也有少数机构创新性营销策略制定不足，有必要进一步提升。

表 3－20　　　　　　　　银行业机构创新性营销策略制定情况

选项	人数（人）	比例（%）
完全没有	11	1.40
较少	45	5.75
一般	245	31.29
较多	276	35.25
非常多	206	26.31

资料来源：根据调研数据整理。

综上所述，从主观角度来看，被调查人员认为河北省银行业机构产品服务的创新力整体状况较好，只是个性化产品和定制化产品的开发状况优势略不明显，还有待于进一步提升。

第三节　河北省银行业金融创新力客观因素分析

河北省银行业金融创新力的影响因素除了通过问卷调查获得的主观因素外，还包括河北省银行业机构一些具体的数据和指标反映出来的客观因素。考虑到数据的可获得性和样本选取的代表性，在此选取河北省的城市商业银行法人机构的相关数据来对河北省银行业金融创新力作初步的描述和分析。目前河北省共有11家城市商业银行，在全国各省份当中排到第4位，资产总规模达到14 579.96亿元以上，资产规模在1 000

亿元以上的有6家。① 大型商业银行和全国性股份制银行虽然规模大于城商行，但是其金融创新力均受其总行相关规定和整体战略的影响，难以真实反映河北省银行业的金融创新力状况。与此同时，农村商业银行、村镇银行等银行业机构则规模相对较小，金融创新业务较少，也很难反映河北省银行业金融创新力的真实状况。由此可见，城市商业银行的相关数据指标能相对较好地反映河北省银行业金融创新力的状况，因此选取河北省11家城市商业银行的创新人员占比、知识产权数量、净资产收益率、非利息收入占比等相关数据和指标进行分析。

一、创新人员占比

创新人员是在银行业机构中从事创新业务的人员，具体包括技术人员、营销人员和市场人员三类，其占银行业机构全部工作人员的比重即为创新人员占比。该指标能够客观反映金融机构当中创新人力资源的实际状况。如表3－21所示，就河北省城市商业银行的整体状况来看，创新人员占比平均达到33.06%，尚不及员工总数的一半。其中，除保定银行一家缺少数据外，张家口银行、秦皇岛银行、廊坊银行、邢台银行、河北银行等5家创新人员占比相对较高，达到35%以上，其他5家创新人员占比则相对较低。另外，河北银行、承德银行、唐山银行创新人员分布较为全面，其他银行创新人员构成则过于单一，多集中在销售领域，真正应用于市场和技术领域的创新人员较少。

表3－21 河北省城市商业银行创新人员占比 单位:%

序号	机构	创新人员占比			
		销售	市场	技术	总计
1	河北银行	26.68	5.22	6.34	38.24
2	张家口银行	43.88	—	—	43.88
3	承德银行	20.45	2.27	4.55	27.27

① 河北11家城商行规模排位及核心数据（截至2017年8月）［EB/OL］. http：//m. sohu. com/a/167310941－777747.

序号	机构	创新人员占比			
		销售	市场	技术	总计
4	唐山银行	21.13	5.63	1.41	28.17
5	秦皇岛银行	43.75	—	—	43.75
6	廊坊银行	36.59	3.25	—	39.84
7	保定银行	—	—	—	—
8	衡水银行	20.00	—	—	20.00
9	沧州银行	21.57	—	—	21.57
10	邢台银行	35.09	—	3.51	38.60
11	邯郸银行	26.15	—	3.08	29.23
平均		33.06			

资料来源：Wind 数据查询及各行年报整理得出。

二、知识产权数量

知识产权数量是反映金融机构自主创新设立的金融产品和服务的数据指标，一般包括：商标、专利、资质认证、网站备案、软件著作权等项目。它在一定程度上反映了金融机构创新力水平，知识产权数量越多，其金融创新力越强；相反，知识产权数量越少，其金融创新力则不足。如表 3 - 21 所示，从整体上看，河北省城市商业银行各类知识产权合计366 项，其中商标总计 301 项、专利总计 4 项、资质认证总计 5 项、网站备案总计 50 项、软件著作权总计 6 项。由此可见，河北省城市商业银行知识产权大部分集中在商标一项上，其次是网站备案，而专利、资质认证和软件著作权则较少。这固然是由银行业机构自身特点决定的，同时，也在一定程度上说明了河北省银行业机构的知识产权种类过于单一，金融创新力仍需进一步提升。就单个银行来看，河北银行、廊坊银行的知识产权较多，邢台银行和唐山银行次之，其他城市商业银行则较少，有的还是个位数，这也反映出了河北省银行业机构金融创新力有待提高。

表 3 - 22　　　　　　　　河北省城市商业银行知识产权数量情况　　　　　　　单位：项

序号	机构	知识产权数量					
		商标	专利	资质认证	网站备案	软件著作权	合计
1	河北银行	76	—	1	33	—	110
2	张家口银行	7	—	1	1	1	10
3	承德银行	20	—	—	1	—	21
4	唐山银行	29	4	—	1	—	34
5	秦皇岛银行	6	—	—	1	—	7
6	廊坊银行	99	—	—	1	—	100
7	保定银行	2	—	—	2	1	5
8	衡水银行	3	—	2	1	—	6
9	沧州银行	7	—	—	5	—	12
10	邢台银行	36	—	—	3	4	43
11	邯郸银行	16	—	1	1	—	18
	总计	301	4	5	50	6	366

资料来源：Wind 数据查询及各行年报整理得出。

三、净资产收益率

净资产收益率又称股东权益报酬率，是净利润与平均股东权益之比。该指标反映了股东权益的收益水平，体现了银行业机构自有资本获得净收益的能力。当现有条件无法界定哪些净收益是由银行业机构金融创新带来的情况下，可以笼统地运用净资产收益率来反映金融机构创新力产生收益的能力和效率。因此，选取河北省城市商业银行净资产收益率的相关数据来反映河北省银行业机构的金融创新力状况。如表 3 - 23 所示，从整体上看，2017 年河北省城市商业银行平均净资产收益率达到 14.53%。同期，相近地区城市商业银行如北京银行净资产收益率为 13.77%，天津银行净资产收益率为 10.8%；除北京银行外排名前五位资产万亿元以上的城市商业银行如江苏银行净资产收益率为 13.72%、上海银行 12.63%、南京银行 16.94%、宁波银行 19.02%。[①] 河北省城市商业

———————————

① 数据为上市公司年报整理所得。

银行的平均净资产收益率比同为京津冀区域中的北京银行、天津银行都要略高，即使放在前五位上市城商行中也能排到第三位。由此可见，从净资产收益率的角度来看，河北省城市商业银行整体金融创新力在城商行中不算低。但也应看到，如衡水银行、沧州银行、唐山银行等资产收益率有待进一步提高，因此，河北省银行业金融创新力发展并不均衡。

表 3 - 23   河北省城市商业银行净资产收益率情况   单位:%

序号	机构	净资产收益率
1	河北银行	13.19
2	张家口银行	17.80
3	承德银行	18.42
4	唐山银行	11.32
5	秦皇岛银行	13.47
6	廊坊银行	16.03
7	保定银行	19.61
8	衡水银行	5.57
9	沧州银行	10.90
10	邢台银行	18.35
11	邯郸银行	15.15
平均		14.53

资料来源：Wind 数据查询及各行年报整理得出。

四、非利息收入占比

非利息收入是除存贷款利差之外的营业收入，其主要来源主要是中间业务和金融市场业务。而金融创新产品和服务也主要在中间业务和金融市场业务领域，而非传统的信贷领域。因此，可以用河北省城市商业银行非利息收入在营业收入中的占比来反映河北省银行业机构产品和服务金融创新力的状况。如表 3 - 24 所示，从整体上看，2017 年河北省城市商业银行平均非利息收入占比达到 3.68%。同期，同属京津冀区域的北京银行和天津银行的非利息收入占比分别为 21.80%、17.17%；除北京银行外排名前五位资产万亿元以上的城市商业银行如江苏银行的非利息收入占比为 17.80%；上海银行非利息收入占比为 42.29%；南京银行非利息收入占比为 19.12%；宁波银行非利息收入为 35.26%。[①] 由此可见，河北省城市商业银行的非利息收入占比远低于京津冀区域其他城市商业银行和排名前五位资产万亿元以上的城市商业银行，说明河北省银行业机构在产品和服务方面的金融创新力不高，有待于进一步提升。

表 3-24　　　　　　　　　　河北省城市商业银行非利息收入占比　　　　　　　　单位:%

序号	机构	非利息收入占比
1	河北银行	7.85
2	张家口银行	2.70
3	承德银行	0.75
4	唐山银行	0.87
5	秦皇岛银行	5.90
6	廊坊银行	9.89
7	保定银行	8.87
8	衡水银行	1.29
9	沧州银行	0.52
10	邢台银行	1.10
11	邯郸银行	0.75
平均		3.68

资料来源：Wind 数据查询及各行年报整理得出。

第四节　河北省银行业金融创新力发展中存在的问题

一、河北省银行业金融创新力的政策环境有待优化

近年来，河北省推出多项促进金融创新力提升的政策，如《关于财政助推金融创新支持经济发展的实施意见》《河北省人民政府关于加快金

---

① 数据为上市公司年报整理所得。

融改革发展的实施意见》《河北省普惠金融发展实施方案》等。但这些政策大都集中在金融创新的总体方面、普惠金融方面、科技金融方面、资本市场领域和投资基金领域，针对银行业金融创新的政策支持并不多。从监管政策层面来看，河北省银行业的监管和全国银行监管现状一样，不分机构的规模和种类，采取统一的监管指标进行考核，一些创新性的金融机构、创新性的金融机构部门或创新性的业务并没有采取差异化的监管指标，在一定程度上限制了银行业金融创新力的提升。这一点中小型银行和农村新型金融机构当中表现尤为明显，如农村商业银行和村镇银行，其自身业务有一定的特殊性，但是仍然按照全球系统重要性银行监管标准执行资本充足和流动性监管，并没有采取差异化监管模式，其自身机制中原有的金融创新功能设计无法完全发挥作用。同时，这种无差别的监管政策也限制了中小型银行业机构和大型银行业机构之间开展公平的金融创新竞争。例如，在同业拆解市场中，大型银行凭借庞大的资产规模、长期积累的信誉和丰富的抵押物可以以更低的成本获得大量资金，并将其以高价批发给中小银行，获得无风险收益，从而无须开展金融创新就能实现巨额经营利润，降低其提升金融创新力积极性。而与此同时，城商行、农商行、村镇银行等中小型金融机构和农村新型金融机构则因网点数量少、缺乏资质等问题难以获得低成本资金，吸收存款数量也有限，制约了其金融创新力的提升。

二、河北省银行业机构内部创新管理制度有待完善

从内部控制的角度来看，河北省商业银行针对创新的内部控制机制也有待进一步完善。近年来，随着金融创新的发展和科技水平的提高，银行业内部控制方面面临的许多新现象、新问题凸显。如虚拟货币、电信诈骗、三方 POS 机等问题层出不穷。这些都需要银行业机构不断提升内部控制机制的创新力水平才能有效化解。其中最突出的表现在以下几个方面：首先，是与传统存贷款业务相比，商业银行内控机制中对各类中间业务的属性及风险定义不明确。如有些商业银行为了积极拓展保险、理财、基金、贵金属交易等中间业务只注重营销业绩而忽视对投资者的

选择，吸收大量不具备相应投资意识和风险意识的投资者的同时营销人员又没有讲透产品的特性，仅将其收益与存款进行片面比较从而给银行的创新带来不必要的操作风险和声誉风险。其次，银行业现有的内控机制不能有效监测互联网金融及支付业务产品的资金流动，境外盗刷、"网络钓鱼"、短信链接支付等诈骗行为极易钻空侵入，损害金融消费者的利益，给银行业机构创新力的提升带来隐患。最后，针对员工的内部控制机制培训不足，也加剧了操作风险发生的可能性。在创新战略制定方面，河北省银行业机构多采取稳定增长型战略。此种战略的特点是高连续性力量与低变革性力量相匹配，其战略路径主要是渐进进化式的发展，创新速度较慢，创新力量不强。从银行业机构企业文化方面来看，金融创新中的客户观念有待增强，要在金融创新产品设计和服务提供中充分关注客户体验，着力挖掘客户的金融消费习惯和投资偏好；银行员工的创新素质培养有待加强，部分银行机构员工还存在因循守旧的思想和墨守成规的思维方式，创新积极性和灵活性不高；部分银行业机构提升创新力的制度保障也不完善，例如，在绩效考核中过分强调业绩，而忽视对金融创新工作试错容忍度的设置，这在一定程度上也会打消员工的创新积极性。

三、河北省银行业机构创新技术应用水平有待提高

金融创新离不开新技术的应用，银行业金融创新力的提升也必须有技术支持。而当前河北省银行业机构创新技术的应用水平尚有待进一步提高。从应用技术的选择方面看，河北省银行业在金融创新中目前仍主要选择应用传统成熟金融科技，而对区块链、大数据等新技术的应用尚不充分。从技术应用的深度上看，考虑到安全性和系统的稳定性，河北省各银行业机构在应用金融科技开展创新活动时，过于保守，没有将最新的金融科技充分应用于金融创新业务中。从技术应用的规范制度方面看，当前河北省银行业机构的数据标准、数据流转、数据共享等方面的规范制度尚不健全，银行如何合法合规的获取高质量的税务、工商、涉诉、物流等外部生态数据也存在困惑。

四、河北省银行业机构创新风险管理力度有待强化

就目前河北省银行业机构创新的现状来看，创新风险管理机制并不完善。一是缺乏必要的风险发生预警机制，金融创新中蕴含的风险不可控性较强，银行业机构现有风险管理机制无法在风险爆发前做出科学、有效的预测，往往会使银行业机构在风险来临时措手不及，进而导致损失。二是缺乏风险化解的激励机制，这就无法激发员工积极采取措施化解风险的主动性。三是风险管理的领导机制需进一步强化。河北省银行业机构目前虽然均已设立专门的风险控制部门，但有些银行风险管理委员会的作用还没有完全发挥出来，有些银行还没有设立最高风险管理官岗位专司风险管理事务。四是现有风险管理机制中缺乏针对金融创新的设置。当前银行业的金融创新已远远超出传统信贷的范畴、资产证券化及各类金融市场业务创新层出不穷，而银行业的风险管理机制还主要针对传统信贷领域，针对资产证券化及新兴金融市场业务的监管技术和模型还相对较少。由此可见，河北省银行业机构创新风险的管理力度有待进一步强化。

五、河北省银行业机构金融创新人力资源有待加强

河北省银行业机构金融创新人力资源整体实力并不突出，这一点从以上对河北省城市商业银行的分析中可窥一斑而知全豹。11家法人城市商业银行中创新人员占比没有能超过45%的，平均值才达到33.06%，且其中多数是销售人员，市场和技术人员相对更少。另外，河北省银行业机构金融创新人力资源分布也不够均衡。从各类银行业机构每年招聘入职的新员工来看，研究生以上学历人员大多集中在中国工商银行、中国农业银行、中国银行、中国建设银行、交通银行等五家国有控股大型商业银行及规模相对较大、待遇相对较好的全国性股份制银行，而诸如规模较小、经营业绩不够突出的全国性股份制银行及城市商业银行等中型银行研究生以上学历人员则较少，以招聘入职本科毕业生为主。而农村商业银行、农村合作银行、信用社、村镇银行等小型商业银行有时连

本科生也很难留住，其工作人员学历层次较低。仅从招聘入职人员的学历结构上看，河北省大部分银行业机构的人力资源缺乏金融创新的基础。

六、河北省银行业机构金融产品服务创新有待丰富

河北省银行业机构金融产品和服务的创新仅注重数量和规模的扩张，而忽视创新质量的提升。仅将创新的重点放在容易掌握、操作且技术含量较低的外在形式方面，如扩大中间业务代理范围和增加零售资产业务品种等，而一些高科技含量或解决经济发展中"瓶颈"问题的实质性金融创新产品和服务开发较少。如河北省银行业目前还未开展投贷联动业务，知识产权质押和知识产权证券化等业务也有名无实，尚未真正开展实施，使河北省银行业机构金融产品和服务的创新仅停留在表层而没有实质性的进展。因此，进一步丰富银行业机构产品及服务的创新成为当前提升河北省银行业金融创新力的主要任务之一。

第五节　河北省银行业提高金融创新力的未来发展方向

通过以上分析可以看到，河北省银行业金融创新力既有优势也有不足。为了最大限度地发挥优势、弥补不足，未来河北省银行业提高金融创新力可以在机构创新、业务创新、制度创新、人员创新、风险管理创新等几个方面下功夫。

一、机构创新

银行业机构的创新就是新型银行业机构的设立。就河北省银行业体系的发展现状来看，多是以传统银行业机构为主，中国工商银行、中国农业银行、中国银行、中国建设银行等原国有商业银行依然占据着主体地位，但是像交通银行这样的国有股份制商业银行机构网点较少，规模较小，像农村商业银行、村镇银行这样的新型农村金融机构发展则更不充分。如民营银行这类在产权层面有所突破的新型银行业机构的产生发展更是困难重重。因此，机构创新就成为河北省银行业机构提高金融

创新力的重要发展方向之一。河北省银行业开展机构创新需要在以下几个方面开展相关工作:一是加速完成信用社改制,将符合条件的农村信用社改制为农村商业银行,使其进一步规范经营制度,扩大业务范围,逐步转变成遍布河北农村领域,业务精、服务细、专业性强,有效开展农村金融,专注服务"三农"的规范性商业银行。二是进一步促进村镇银行发展,积极开展"多县一行"试点工作。三是扩大城市商业银行规模,实现河北省城市商业银行的整合发展,打造河北省城商行"航空母舰"。四是努力争取开设民营银行,丰富不同产权形式的银行业机构,满足不同资金需求。五是积极推动国有控股大型商业银行深化改革,并积极推动国有控股大型商业银行作为村镇银行发起行。

二、业务创新

银行业机构的业务创新主要包括产品创新和服务创新。从河北省银行业机构业务发展的现状来看,无论是产品创新还是服务创新都有进一步提升的空间。具体来看,可在以下几个方面开展相关工作:一是积极开展负债业务创新,在产品方面推动存款证券化,使相关金融产品更加丰富,在服务方面,银行机构应进一步完善网络系统,实现更多类型的网络存款、记账服务。二是积极开展资产业务创新,推动贷款证券化业务的发展,积极开展银团贷款、保理贷款、并购贷款知识产权质押贷款等业务,为客户提供范围更加广泛的金融服务。三是积极开展中间业务创新,如逐步放开担保业务、不断扩大租赁、委托、代理、理财、咨询等业务,同时积极探索银行在创业投资、风险投资、天使投资中发挥的作用。四是在服务创新方面应努力提高银行业服务的科技含量,加快完善信息管理系统、票据清算自动化系统、网络授信系统,同时,通过创新,丰富客户个性化服务种类。

三、制度创新

所谓银行业制度创新就是银行业组织体系、交易制度、管理制度、监管制度等方面的创新。从河北省目前的发展情况来看,银行业机构的制度创新应积极做好以下工作：一是在科学设立各类银行分行、支行等分支机构的基础上，充分发挥银行业协会等自律组织的作用，进一步理顺银行业组织体系。二是进一步完善银行业交易制度，特别是同业间交易制度以及网上交易的各项制度，最大限度的保护银行及客户的合法权益。三是各银行业机构应理顺自身管理制度，并在此基础上探索节约人、财、物成本的新管理方式，实现管理制度的创新。四是人民银行、银保监局和地方金融监管部门，应针对新时代下商业银行经营管理的特殊性创新监管制度，如设立"监管沙盒"，允许银行业机构在一定时期内和一定的监管灵活度下测试金融创新产品，减少金融创新的规则障碍，在保障银行业稳健运行的前提下更有力地促进河北省经济繁荣发展。五是积极探索银行业与金融领域其他行业共同促进经济发展的制度设计，如积极开展投贷联动试点工作，为科技金融、农村金融等特殊领域的发展提供助力。

四、人力资源创新

银行业机构人力资源创新也是金融创新力的重要体现。主要包括人才的培养和任用等方面。从河北省目前的发展情况来看，人力资源已逐渐成为银行业机构进一步提升金融创新力的"瓶颈"，因此需要积极开展人力资源创新，需在以下几个方面开展工作：一是坚持人力资源配置的市场化原则，提高河北省银行业的人才引进力度，在工资标准既定的条件下，各银行业机构可通过其他方式改善人才待遇，吸引紧缺金融人才，如修建专家楼，供引进人才居住，并约定在达到一定服务年限后，可获得产权。二是注重人才的培养，特别是在新形势下培养既掌握互联网技术又精通金融业务的复合型人才。三是运用大数据技术增强人才使用的科学性，开发新型人力资源管理系统，使银行业机构每一名员工在银行的从业经历一目了然，具备哪些业务素质、掌握哪些技能，做过什么项目都能清晰可见，以此为基础定岗定员，增强人才使用的科学性。

五、风险管理创新

在经济发展进入新常态的条件下，银行业风险管理水平的高低直接决定着其自身的经营稳定程度和发展前景，同时也影响着整个金融系统的稳健运行。因此，河北省银行业应对风险管理进行大胆创新以适应经济发展新常态的要求。一是不要以风险管理的名义过度压制金融创新。金融创新和风险管理有时是一对矛盾的统一体，过于严格的风险管理会抑制金融创新而金融的过度创新又会给风险管理带来新的困难。然而，在当前大众创业、万众创新蓬勃发展的形式下，银行业要充分发挥其作用就必须不断开展金融创新，不能以风险管理的名义裹足不前。应正确认识金融创新和风险管理的平衡关系，结合河北省银行业的现实发展水平和承受能力，把握好创新的"度"，审慎推进金融创新。二是完善银行治理结构，建立风险绩效考核机制。风险管理的创新离不开银行自身治理结构的完善。就河北省银行业发展的现状来看，已普遍建立了由股东大会、董事会、监事会及高级管理层等组成的相对完善的内部治理结构，但其职责定位在有些银行当中还未完全理清，同时其效率评价和责任追究制度还尚不完善。因此，河北省银行业应借鉴省外及国外银行经验，进一步完善内部治理，严格执行轮岗制度，提高经营透明度，落实责任追究制度，明确岗位职责、权限，实行经营、审批、风险管理的"三权分离"，提高风险决策的科学性。同时，设定风险绩效考核指标，并实行"一票否决制"，无论其他绩效完成情况如何，只要风险绩效未完成，就降低其考核档次，从而激励员工在开展全员营销的同时积极开展全员风险管理。三是充分应用大数据及信息技术建立动态风险预警机制。当前大数据技术蓬勃兴起、5G技术即将全面铺开，作为河北省银行业，应加强金融科技体系建设，充分利用大数据和信息技术对风险进行动态地评估与管理，建立动态银行业风险评估模型，对金融创新进行事前、事中和事后的管控，从而建立动态风险预警机制，及时识别和应对风险事件。

第四章 河北省保险业金融创新力评价

随着河北省经济加快发展，新经济形态快速成长，经济结构得到了加快转型，河北省保险业发展也取得了较好的发展势头。河北省虽然在金融创新力方面做出了许多努力，但是一些创新发展滞后问题仍然较为明显。河北省保险业想要做大做强并在日益激烈的市场竞争中立于不败之地，必须不断加强保险业金融创新力，改变现在存在的问题，提升整个保险行业的创新能力。

第一节 河北省保险业金融创新力现状

结合 2007～2017 年的数据，由宏观到微观，横向、纵向比较河北省保险业发展情况，全面分析河北省保险市场的保险业务、竞争格局、地区分布情况，以便全面了解河北省保险业金融创新力的整体状况。

一、河北省保险业基本发展状况

（一）河北省保险保费收入现状

随着经济发展，河北省保险业得到了迅猛的发展。截至 2017 年，河北省保险公司机构主体已达 42 家，其中财产险 19 家，寿险 23 家。

2017 年，河北省人身险原保险保费收入为 17 144 480.10 万元，其中包括人身意外伤害险 305 454.04 万元、健康险 1 731 303.93 万元、寿险

10 234 143.64 万元等。财产险原保险保费收入为 841 964.48 万元。[①]

1. 原保费收入情况

从图 4 - 1 可以看出，从 2007 年开始，河北省保险业原保费收入整体呈上升趋势，这充分说明保险行业跟经济发展相适应，随着经济的发展也获得了发展。虽然中间有几年呈下降趋势，但是整体趋势是向好的。河北省保险机构数量的增加、原保费收入的积累不但扩大了保险行业服务经济民生的领域，完善了金融服务市场体系，而且说明保险作为经济补偿机制，发挥的作用越来越大。保险行业作为经济的助推器，可以保障经济发展的健康程度，维护市场的整体安全性。

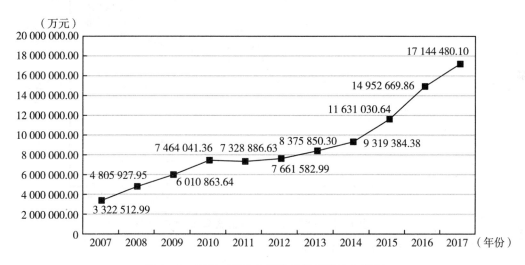

图 4 - 1 2007 ~ 2017 年河北省原保费收入情况

资料来源：河北省统计局统计数据。

2. 财产保险与寿险业务发展情况

根据保险行业发展报告显示，人身保险中的健康险、寿险、意外险与财产保险保费收入整体发展情况趋势相同，都保持着稳中向好的良好发展趋势。健康险作为人身保险的重中之重，依然在保险行业中起着强大的带动作用。无论是人身险业务还是财产保险业务，上涨趋势都越来越快，这与河北省积极鼓励发展保险行业的政策是离不开的。健康险、

---

① 河北银保监局。

寿险、意外险与财产保险的保费从2015年开始增势较猛,2010~2014年虽然增势有所放缓,但仍然保持着整体上涨的趋势。

（二）河北省地区生产总值占全国各地区生产总值情况

从图4-2可以看出,2007~2017年,河北省国民生产总值一直在保持稳步上升,2017年河北省GDP增速为6.7%,增速在全国占比第6位,从以上上升趋势可以发现,河北省保险发展水平跟河北省经济发展水平高度相关。经济的快速发展是保险获得发展的有力支撑。

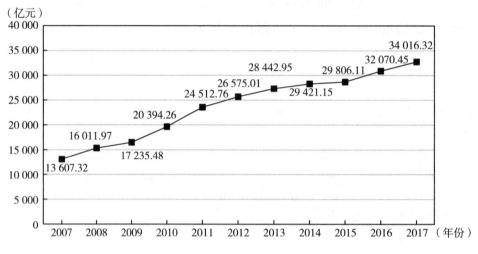

图4-2　2007~2017年河北省GDP情况

资料来源:相关年份河北经济年鉴。

（三）河北省保险密度与保险深度发展情况

保险深度与保险密度是衡量一个国家或者一个地区保险业发达程度或潜在保源转化程度的两个重要指标。2017年河北省保险深度为4.77%,全国排名第10位,略高于全国4.57%的平均水平,远低于北京等地区。2017年河北省保险密度2 280元,全国排名14位,说明河北省的人民可支配收入中愿意支付在保险上的比例仍然较低,低于全国平均水平,仍需要进一步通过保险鼓励措施增强人民的保险购买意愿。

保险密度与保险深度进一步反映了河北省目前存在的一些问题,比如与地区经济发展水平不适应、不能完全满足人民对保险的多样化需求;省内各地区保费收入差距加大;地区之间发展不平衡。虽然保费收入可以代表河北省保险业发展逐渐完善，但是相比河北省居民数量和收入情况，河北省保费收入仍然存在巨大的发展空间。河北省部分居民对保险业仍然持观望态度，怀疑保险的给付能力，这仍需要河北省监管部门加强监管力度和政策支持。

二、河北省保险业提升金融创新力的有益实践

（一）关于制度与监管创新

随着河北省保险业的迅猛发展，河北省制度被迫进行创新。河北省针对保险业发展的环境不断完善。《河北省保险销售、保险经纪、保险公估从业人员资格考试暂行管理办法》《关于规范车险中介市场经营秩序的同时》《河北省城乡居民大病保险业务实施细则（施行）》等文件持续出台，逐步改善河北省保险业发展的政策环境。政府通过出台一系列政策，大力吸引更多保险公司将总公司及分支机构设立在河北。为了进一步提高服务整个社会的角色定位，逐步提高对全省保险业的组织领导和协调配合能力，河北省政府不断创新优惠政策。河北省保险监管部门坚持正确的改革创新方向，公平、公正的监督管理保险市场，维护保险市场秩序，为保险业的改革和发展创造良好的环境。

为了更好地促进京津冀保险业的协同发展，结合三地保险市场实际，深入贯彻落实《中国保监会关于保险业服务京津冀协同发展的指导意见》《中国保监会关于印发〈保险专业代理机构跨京津冀经营备案管理试点办法〉及开展试点工作的通知》以及《关于印发〈京津冀保险公司分支机构高级管理人员任职资格备案管理试点办法〉及开展试点工作的通知》等文件精神。关于高级管理人员任职资格考试事项，严格执行专项资格考试管理制度，在京津冀辖内任职的工作人员必须在三地中选择 1 家保监局参加相关资格认定考试制度，并且考试通过才能获取考试成绩合格的有效凭证，将此作为申请京津冀任一地区高级管理人员任职资格的依据，考试成绩 1 年内有效。关于信访举报和投诉事项。跨区域经营的保险公司在备案地设立两家以上分支机构的，应授权其中 1 家分支机构负责处理备案地保监局转办的信访举报、消费者投诉等事项，并按照备案

地保监局要求提供相关资料。

（二）关于管理与组织创新

为了进一步提高为社会经济发展服务能力，增强河北省保险业保障的能力，河北省积极谋求保险创新发展形式。为了更好加强市场体系建设，规范保险市场秩序，为经济社会发展提供保障，保险业以保险行业协会为主导，进行一系列产学研调查活动，举办多项学术性论坛、征文、会议等创新性活动，积极出台多项政策鼓励高等院校培养保险专业人才，加强人才体系建设，提高保险创新能力。为了针对省内多家公司混合营销的现状，原河北省保监会提出了多种解决方案。通过鼓励保险公司同时在前期、中期和后期监控，强化过程管理的资源配置过程，创新经营管理模式。为了找到更适合河北省保险公司良性发展的模式，河北省各家保险公司应该制定适合自身发展的人才方案，做好人才培养规划。

（三）关于保险服务后台创新

河北省保险监管部门通过与省保险消费者权益保护中心、地市保险消费者保护工作站合作，运用三级维权处理平台来完善保险行业发展。目前，河北省 11 个设区市的市消费者协会和市保险行业协会联合成立了保险消费者权益保护工作站，以便实现保险消费者保护工作站省内各地市全覆盖。2016 年，河北首家驻点保险公司保险合同纠纷调解室揭牌成立，为消费者提供更加便捷、高效和低成本的纠纷化解途径，切实解决保险行业面临的突出问题，更好地满足消费者多元的保险需求。

（四）关于保险产品创新

河北省保险公司为了更好地提高服务水平，整合保险行业优质资源、创新服务方式、提升服务质量，提出了一系列保险创新举措。河北省保险公司为了更好满足现代人家庭、养老、风险管控、财富规划等方面的需要，必须开发新型保险产品。随着独生子女保险需求的逐渐增多，寻求新型保险保障计划对于开展保险保障功能、满足人们多样化保险需求有着重大意义。这些举措对于切实实现消费者老有所养、老有所医、老有所为、老有所学、老有所乐具有重大意义。河北省保险公司聚焦养老、医疗、保险、居住、交通、旅游等各个领域，细化工作举措，明确责任主体，确保原保监会的政策落到实处。河北省在承德市开展长期护理保险试点，探索商业保险机构与各类养老机构合作模式，提升养老类企业的运行安全性、盈利稳定性。为了满足新型老年人保险需求，加强对社会老年人的保障程度，可创新商业保险险种，切实提高服务老年人这类特殊群体的保险需求。

（五）关于运用新技术促进保险业发展

科技的进步为保险业的发展提供了更好的技术保障，同时为河北省保险业提供了更好的技术辅助手段。在互联网、大数据技术的支持下，可以从客户信息处理速度、交易效率、交易费用等方面入手，及时、有效满足不同保险消费需求。为了更好完善保险公司对保险人保险利益的维护能力，由河北省交管局、河北保监局共同推动实施了交警在线——河北事故 e 处理。这款产品不但保障交通畅通、提高理赔时效，让数据在网上多跑，而且让投保人少跑路，提升了投保人在"互联网＋"应用的服务体验。系统由交警在线手机 APP、交警远程处警专席和保险公司后台座席三部分构成。发生交通事故时，投保人使用交警在线手机 APP 拍照取证、协商定责、在线报案，交警远程处警专席可在线指导定责或事故处理，保险公司后台座席实时受理报案并快速理赔。

（六）关于成立专属保险公司

燕赵财产保险公司是河北省委、省政府主导，经原中国保监会批准成立的第一家也是唯一一家注册地在河北的全国性保险公司。燕赵财产保险公司是河北省委、省政府重点打造的省属龙头型金融保险机构，其成立填补了河北省没有保险法人机构的历史空白。燕赵财产保险公司秉承"道相同、心相通、力相聚、情相融"的理念，着力为广大客户提供热情、便捷、周到、细致的服务，努力提升核心竞争力，打造燕赵品牌。燕赵财产保险公司立足河北，着眼市场，注重创新，提升标准，优化服务，正在不断提升核心竞争力，为实现打造河北保险业新标杆的目标做出积极的示范。

三、河北省保险业提升创新力的优势

（一）创新产品的力度不断加大

河北省保险创新产品目前仍然像其他保险公司一样，推销的都是总公司设计出来的产品，分支机构自有产品以补充。近年来，随着保险需求越来越多，部分省份保险公司已经建立起自身保险创新机制。例如，河北省知识产权局与江泰保险经纪股份有限公司联合发起的河北省专利保险统保示范项目，由平安、太保、大地、燕赵 4 家保险公司作为共保体。河北省专利保险工作在机制上由"政府主导"向"政府引导 + 市场化运作"转型成功。专利保险的机制创新注重保险产品创新，专利执行险、专利侵权险的产品设计方案多样化，单项保险金额从 10 万元到 200 万元，贴近市场需求，费率大幅度降低，由以往的 10% 降至 1.2%，减少了市场主体的投保成本，为专利保险的大范围推广奠定了基础。专利保险是新时代知识产权金融创新的新需求，是金融资金助推新时代技术创新发展的重要形式和手段。专利保险业务深入开展，将为河北省贯彻实施创新驱动发展战略发挥更大的支撑作用。河北省政府办公厅印发了《关于加快发展商业养老保险的实施意见》，支持商业保险机构结合河北实际，开发多样化商业养老保险产品，健全多层次养老保障体系。

（二）创新保险服务水平能力提高

为了切实提升保险公司的服务水平，必须在源头和后期服务上双向提高。保险销售水平高低关系到保险产品产业链后期能否成功构建。目前，河北省保险销售的重点是越来越多的关注客户实际需求，不断创新便捷的销售方式。例如，河北省倡导的"两大中心"（即一个是客户服务中心，另一个是电话中心）和"五个平台"（即保险官微、官网、手机APP、在线客服、短信服务网络）的持续建设，都在一定程度上提升了客户的服务体验。河北省保险公司积极做好保险销售的工作，不断加强保险销售方式的改革与创新。

为了提高保险公司服务水平，更好满足保险消费者的多元需求，河北省保险公司倡导"四个全面""四个强化"的工作理念。这个过程着

重强调"全面提升服务水平"和"强化服务意识",着重做好售前、售中、售后三个环节的服务工作。在服务上实现创新,使投保手续更加简单化、理赔程序更加便捷化,从而让新型保险服务理念得到更多消费者的认可。

(三)保险产品服务范围不断加大

河北省保险行业在坚持传统保险业务服务的同时,还应该结合自身特色探索新型保险产品实践,进行保险产品服务创新实践。一方面通过提供专业化服务、优化组合险种责任、研发专项产品,力图提供保障全面、服务到位的保险产品。另一方面,在一些新型领域做到保险产品的创新,如科技保险、新型责任保险、传统农业保险等,研发新型保险产品。这些创新险种的开发有利于保险的保障功能更好地服务于实体经济。

(四)京津冀一体化为河北省保险业提供了良好发展优势

京津冀一体化发展可以为河北带来新的经济增长极,保定、唐山与廊坊是重点发展对象,不仅可以带动房地产行业的发展,还能够带动旅游业、重工业领域的发展,提升河北省的整体经济发展水平。同时,京津冀一体化的发展契机,可以为河北省带来一些高精尖人才,而这些人才在保险公司的产品创新中可以发挥举足轻重的作用,有利于河北省形成良好的产学研一体化良性循环,提升保险行业创新力的水平。

(五)雄安新区的设立为河北省保险业创新提供了孵化器

雄安新区的设立也为河北省保险行业带来了新的保险机遇。雄安新区不仅可以为经济社会带来巨大发展机遇,还能够为保险行业带来新的发展前景。如何满足雄安新区建设与发展中的保险需求,为河北省提升创新力水平提供了新的发展动力。同时,雄安新区产业集聚的作用可以为河北省保险业提供良好的孵化器,促进河北省保险行业的创新。

四、河北省保险业提高创新力的未来发展方向

(一)加大保险产品创新力度

保险行业和保险公司应走地方特色发展的道路,充分了解保险需求

和市场需要，最大限度服务消费者。由于省级保险公司具有设计权限，因此，可以从服务方面入手开发。设计保险产品要从满足客户实际需求、提升客户体验出发。这不仅需要提高保险产品的质量，还需要找到适合本地、本公司发展的客户，因地制宜地获得本地保险消费者的满意和认可。

（二）利用互联网等新型技术创新提升保险服务水平

互联网时代也为保险服务水平带来了新的发展方向。互联网的发展可以创新服务销售渠道、提高营业场所的舒适度、让理赔变得更加简便，使客户可以获得更好的服务体验。借助互联网的发展契机，从观念上改进服务态度，从手段上改进服务方式，从体制方面提高客户满意度，进一步提高客户忠诚度。从服务角度真正提升保险服务价值，实现保险业健康、良性、可持续发展。巧妙借助互联网技术为客户提高更加优质的保险服务。

互联网保险相比传统保险在时间、空间上都具有明显优势，可以为客户提供 24 小时优质服务。互联网保险没有行政区划限制，保险代理人也没有地域服务限制。保险公司经营范围可以从传统线下地域区划扩大到全国各地。互联网可以随时随地满足各类保险需求，保险消费者也可以方便、快捷地了解到保险公司背景、其所提供的保险产品的内容、费率、保险责任、保险范围和除外责任等信息，客户还可通过比较多家保险公司的产品和报价，选择一个最优的产品。保险公司要定期开展保险客户回访调查，充分了解市场需求，研发符合市场的保险创新产品。建立舒适的营业场所，提高保险服务水平。

（三）完善商业保险服务体系

鼓励外资保险公司和更多总部保险机构在河北发展分支机构，支持商业保险机构为更多消费者提供风险保障服务。创新商业保险产品和服务，大力发展多元化商业保险业务，多层面加强保险公司的合作范围，不仅需要与金融机构合作，还可以与其他社会团体如福利机构合作，加强合理运用保险资金的能力。支持保险资金投资发展态势良好的产业，发挥商业保险机构资金管理功能，发挥商业保险资金长期投资优势，建

108

立一个涵盖稳定运营、多样产品、服务广阔、专业强、盈利持久的商业保险体系。

(四) 引进先进的国外车险服务创新理念

车险业务在财险业务中占比很大，因此提高我国车险服务理念显得更加迫切。可以吸取国外先进服务理念，例如救险车速达现场服务，汽油等其他附属产品送货上门服务等。为了更好满足服务需求，保险公司可以通过开发更加细致的服务来提高竞争力。在提高服务水平的同时也要注意与培养投保忠诚度相结合，使保险业务持续、有效发展。

(五) 提供更加多元化的保险产品

目前，保险公司开发产品的思路趋同，只要市面有卖得特别好的产品，就会马上涌现出有着类似名字、条款、费率的保险产品。在产品雷同、开发创新能力缺失的情况下，保险公司竞争的焦点往往在于价格和销售渠道，通过降低保费、扩张销售人员队伍的方式来提升销量。但是如果一味调降保费水平，有意无意地忽略了保障质量，如缩小保障范围、严格赔付条件等，伤害的是消费者获得保障的"初心"。不少保险企业在近两年大力扩张销售人员队伍，加大营销力度。不少车主都有类似的经历，在自己的车险即将到期时，每天都会接到不同保险公司销售的推销电话，不堪其扰。这也是不少人对保险行业印象不好的原因之一。所以为了获得更为长远的发展，保险公司必须杜绝通过价格竞争和疯狂推销的方式拓展市场，这有损于保险公司乃至整个保险行业的形象，不利于长期发展。保险公司要提升自己的竞争力，应注重提升自身的产品设计能力，加强对消费者保险需求的洞察，设计贴合不同群体的特色保险产品，打造差异化竞争优势。当保险产品多元化成为常态，每个消费者都能轻松选到符合自己需求的产品时，保险行业也就真正回归了保障的本源，走上健康发展的轨道。

五、河北省提高保险业金融创新力的作用

(一) 有利于提高河北省经济发展水平

提高河北省保险业金融创新的能力，有利于促进河北省经济建设，

保障国民经济持续稳定发展；有利于保持河北省下属城市的创新活力，更好地引进高新技术产业在河北落户发展；有利于扩宽创新型企业的融资渠道，保险行业将创新能力转化为生产力；促进河北省产业转型升级，促进创新性产业发展。

（二）有利于维护社会稳定，提高社会制度保障能力

通过保险产品创新力的提高来完善城市的社会保障体系，可以有助于提高整体社会保障水平，提高人民的生活水平。保险行业可以更加公正、有效地提高人民的生活水平和幸福指数，利用保险的保障功能来弥补社会保险覆盖不到的领域，最大限度保障人民生活。

（三）提高政府的社会管理水平

保险产品可以用于弥补居民的意外损失，利用创新的保险产品来降低更加多元的风险因素影响，可以使保险责任的法律赔偿风险承担方式更加透明。通过创新保险产品市场化，明确赔偿责任，利用赔偿资金充足保障人民物质生活水平。政府应该积极支持和引导保险业推出的保险产品，可以有效降低社会矛盾，提高幸福生活水平。

（四）有利于防范和化解风险

随着金融市场的发展，经济社会面临越来越多的风险因素。通过开发更多的保险产品来转移河北省面临的更多经济风险，对于完善河北省保险市场动态监控机制具有重大意义。河北省政府和河北省银保监局应该加强合作，加强市场运作分析水平，充分发挥其自律、权益保护、协调、沟通、宣传的功能，促进保险业健康发展。

（五）扩大保险行业影响力

开发更多的创新型保险产品，有利于让更多的人接受保险产品，提高保险意识。利用保险产品创新，积极探索"保险＋"新模式，开发更多的保险服务功能。通过加强保险与其他领域的合作，发挥保险的辐射作用，完善保险的保障程度。同时以保险带动其他领域的发展，实现河北省产业的全面发展，利用保险的稳健性提高经济实力。

第二节 河北省保险业金融创新力主观分析

为了对河北省保险业的金融创新力进行分析，笔者制作并发放了《河北省保险业金融机构创新力情况调查问卷》，以获得评价河北省金融创新力的主观因素，可以很好了解保险行业发展中存在的问题。在本次问卷调查中，有效问卷780份，在这部分被调查对象之中，有65.26%属于市（区）级机构，比较符合河北省保险公司级别分布情况。说明此次调查效率较高，能够较好地反映调查目的。通过此次调查问卷，深入统计分析各调查数据结果，力图真实反映出河北省保险业目前创新力情况存在的问题。

一、监管方面，严格监管限制了保险业创新力的提高程度

此次调查问卷中，41.38%的被调查人员认为管理部门（监管部门）现有政策对金融机构创新的扶持程度一般，48.91%的被调查人员认为监管部门对金融机构创新的宽松和容忍程度一般，说明河北省对保险公司的创新活动监管比较严格，整体紧跟国家监管政策方向。在保险公司从业的一线人员认为这种严格程度在一定程度上会限制保险公司的创新活动，降低保险公司进行创新的积极性。

二、制度层面，没有形成良好的创新孵化中心

公司作为整个保险业创新主体，对于提高保险行业创新能力具有举足轻重的作用。而要保证公司各项活动的顺利展开，必须依托完善的制度基础。

在此次调查问卷中，37.68%的受访者认为本单位已将创新完全融入公司战略，这说明大部分保险公司仍然未将创新力作为本公司发展的第一要义，对创新的关注度不高，也限制了员工的创新积极性。40.87%的受访者认为本单位已将创新融入企业文化。文化作为一家公司的发展向心力，没有将创新纳入企业文化就会导致企业无法形成创新氛围，不会

孵化出好的创新点子。39.46%的受访者认为本单位没有浓厚的创新氛围，没有创新氛围就会导致创新人员工作积极性不高，对创新活动的开展没有信心。32.06%的受访者认为本单位的创新流程一般，这就很可能是因为公司为响应政策号召对创新的活动都是表面工程，流程形同虚设，并没有发挥实际的作用。在制度方面，河北省从业人员中有37.93%的调查对象认为本公司有专门的创新研发人才，这说明公司在制度方面确实对创新力提高做出了努力，确立了相关的制度。21.97%的调查对象认为本单位对客户的新需求处于一般了解状态，很难快、准、狠地抓住客户需求并迅速做出调整。25.54%的调查对象认为本单位较少拥有制度保障金融创新，说明保险公司虽然主观上想要加强本公司的创新能力，但是并没有创新活动的制度保障。

三、公司层面，对创新投入不足

一个好的创新企业应该会在人才、资金和技术三个方面对创新加大力度。通过此次调查问卷可以发现，河北省的保险公司在这三个方面表现都比较一般，不但没有鼓励创新，而且可能会限制河北省创新力的提高速度。

在资金方面，河北省从业人员中有32.82%的调查对象认为本工作单位在金融科技方面的投入情况一般。只有对创新活动给予充足的资金支持，才能在硬件层面对其进行支持，方便后续工作的进一步展开。在人才方面，河北省从业人员中有32.06%的调查对象认为本工作单位较少引进创新研发相关人才。创新人才是一个企业创新的源头活水，如果没有创新人才的支撑，提高创新力则成了无源之水，很难获得长远发展。在技术方面，河北省从业人员中有31.03%的调查对象认为本单位目前已经采用了新的金融技术；27.71%认为本单位很少关注新技术在金融领域的应用；33.08%的人认为本单位对控制创新风险的技术了解较少，也很少应用；32.82%的调查对象认为本单位较少有个性化、定制化的保险产品。

第三节　河北省保险行业存在的问题及评价

一、河北省保险行业存在的问题

（一）保险产品方面

1. 保险产品创新程度不充分

保险业面临激烈的内部与外部双重环境竞争。随着互联网保险时代的到来和中国对外开放程度的加深，许多外资保险公司纷纷在国内设立分支机构。国内保险公司的竞争压力也越来越大。保险行业内部受到强烈冲击，部分领域还面临与银行、证券业的金融竞争问题。在这种行业背景下，河北省保险公司为了抢占市场份额，创新营销方式，出现花式营销、捆绑营销、保险推销等方式。虽然监管环境越来越严格，但仍然存在着部分保险代理人鼓吹保险理财效益，夸大保险产品的收益行为。这些创新都是伪创新，缺乏的是对保险产品真正的开发性创新。这种伪创新不仅在一定程度上损害投保人的利益、损坏保险公司企业形象，更不利于保险公司长期发展，不利于提高河北省的保险服务水平。

河北省保险创新不充分源于省级公司缺少对市（区）级市场的具体调研，不了解保险消费者的深层保险需求。如果不能从保险消费者需求角度来研发保险产品，创新保险产品，就无法从保险产品本质来提高创新能力，提升保险公司市场竞争力。

创新程度的不充分还来自保险机构内部没有形成创新氛围，从调查问卷结果可知，河北省从业人员中有32.82%的调查对象认为本单位在金融科技方面的投入情况一般，如果没有充足的创新资金储备，那么保险公司的创新能力就会受到限制，影响创新程度的提高。

2. 保险服务水平、服务对象有待创新

河北省经济发展水平依赖于第二产业，属于典型的工业省份。第二产业的发展需要开发的保险产品满足不同工业企业的需求，更多的需要开发多元财产保险产品。可是综观河北省保险业产品发展现状，很难找到针对特定企业的特定保险产品。保险业在维持经济运行稳定、保障产业良性发展方面发挥着重要作用。保险业产品应该针对河北省实际，对于特定服务对象设计开发特定保险产品。

随着互联网和大数据时代的到来，针对个人量身定制保险产品的需求越来越多，由于河北省开发产品权限的问题，不能完全推出此类产品，但是可以从服务水平角度入手，保险业可以通过保险创新，提供多样化业务，创新新型保险产品，更好满足保险消费者的保险需求，充分发挥保险在经济发展中的作用。

3. 保险产品创新的周期长

随着经济发展、社会进步、人民生活水平提高、人们对保险的需求也开始增加。河北省保险业在产品创新方面发展较慢，显得更加不足。

以家庭财产保险为例，目前各保险公司的产品基本与 20 世纪 80 年代的条款费率相差无几。1980 年城镇居民人均收入 477 元，2016 年城镇居民人均收入 23 821 元，增长 49 倍。[①] 人民生活发生了天翻地覆的变化，而保险公司仍采用老的条款和费率，这显然无法满足消费者的需要。

通过与欧美等发达国家保险公司对比可以发现它们都有一个共性，就是只要投保人有保险需求，保险公司就可以开发出适合的、所需要的保险产品。[②] 国内保险公司的产品创新力明显不足，对于保险产品，不同的保险公司条款内容和费率高低大同小异，各保险公司产品的差异性和识别度普遍较低，同质化产品供给过剩，满足客户需求的保险产品供给不足。受制于省级公司人力与财力资源的限制，相比于其他省份的保险行业，河北省保险行业的创新力一直不高，整体创新产品的周期很长，这非常不利于保险产品创新能力的提高。

4. 保险产品结构不合理

2017 年，河北省人身险原保险保费收入为 6 497 653 万元，其中包括

---

① 国家统计年鉴。

② 张响贤. 保险业创新存在的问题及对策 [J]. 中国金融，2013 (20).

人身意外伤害险 153 568 万元、健康险 1 085 004 万元、寿险 5 259 081 万元。财产险原保险保费收入为 2 196 799 万元。[①]

从险种来看，在人身险领域，对于意外险缺少重视，在财产险领域，车险占比较高，其他责任险、工程险、家财险和信用保险等产品发展滞后，体现出保险在服务生产生活中仍然有很大的发展空间，需要引起重视，创新财产险险种，全面发展财产险的保障功能。

河北省财产保险公司在总体上是把业务目标盯在传统的三大险种上：财产损失险、责任保险、信用保证保险。许多险种缺失，很多领域尚存空白，虽然目前财产保险公司的险种较多，但许多保险产品从开发以来便遭到冷落，保费收入少。保险公司的保费收入主要集中在传统险种上，大多数产品处于滞销状态。有的保险产品保费收入少，正处于被淘汰的边缘。

5. 河北省保险市场结构分布不均衡

北京和沿海城市保费收入高（见表 4-1），保险公司多数集中在人口密集、经济发达的地区和城市，造成了全国保险市场发育不均衡，不利于保险业长期发展。这种结构的不合理不仅反映在全国险种的分配上，而且反映在河北省各市区的保费增长上。

表 4-1   2018 年 1~5 月全国各地区原保险保费收入情况   单位：万元

地区	合计	财产保险	寿险	意外险	健康险
全国合计	191 030 191.73	44 747 726.56	117 350 998.30	4 443 540.63	24 487 926.24
集团、总公司本级	262 137.01	242 521.48	304.53	15 703.19	3 607.81
北京	8 556 187.11	1 811 179.13	5 028 241.00	256 046.64	1 460 720.34
天津	2 808 403.44	605 350.98	1 814 858.08	58 810.13	329 384.25
河北	8 694 454.93	2 196 799.73	5 259 081.48	153 568.84	1 085 004.88
辽宁	4 255 794.79	997 291.59	2 694 924.19	75 018.82	488 560.19
大连	1 784 687.59	357 598.09	1 233 331.95	26 978.20	166 779.35

---

① 河北经济年鉴。

地区	合计	财产保险	寿险	意外险	健康险
上海	6 069 345.70	1 972 833.60	2 911 078.45	321 635.85	863 797.80
江苏	17 476 410.50	3 668 160.41	11 795 865.31	341 087.82	1 671 296.96
浙江	9 665 938.34	2 718 636.50	5 723 305.53	253 870.50	970 125.81
宁波	1 536 174.12	614 668.04	771 908.92	32 188.69	117 408.47
福建	4 614 306.70	1 027 193.83	2 867 794.29	113 174.19	606 144.39
厦门	1 025 009.13	326 287.60	560 048.21	29 339.66	109 333.66
山东	13 092 911.52	2 693 357.66	8 295 245.82	216 611.48	1 887 696.56
青岛	2 116 861.98	465 075.60	1 223 821.07	39 734.96	388 230.35
广东	16 912 396.03	3 734 924.09	10 661 638.29	476 253.96	2 039 579.69
深圳	5 538 052.86	1 385 956.55	3 207 492.67	213 920.24	730 683.40
海南	838 491.78	270 120.66	467 364.26	20 236.42	80 770.44
山西	4 428 736.72	880 919.90	3 008 092.09	70 709.67	469 015.06
吉林	3 120 500.30	665 273.22	2 023 076.67	50 498.21	381 652.20
黑龙江	4 575 973.36	657 743.94	3 203 604.68	76 487.23	638 137.51
安徽	5 866 720.45	1 674 370.27	3 286 124.29	108 527.92	797 697.97
江西	3 890 558.44	986 858.33	2 240 057.36	75 304.84	588 337.91
河南	11 727 257.51	2 154 838.92	7 558 465.18	199 497.09	1 814 456.32
湖北	7 894 631.50	1 516 075.09	5 172 380.09	179 969.26	1 026 207.06
湖南	6 387 683.27	1 530 313.96	3 845 509.30	138 070.79	873 789.22
重庆	4 312 170.46	829 180.96	2 612 620.75	96 241.39	774 127.36
四川	10 073 897.94	2 084 343.99	6 669 992.64	217 760.33	1 101 800.98
贵州	2 206 106.45	878 361.38	971 469.80	73 063.27	283 212.00
云南	3 208 021.76	1 145 325.74	1 556 609.05	91 040.88	415 046.09
西藏	182 619.25	127 048.57	27 170.48	12 794.72	15 605.48
陕西	4 938 083.61	973 370.11	3 360 195.08	85 966.02	518 552.40
甘肃	2 204 340.83	523 464.46	1 294 473.14	54 545.98	331 857.25
青海	440 243.44	145 474.68	210 481.79	11 087.18	73 199.79

续表

地区	合计	财产保险	寿险	意外险	健康险
宁夏	941 768.48	273 954.82	506 082.53	23 315.80	138 415.33
新疆	3 159 268.07	992 479.77	1 650 097.94	83 887.56	432 802.80
内蒙古	3 043 228.37	690 807.20	1 857 100.55	58 296.86	437 023.76
广西	3 180 817.99	929 565.71	1 781 090.84	92 296.04	377 865.40

资料来源：中国银行保险监督管理委员会网站。

从表4-2可以看出，河北省各市（区）财产险保费收入差距拉大，石家庄市一直保持在最高水平，远高于河北省平均水平。而沧州、廊坊等市区的财产保险原保费收入明显低于平均水平。

表4-2　　　　　　　2011～2017年河北省各市财产险分布情况　　　　单位：万元

各市	2011年	2012年	2013年	2014年	2015年	2016年	2017年
河北省本级	4 544.31	4 904.23	360 337.79	6 838.19	12 550.42	13 002.96	2 188.72
石家庄	458 979.15	578 660.22	710 418.27	809 938.32	931 407.75	953 475.15	1 057 658.08
唐山	412 211.72	464 840.05	527 193.61	579 418.71	577 776.58	598 295.75	622 506.45
秦皇岛	114 573.67	134 855.47	153 939.53	177 908.37	192 037.09	189 027.21	204 444.06
邯郸	176 499.28	196 812.75	240 680.53	268 143.94	302 920.19	417 868.24	482 071.01
邢台	129 851.57	145 632.09	187 509.10	222 085.84	274 898.42	330 917.52	363 877.1
张家口	127 002.26	125 187.92	131 518.45	146 746.54	172 931.08	189 567.16	218 718.17
承德	87 518.77	98 080.05	117 431.96	134 236.09	142 941.18	155 623.58	172 852.66
沧州	218 218.97	256 295.24	325 710.36	400 911.41	447 724.28	541 646.91	564 987.93
廊坊	162 494.16	190 766.76	226 798.79	263 987.54	297 740.57	304 122.48	330 416.6
衡水	76 264.27	88 691.37	106 529.87	132 780.53	157 276.32	180 743.06	202 971.55
保定	261 024.34	301 816.35	9 643.94	424 185.16	484 753.57	547 021.96	650 886.16

资料来源：相关年份河北经济年鉴。

从表4-3可以看出，石家庄寿险业务一直处于较高水平，承德、沧州等地由于受制于自身经济发展水平和保险意识的限制，寿险业务发展水平严重低于平均水平。

表 4 - 3 　　　　　　　　2011～2017 年河北省各市寿险分布情况　　　　单位：万元

各市	2011 年	2012 年	2013 年	2014 年	2015 年	2016 年	2017 年
河北省本级	92.46	1 202.56	690 481.09	5 096.11	8 359.62	15 915.24	25 833.53
石家庄	791 031.20	854 904.04	893 009.82	1 035 164.47	1 277 402.24	1 998 111.63	2 357 224.63
唐山	757 070.70	716 729.37	694 008.11	723 231.24	947 650.54	1 374 687.68	1 445 044.99
秦皇岛	255 263.04	259 185.12	253 883.77	260 539.04	313 166.47	459 574.02	481 579.02
邯郸	450 549.96	413 796.52	429 886.94	480 761.19	632 534.02	783 875.45	889 495.27
邢台	268 216.31	249 894.22	259 487.52	284 917.03	393 181.69	454 270.42	485 074.11
张家口	202 682.65	212 894.57	215 463.22	195 075.13	236 968.17	320 740.91	390 286.92
承德	218 900.36	228 856.93	231 109.10	247 995.19	300 418.21	357 178.87	385 776.45
沧州	478 552.53	454 679.81	472 123.84	458 771.20	654 282.34	846 570.64	1 004 964.46
廊坊	369 375.80	320 984.48	325 973.69	346 231.11	439 529.29	653 985.71	791 296.10
衡水	218 146.47	200 301.16	194 110.79	222 375.35	333 950.94	457 971.71	500 194.90
保定	692 227.41	676 730.20	12 881.83	675 707.96	884 642.79	1 157 520.53	1 477 373.26

资料来源：相关年份河北经济年鉴。

从表 4 - 4 可以看出，除了石家庄意外险原保费收入远远高于平均水平外，其他市（区）的原保费收入水平增长趋势都在平均水平附近，彼此之间差别不大。意外险作为一种特殊的短期险种，本身发展水平受到经济发展水平的影响较小，产品创新性要求较低，因此各个市区之间并不会形成明显差别。

表 4 - 4　　　　　　　　2011～2017 年河北省各市意外险原保费收入　　　　单位：万元

各市	2011 年	2012 年	2013 年	2014 年	2015 年	2016 年	2017 年	平均值
河北省本级	259.77	5.37	21 697.80	187.51	686.06	1 009.90	1 025.79	3 553.17
石家庄	27 202.96	31 728.19	37 284.71	46 446.83	62 370.22	71 233.39	96 305.94	53 224.61
唐山	17 746.83	19 792.06	20 336.47	23 969.00	26 392.37	29 299.55	29 470.54	23 858.12
秦皇岛	6 661.14	7 544.50	9 402.18	9 339.56	10 341.45	10 195.79	11 342.84	9 261.07
邯郸	10 103.92	11 751.79	13 382.81	16 303.44	17 820.71	20 364.63	24 985.72	16 387.57
邢台	5 908.94	7 040.70	9 118.76	10 792.56	13 654.69	15 972.99	20 187.57	11 810.89
张家口	6 910.64	7 540.16	8 946.11	10 595.21	10 969.43	10 984.00	13 139.24	9 869.26
承德	7 934.15	7 984.74	10 140.06	10 676.47	10 985.30	11 891.97	10 797.72	10 058.63

各市	2011 年	2012 年	2013 年	2014 年	2015 年	2016 年	2017 年	平均值
沧州	12 779.61	13 613.17	16 315.47	19 072.85	21 522.29	19 977.83	24 245.85	18 218.15
廊坊	10 091.10	10 784.34	12 745.60	15 755.11	17 236.28	20 211.11	24 100.79	15 846.33
衡水	5 816.04	6 656.49	6 871.24	7 448.38	8 781.75	10 043.05	10 776.48	8 056.20
保定	17 469.13	18 579.02	40.94	25 815.91	28 723.49	35 050.93	39 075.55	23 536.42
平均值	10 740.35	11 918.38	13 856.85	16 366.90	19 123.67	21 352.93	25 454.50	16 973.37

资料来源：河北银保监局。

从表4-5可以看出，2014~2016年，石家庄健康险增长趋势迅猛，并且一直高于全省平均水平，作为省会城市，一直占据着经济发展的优势地位。其他市区虽然整体趋势也在上涨，可是上涨趋势不明显，并且跟河北省平均水平不相上下。唐山市在健康险保费收入中近年来取得了明显进步，逐渐赶超其他市区，说明唐山市近年来紧紧抓住了保险发展的势头，积极作为，大力促进了本市保险行业的发展。

表4-5　　　　　　　　　　河北省各市健康险原保费收入　　　　　　　单位：万元

各市	2011 年	2012 年	2013 年	2014 年	2015 年	2016 年	2017 年
河北省本级	24.76	189.90	59 876.26	1 048.26	1 669.14	2 517.17	4 407.09
石家庄	48 143.72	62 559.55	88 530.68	131 297.44	260 135.74	427 753.61	443 359.86
唐山	51 250.01	65 313.62	86 537.08	108 557.64	126 887.85	162 411.54	228 686.40
秦皇岛	20 998.19	25 643.89	30 408.33	52 826.84	51 113.03	59 079.33	76 951.91
邯郸	23 160.50	29 989.65	37 344.85	56 762.14	92 659.17	120 246.71	153 035.94
邢台	14 114.60	19 154.79	22 606.37	30 664.06	55 414.93	67 373.17	93 874.96
张家口	11 987.17	13 729.93	17 223.06	28 505.62	42 069.42	58 115.12	59 429.21
承德	11 842.59	14 206.93	19 078.39	22 130.66	42 181.55	48 874.89	62 251.10
沧州	19 021.60	24 595.00	30 884.25	40 412.73	64 535.12	116 301.33	153 716.98
廊坊	19 556.26	24 671.51	29 939.38	40 202.12	58 892.43	94 124.90	128 322.90
衡水	9 104.04	13 477.03	16 472.73	29 623.07	53 131.26	64 811.20	78 001.50
保定	39 507.61	48 329.16	534.84	77 905.32	135 813.23	173 110.99	249 266.06
平均值	22 392.59	28 488.41	36 619.69	51 661.33	82 041.91	116 226.66	144 275.33

资料来源：河北银保监局。

6. 保险公司对产品创新的工作重视程度不足

多数省级保险公司由于发展条件的限制，并没有明确的产品创新策划，没有建立有效的创新机制和流程。从调查问卷可以看出，多数省级保险公司并没有设立专门的研发机构，也没有成立专门的精算小组。许多保险公司没有意识到创新的重要性，仍然存在着盲目追求保费增长的误区。缺乏差异化竞争的意识，都是根据总公司统一产品目录进行保险产品的销售。不能根据本地实际发展情况找到自己的发展思路，缺乏对本地市场的研究，不能因地制宜地确定保险销售策略。

（二）保险服务方面

1. 保险公司存在服务链脱节现象

河北省部分保险公司只注重扩展业务，保险代理人过分强调业绩，出现误导消费者的行为。理赔环节则存在理赔程序复杂、理赔时间长、理赔态度差等问题。

随着人们物质生活水平的提高，保险服务不仅体现在承保和理赔过程，而且体现在保险咨询、风险评估、保险方案设计、承保后的风险防范和管理、保险补偿等方面。保险公司只有提高保险服务质量，才可扩大市场份额，增加市场竞争力。

2. 营销方式缺乏创新

近年来，传统寿险业务发展很慢，随着互联网与大数据的发展，为保险营销提供了更加多元的选择。面对互联网营销方式的冲击，传统的推式营销如何做出创新与改变对于提升保险行业影响力发挥着举足轻重的作用。

（三）保险公司的管理与组织方面

1. 人才储备和创新技术不足

由于保险创新的特殊性，决定了保险创新需要的更多是专业型人才。保险分支机构由于自身业务的需要更多拥有的是销售人员和服务人员，对于高层次专业人才配备很少。一般在总公司才有精算人员或者其他专业人员。在很长时间内，优秀的保险人才都被认为是好的销售者、好的推销者，这种理念已经不适用于消费者拥有多元保险需求的现况。现代保险业的发展更多的是需要专业人才，如精算、核保、核赔、法律、管理等方面的人才。河北省保险业属于朝阳产业，国内保险公司属于发展的黄金时期，保险人才需求旺盛。面对不完全发达的保险市场，河北省更应该尽快引入高级管理人员、核保核赔人员、产品研发人员，补足保险行业短板。

2. 经营机制创新不足

为了鼓励保险业在我国的发展，我国为保险产品创新发展提供了大量的政策支持活动。互联网保险由于其自身发展优势，需要短期有效的业务流程、较强的信息技术处理能力、高层次的人才储备。但是传统保险行业发展都不能满足这些特点，为了更好与互联网保险融合发展，简化保险流程，实现要约、核保、承保等流程全部在线化、信息化目标，需要改造组织架构，创立完善互联网信息管理系统。保险公司经营模式在这方面明显存不足，缺乏长远规划能力，不能持续性提高自身服务水平、信息处理水平。如果难以借助互联网发展契机，实现公司利润、声誉、影响力的综合提高，保险公司的发展可能需要走更长远的路。

3. 分支公司与总公司的信息不匹配

保险行业受制于传统发展道路，分支公司都是听从总公司调遣，坚持总公司政策导向。分支公司由于地域不同，而面对经营中实际问题，无法及时做出调整，需要向上级公司或总公司进行报告，上级公司再进行批复，导致效率慢，对问题反应迟缓等问题。

（四）市场环境方面

1. 河北省市场竞争不充分

相比于其他省份，设立在河北省的保险分支机构仍然较少，而且欠缺多元化的保险公司类型。部分地区仍处于独家保险公司独立经营的状态，这必然影响消费者的保险需求体验，不利于河北省保险业实现市场化、多元化、全方位发展的目标。市场高度集中会造成供给主体间竞争压力不足，创新驱动力较弱的问题，影响河北省保险产品的开发动力。

2. 政策环境不宽松

河北省对省级保险公司在产品费率、条款、机构、人员、资金运用等方面实行从属管理，保险创新的空间相对狭小。由于政府部门对保险业需求信息获取的滞后性，不能充分给予保险业在保险产品的费率、条款方面的自主权，也没有做出积极的政策调整。因此，政府应该给予省级保险公司更多的开发自主权，进一步优化创新的政策环境。

3. 市场秩序有待规范

保险资金运用大众资金从事杠杆收购，险资举牌 A 股上市公司，压着举牌线增持、减持的事已成常态化，如恒大人寿增持万科，阳光保险增持伊利，安邦保险增持中国建筑等。保险资金的注入带来股价的波动，对上市公司的治理也产生极大影响。保险公司的不规范行为，不仅对证券业产生了不良影响，也不利于保险业的长期发展，因此需要加强市场秩序规范。

4. 保险行业竞争性信息披露力度远远不够

目前，消费者挑选保险产品主要依靠保险公司的广告与销售人员介绍，而可供消费者比较产品价格的平台不健全。因此，河北省应利用互联网的发展及时对保险公司服务质量指标、投诉率、行政处罚等信息进行公示，提高保险行业信息披露能力。

5. 市场法律法规环境有待健全

许多保险纠纷的产生都是因为评估标准不统一、法律规定不统一所致。例如，医疗保险中的伤残鉴定，由于相关法律欠缺，容易受到人为因素的干扰，给违法行为留下了可乘之机。

6. 政府优惠政策缺乏标准化

由于科技保险、农业保险、巨灾保险和责任保险需要先进的技术与充分的大数据处理能力，加之其经营风险大，保险公司整体创新意愿都不是很高。而这些保险产品可以满足消费者的需求，但供给存在巨大缺口。这类保险产品的开展需要政府部门加大补贴力度，但是省内政府补贴办法不统一、不明确、不稳定，导致保险公司创新的积极性不高，限制了河北省保险市场的发展。河北省政府应该加大对保险公司产品开发的优惠鼓励力度，积极引导其对产品进行创新。

（五）保险监管方面

1. 保险相关信息的监管

保险公司对于投保人的信息了解的渠道单一，单凭投保人的如实告知。对于投保人的故意欺诈行为，保险公司很难及时做出详细的调查、核实。这损害了保险公司的合法利益，不利于保险公司的长远发展，影响保险公司的创新进程。河北省银保监会应完善监管体系，对投保人的医疗、身体健康情况和收入状况有详细权威的测评，更好地规范保险市场信息透明度。

2. 互联网保险的监管

互联网保险需要规范信息管理制度、数据加密传输，避免发生重大信息安全事件。目前，监管机构不能对互联网保险实现全程业务监管，及时保护消费者权益。互联网保险经营网络监控制度不完善，互联网保险的风险预警指标体系和风险控制体系还没有形成监管预警机制，仍需提高互联网监管效能，以促进互联网保险稳健发展，促进互联网保险在保险业中发挥更大的作用。

（六）理论创新方面

1. 缺乏符合河北省实际行业发展情况的条文细则

中国的保险业从 1949 年开始，1958 年停办，直到 1979 年才恢复发展。河北省保险业一直是学习借鉴一些国外的保险理论，没有形成一套符合河北省省情的、比较成熟的保险理论。而对于河北省而言，针对省内公司产品创新的条文更是少之又少。河北省银保监会应该从河北省保险业创新现状出发，制定出更多可以直接遵循的保险条例。

2. 理论与实践的不匹配

保险业的专业人员大部分具备实践知识，但缺乏对保险业理论深层次的提炼和总结。保险学术界对于保险创新开发具有较强的抽象与逻辑思维能力，但其拥有的理论分析能力未能结合河北省保险行业的实际情况做出更符合河北省的改革方案。

二、保险业创新力不足的改进建议

（一）保险产品的创新方面

1. 保险产品要符合投保人的需求

保险产品设计要更好地满足经济发展和人民保险产品消费需求。保险专业化经营团队应该为消费者设计保险方案，协助消费者选择适合自身需求的保险产品，改进产品设计和险种间的配置策略。当前，河北省保险产品缺乏多元化保险产品，不能满足消费者的需求。河北省有设计保险产品权限的公司应该从"量身定做"角度开发保险产品。创新研发新型保险产品，促进保险产品的创新。保险产品应以市场需求为导向，在产品形态、费率形成等方面有创新性改变，满足客户的需要。

对于行业性创新保险，河北省也做出了积极努力。例如，国家倡导推出个人税延型养老保险等创新保险产品，河北省虽然也按照行业要求向公众宣传和传播此类产品，保险消费者通过保险产品也了解了这类产品，保险公司同时借助展示平台积极拓展保险业务，但是市场调查方面仍有所欠缺。保险公司可以从多方面入手加大创新力度，开拓更多的销售渠道，也可以根据具体保险对象设计特有保险产品，从而满足人民多方位、多层次的保险需求。

2. 财产保险要更加重视新险种的开发和推广

虽然财产保险公司目前已经开始在创新方面着手努力，但是还没有完全推出实用的保险产品。结合河北省实际情况，加快对保险产品的开发，可以充分实现对河北省农业及自然灾害风险的全面保障。为了加强巨灾风险的管理能力，河北省保险公司需要充分结合省情积极开发相关险种。财险公司应该借助商车费改的机会，根据个人发展水平，量身制定行业车险发展规划，积极配合处理好商车费改的新旧产品衔接问题。河北省保险公司要加大创新能力可以从改革中的痛点入手，积极制订应对潜在风险的方案，促进本公司的发展。不断结合全国偿付能力改革方向，完善本省的偿付能力监管体系，健全本公司的组织架构，从外部和内部两个方面推动全面风险管理制度的建设。省级相关监管部门需要规范商业车险企业的经营规范度，提高承保效益，促进行业健康稳定发展。

3. 加大对保险产品的科技创新投入

加大对保险产品的科技投入，提高保险产品的技术含量和科学技术水平，对河北省保险业的发展至关重要。河北省今后应该积极探索运用云计算、大数据、物联网等新技术，参与保险产品的研发，提高保险产品创新的科学性，使保险产品符合消费者的需求；应该做好保险产品创新的战略规划，在宏观上加快保险业的发展，促进河北省保险业的长远发展。

河北省应该积极吸取其他省份的先进保险管理经验，参与全国保险市场竞争。保险产品创新必须明确目标，统筹安排，制定出符合河北省实际、适合河北省保险业发展的长远规划，实现河北省保险业有目标、有计划、有步骤地健康发展。

（二）保险服务的创新方面

1. 保险公司应该提高保险代理人素质

保险公司应注重保险代理人的素质，对保险代理人进行专业化的培训，秉持"顾客第一，服务至上"的理念，坚持"我为人人，人人为我"的原则。河北省保险公司应该注重保险业务的承保和理赔，简化理赔的程序，减少理赔的时间，实现服务方式的创新目标。健全保险公司的全程服务，提高保险公司的服务水平，提高保险公司企业形象，树立以市场和客户为中心的经营理念，从而增强保险公司的市场竞争力。

2. 推进保险业服务模式和销售渠道创新

对于传统业务的销售人员，保险公司应该减少其人员数量，将其转化为承保后维护人员。面对互联网保险营销方式的发展，传统的销售人员可以作为在线客服，使消费者在互联网保险的销售平台中遇到的疑问可以得到专业化的解释；同时健全互联网保险营销方式，使消费者可以在互联网保险中选取最优的保险产品。对于互联网保险，保险公司应实现保险信息咨询、保险计划书设计、投保、交费、核保、承保、保单信息查询、保全变更、续期交费、理赔和给付等保险全过程的网络化。互联网保险公司更多基于大数据的动态精算模型，满足客户差异化的需求。通过行为数据、动态的精算，以最低的价格服务于消费者。互联网的保险市场空间非常大，应把握互联网保险发展的有利条件，促进保险业的互联网化。

（三）保险公司内部的创新方面

1. 提升人力资本质量

保险业属于智力密集型产业，高素质的人力资本不但是保险公司核心竞争力的组成部分，而且也是保险公司创新的智力支持。人力资本的质量和数量对保险公司的经营具有极强的影响力，如精算、核保、核赔、法律、管理等方面的专业卓越人才，对于保险公司的创新发展有至关重要的作用，保险公司应该多培养专业的人才，使保险公司的运营更具有科学化、专业化。保险公司可以与保险专业的大学建立良好的互动机制，保险公司与高等院校定向培养保险业的专业人才，防止保险专业人才的流失，促进保险业引进专业性的人才。

2. 坚持全流程信息互动机制创新

为了满足保险客户的消费需求，需要建立业务信息流服务链。实现要约、核保、承保、在线客服等信息化，改造组织架构，使行政管理、业务处理和信息支持成为一个完整的管理系统。通过对保险信息机制改革，促进保险业的发展创新，释放保险业改革红利。

3. 建立鼓励创新的保险公司考核指标体系

鼓励创新项目实施，保险公司的总体发展目标和当前考核要求相一致；建立独立考核或弹性考核机制，积极提供创新项目的人力、物力资源，为保险创新提供契机；建立流程和标准，对创新内容进行评估、筛选，根据公司经营实际，决定创新的方向和内容，完善相关可行性报告。

4. 放宽分支保险公司的权利

在合理的范围内，允许分支保险公司根据地方实际，解决所面临的的保险需求问题。简化行政程序，提高行政效率，提高保险公司为投保人人性化的保险服务能力。

5. 建立鼓励保险公司人员建言的体制

对于保险公司或者保险产品所面临的问题，保险公司人员在实际工作中应是最先发现的。对于保险公司，要注重营造全公司共同参与创新的企业文化，充分利用基层机构和人员贴近市场熟悉客户需求、市场反应灵敏的特点，广泛收集信息和建议，积极鼓励保险公司员工参与保险问题的解决。

6. 建立科学的评估、责任落实考核机制

制定具有操作性的工作规范，对工作进行阶段性评估，及时调整工作中的错误方向。建立合理的创新奖励机制，奖励工作积极团队，让劳动成果得到充分尊重，充分调动保险公司员工的工作积极性。

（四）市场环境的创新方面

政府应该为树立一个良好的保险创新环境做出努力，积极在各市区设置各种保险产品创新试点。一是大力发展农业保险，服务新农村建设。[①] 相关部门要积极出台系列鼓励政策，促进农户的防灾防损工作，加强农业灾后恢复能力。在石家庄、保定等地进行试点，探索由行业协会牵头，组成农业保险的共保体，统一承保一些风险和收益均比较高的农业保险。责任保险方面，可以建立保险灾害快速反应机制，深入高危行业和领域，扩大责任保险的影响，积极拓展责任保险服务领域。在寿险方面，可以大力发展养老、意外和健康保险，完善多层次社会保障体系。与社保部门建立协作交流和信息共享机制，争取联合出台更多保险业参与城镇补充医疗的规范性文件；支持符合条件的市区保险机构进一步拓展企业保险市场；进一步发挥保险资金的融通功能，支持地方重点建设，支持京津冀一体化与雄安新区建设。与有关部门一道，全力推动保险行业产学研一体化进程。积极争取保险资金投资河北省基础设施项目和参与大中型企业、金融机构改革，积极主动扩大保险产品的覆盖面，全力推动保险产品创新环境的形成。

---

① 黄洪. 转变增长方式 推进广东省保险业科学发展［J］. 南方金融，2007（3）.

1. 为保险业创新发展提供政策支持

比如设立定向机制，设立专门人员接受保险公司的创新方案；建立政府沟通机制，建立政府与保险公司的协调机制；出台各种优惠支持政策，加大鼓励力度。外在环境上，完善优质制度；机制上，完善保护力度。不仅从保险创新源头上加强多元化监管的改革力度，还应该从行业后端给予相应的创新要素投入机制。从市场需求出发，从业内发展需要出发，坚持有利于行业的发展、有利于创新的发掘，从政策上为创建"创新培养皿"提供大力支持。

2. 完善河北省的保险市场体系

可以从以下四个方面入手：第一，加快完善河北省保险业的法律法规，做到保险市场的有法可依。第二，合理设置适合河北省省情的保险业发展目标、保险发展框架。第三，多方探索与国际先进保险市场接轨的方案，鼓励河北省保险公司更多的与世界接轨。第四，加大奖惩力度，形成保险市场优胜劣汰的健康状态，减少保险资源浪费情况的发生。河北省在完善保险市场体系的过程中需要多方面考虑，借助发展优势实现保险市场的有序化与市场竞争良性化。

3. 坚持保险发展的总目标

为了加快河北省现代保险业的形成速度，可以从以下几个方面入手：完善市场体系、扩大服务领域、规范经营过程、提高发展速度、提高质量、提升效益。为了保障这些方面的发展，需要一个配套的保险法律法规环境，同时建立有效的政策法规体系评价机制，要加强偿付能力管理、加强业务经营范围、降低市场准入"门槛"、加强从业资格审查、加强风险管理与人才培养制度。坚决杜绝违法违规经营，从源头上规范保险市场的发展。

4. 规范市场秩序

建立合法、公平、合理的市场环境，各个保险公司公平竞争，共同发展，实现现代保险服务业的良性发展。保险业想要从本质上提高创新力，实现健康发展必须实现省内各家保险公司、保险公司与其他金融机构的协调发展，把握住社会对保险业发展的内在需求。目前，河北省保险业不协调的问题突出，需要加快实现城乡区域协调发展的力度，减少城乡之间发展不匹配、不协调问题。各个金融企业、各个行业之间虽然存在差异化竞争的必要，但是也要学会互助合作，共同优化结构，拉动河北省整体经济的发展水平，合理运用险资投资。对于保险产品的介绍应该简明扼要、通俗易懂、无文字歧义，建立保险产品价格比较平台，使消费者可以快速了解保险产品，提高投保人的自主选择性，降低退保率。

5. 扩大保险业对外开放

支持有条件的保险公司开拓国际市场，提升保险业的对外开放水平。随着经济全球化，保险业作为金融业的三大支柱之一，面临全球化带来的机遇和挑战。河北省保险业在遵守国际法规的同时，也要充分利用对外开放的优势，积极学习借鉴国外保险业先进思想，正确认识河北省的发展现状，理清思路，找出问题产生的关键，并提出合理的解决方案，促进河北省保险业的发展，扩大河北省保险业的海外业务。与国外市场接轨，中国保险公司可与国外先进的医疗机构合作，利用国外的先进医疗技术，增加海外医疗保险产品，来扩大保险市场。

6. 建立健全的评估机构、评估体系

对于伤残鉴定、医疗服务、保险招标等进行严格评估，减少人为因素干扰，使评估科学严谨、公开透明；制定统一、明确的优惠待遇；调动保险公司创新的积极性；推动政府出台更加明确和稳定的补贴政策；明确补贴优惠的方式、比例、限额、分配时间等重要内容，使各个保险公司平等地参与市场竞争。

7. 倡导绿色的创新发展

通过倡导绿色创新发展维护现代保险服务业的可持续发展。绿色是人与自然、人与行业的和谐发展关系，是永续发展的必要条件。在保险业推行绿色发展，就是要牢牢抓住风险防范这一保险业经营生命线，就是要做好对客户、人才、技术、投资等保险资源的有效保护和合理开发，就是要通过大力发展生态环境领域保险业务和引导业内资源节约为省内外生态安全做出新贡献。[①]

---

① 亓新政. 当前江苏省保险业发展理念与重点措施［J］. 金融纵横, 2016（3）.

（五）保险监管的创新方面

1. 建立有利于保险创新的监管机制

充分发挥监管部门对保险行业创新的巨大推动作用。监管部门要发挥主动功能，优化创新的外部环境，积极主动减少保险公司创新的阻碍因素。充分发挥引导作用，监管部门要充分调研了解各家保险公司的真正需求、市场动向，延伸保险监管的深度，扩大监管网络的整体覆盖面。

2. 维护有效的市场竞争秩序

现在市场行为干预明显，阻碍了市场竞争发挥作用，市场竞争惩罚机制没有建立起来。对于损坏市场秩序的保险公司，保险监管部门应积极做出应对措施，严加监管，保证监管措施到位。市场竞争秩序的维护需要市场主体发挥作用。目前，保险营销员的普遍问题是社会地位低、得到的待遇与付出不成正比，严重影响了营销员的积极性。市场建立优良秩序可以从这方面入手，给予营销员更多的养老保障，提高福利待遇。加强与保险从业人员的沟通交流力度，适当提高手续费，手续费政策制定的时候要注意"量体裁衣"，即专业代理人、兼业代理人与个人代理人要施行差异化对待策略，既要充分调动他们的积极性，也要考虑到独特性，更要防止一些不当竞争行为，防止不断碾轧。①

3. 加大检查和处罚的力度

加大对销售误导、违规理赔、商业贿赂等严重损害消费者利益和行业形象的行为处罚力度，实行零容忍。加强保险公司的自律管理，保险协会的约定管理和保险监管的监督管制。保险公司与相关部门合作打击保险欺诈，充分调动理赔查勘队伍力量，多渠道协作打击和严惩保险欺诈。保护合法的投保人利益，也维护保险公司的合理利益。加大保险欺诈的处罚力度，从根本上杜绝保险欺诈事件的发生。

---

① 马宏. 保险市场创新中的保险监管 [J]. 武汉金融, 2006 (9).

4. 减少对市场竞争行为的直接干预

政府应逐步减少对市场竞争行为的直接干预，同时加大对长期承保亏损、业务结构不佳、服务质量较低企业的非现场监管和现场检查力度。在给予保险公司宽松的发展环境的同时，绝不放松对保险公司的监管。

5. 加大对保险业信息的披露力度

通过加大对保险业信息的披露力度，定期收集和宣传保险业的典型创新经验，将服务质量检测、行政处罚等信息及时公开。建立保险信用评级制度、信息披露制度和电子信息监管网络，快速收集和高效处理保险机构的各类经营数据，准确把握各保险主体的资产规模、业务结构、费用支出、赔偿给付等情况，做到监管的全程化、动态化、持续化。

6. 建立和完善自主性创新保护政策

在保险产品创新的过程中，对保险创新产品提供保障，保单上关于承保范围、保险价格、险种都必须以文字进行清晰描述。对于知识产权必须加大力度保护。监管机构应对创新保险产品给予一定的保护期，对于高相似度的保险产品不予备案或暂缓备案。

7. 引导保险业围绕经济社会改革关键领域开展创新

保险创新工作明确重点，找准为国家全面深化改革服务的切入点，集中力量在完善现代金融体系、社会保障体系中发挥重要作用。保险监管部门通过出台规范性文件、完善运行机制、建立保险业创新经验交流渠道等方式，加大对医疗保险、农业保险、责任保险、科技保险、商业养老和健康保险等重点业务的创新力度。例如，个人税收递延型商业养老保险，符合"国十条"中提出的把商业保险建设成为社会保障体系的重要支柱，要求商业保险成为家庭和个人商业保障计划的主要提供者。推进区域化、专业化保险创新，使其更注重于社会需求满足，更注重保险创新，更注重保险业的可持续性发展。

（六）保险理论的创新方面

整合业界、学界和监管界等在保险理论研究上的优势力量，实现理论创新突破。多开展对河北省保险需求本质的分析，实现保险业界与保险学术界优势互补，形成强大的研究力量。建立专业的保险研究机构，立足保险实践，同时倡导和鼓励理论创新，加大理论创新投入，推动保险理论创新研究。结合河北省保险业实际、社会制度和未来发展趋势，借鉴国际保险理论的优秀成果，着力构建河北省保险理论的系统性框架，寻求保险理论新的突破，为加快保险业发展提供建设性的理论基础。

加大对保险学研究基地建设，积极与高校合作，以保险专业创新实践为平台，培养保险创新人才。建立高质量的产学研基地是提升保险从业人员专业水平的必要途径。保险行业是一个技术性行业，需要更多专业对口的人才匹配，所以为了提高专业人才的整体素质，需要从高校入手，保险企业要积极与高校合作，制订保险专业创新需要的人才培养计划，提升专业素质。同时，由于教师往往是高学历的代表，但是实务经验却很匮乏，为了更好与实际接轨，高校教师需要通过实务操作来提高其教学能力，更好地服务于保险行业创新水平的提高。所以，河北省要逐步建立高质量的产学研基地，为教师了解实务、掌握行业发展前沿动态、培养应用型人才提供平台，从源头上提高保险创新能力，为河北省保险行业发展提供源源不断的人才储备。

（七）与高新技术的结合方面

1. 强化跨界融合

跨界融合是保险业创新发展的需要，保险业与高新技术融合过程中产生的新技术、新产品、新服务，提高了消费者的需求层次，跨界融合改变着传统保险业的经营与服务方式，促使保险产品与服务结构升级，引发保险公司组织结构创新。

2. 优化保险市场结构

有些保险公司不仅突破财、寿险分业经营的限制，还涉及银行、证券、信托等非保险金融行业。如中国平安集团就有平安银行、平安证券，华安保险设立了华安证券。银行业纷纷跨界，进入保险行业，如中国银行、中国工商银行、中国农业银行、中国建设银行等都有自己的保险公司。通过跨界融合，合理利用资金，促进保险业的发展，原保监会与原银监会的合并，就是为了更有效地促进金融监管和保险业的跨业融合。

3. 加强银保合作

保险公司利用银行作为保险销售渠道，使用较低的销售成本和管理成本达到高度覆盖市场和客户的目的。借助银行与客户之间已有的信任关系，保险公司将有效地缩短其产品和广大客户之间的距离，并借助银行的品牌和形象优势，扩大保险公司对市场的开发深度。

（八）保险公司建设方面

1. 文化建设方面

河北省保险公司应该根据河北省文化发展理念，建立优秀的企业文化，增强河北省保险公司的内部凝聚力。从业人员拥有积极向上的工作态度，热情地对待每一位客户，树立良好的企业形象，提高服务质量，与客户建立良好的关系，以老客户带动新客户，积累客户群，促进保险销售业绩增长，增加市场占有份额，促进保险公司发展。研发人员积极投入保险创新中，结合实际改善保险业目前所面临的问题，寻求解决方案的最佳办法，提高保险创新的能力。

2. 诚信建设方面

为了保护保险市场整体利益、保证保险人的合法利益和保护投保人的合法权利，要大力开展诚信建设。河北省政府积极参与创建诚信信息平台，充分利用现代网络技术和数据库技术，将保险人的资信状况、经营行为、报表账簿数据等信息，公开在互联网上供公众查阅。实时监控保险人诚信程度，并对其诚信程度予以公开评级，减少信息渠道不通畅而导致的错误选择，保护消费者利益。将投保人的经济情况、家庭情况等信息同步到平台中，让保险公司在核保时可及时、准确了解投保人的信息，减少投保人对重大事实的隐瞒和骗保情况的发生。保护保险人的合法利益，促进保险业的发展。

3. 员工培训方面

现代企业的人力资源质量对于企业发展具有至关重要的作用，[1] 保险

---

① 何晓丽. YJ公司员工培训管理改进研究［D］. 成都：西南交通大学，2017.

企业同样对于人力资源质量的把握决定了其将来保险发展的方向性问题，针对企业员工进行培训可有效提高人为资源质量。

当前许多公司都致力于结合工作实际，建立良好的培训体系，提升员工素质。随着互联网的发展以及一些新型互联网保险产品的引入，许多保险企业受到互联网保险产品的冲击。如何降低本公司的保险产品成本，提升线下核心服务能力，对于应对互联网保险产品压力具有巨大拉动作用。保险公司应该致力于优化自身的人力资源培训体系，加强员工的培训工作，提升员工整体素质，从而提高整体创新能力，应对外界环境压力。

（九）保险宣传的创新方面

保险宣传是普及公众保险知识、提升社会保险意识、塑造行业公众形象的关键之举，是增强保险企业核心竞争力、做大做强做优保险业的题中应有之义。① 河北省保险宣传工作应以从正面着眼，强调保险对河北省经济的积极带动作用，强调保险对于人民基本生活的重要意义。河北省保险公司应该树立正确的保险宣传导向，坚持正确的宣传方向，为消费者树立正确的保险消费理念，使消费者真正地了解保险。在宣传保险时，保险公司应合理地宣传，着眼于投保人的利益，不能夸大保险的作用。增强社会公众的保险观念。

1. 整合资源、系统推进，凝聚宣传合力

保险监管是一个大工程，要充分发挥其作用还需要提高河北省的整体保险素质，发挥保险宣传的导向作用。河北省各部门要加强合作、加强沟通，形成统一的行动指南。河北省政府要着重强调保险宣传工作的重要性，适当正确引导保险企业的宣传方向。要建立保险宣传的多方统一协调工作，可以采取宣传工作联席会议制度，对保险业宣传进行整体规划与设计，为河北省整体保险业宣传力度的加强提供政策导向、方向引导与制度建设。

2. 运用好行业协会或学会的牵头推动作用

作为保险行业的风向标，河北省保险行业协会需要充分发挥作用，

---

① 郑旺生，林志生. 新形势下强化保险宣传的对策思考［J］. 福建金融，2016（4）.

可以定期开展一些专题培训会，不定时邀请专家来进行保险合规宣讲，也可以邀请专业媒体人员进行舆论危机的及时处理培训。为了提高河北省保险业新闻工作人员对保险行业的整体把握准确性，政府可以组织更多的保险一线从业人员进行行业宣传工作，开展保险宣传活动。

3. 加强与新闻媒体的融合度

保险行业、保险主体都应该实现与新闻媒体的常态化沟通，保险行业可以定期派出代表组织媒体见面会，双方要加强相互沟通、相互了解的力度。保险行业需要借助新闻媒体提高河北省的保险影响力，新闻媒体也可以借助保险行业发展契机提高行业影响力，为河北省宣传保险业，提高创新意识贡献自己的一份力量。

（十）保险条款设计方面

保险产品的专业性较高。对普通消费者而言，消费的"门槛"不仅是保费，更是保险知识水平。仅以重疾险为例，不同产品的保费相差甚远，赔付额、赔付条件等也不尽相同，涵盖的疾病范围也有着诸多区别。一个普通消费者在投保前，如果要对自己购买的产品有比较充分的了解，不仅需要掌握不少保险知识，甚至需要"恶补"医学知识，但即使经过了一番刻苦钻研，面对厚得像书的保险合同，依然可能忽视某些关键的条款，掉进"坑"里。

所以，为了更好增强客户体验，可以在保险产品的条款创新方面做出努力。保险产品条款的严谨、复杂固然是这个行业专业性的体现，但如何降低消费者在购买前的考察和学习成本，也是行业需要创新的方面。

近年来，证券机构面对复杂的市场环境和依法全面从严的监管环境，证券机构如何推动各项经营工作稳步前行、业务全面发展成为重要议题。在此背景下，河北省证券业需要通过创新、提升创新力来应对市场变化，以此来实现证券业的稳步发展。目前，河北省证券业的金融创新力较弱，通过研究河北省证券业发展现状及证券业创新力现状帮助其找到目前存在的研发投入不足、产品差异化不显著等问题，并提出相关政策建议，有利于河北省证券业的持续性发展。

第一节　河北省证券行业概况

一、河北省上市、挂牌公司及直接融资情况

（一）上市、挂牌情况

2015 年以来，河北省上市公司数量逐年递增（见表 5 - 1）。截至 2018 年 3 月，河北省上市公司家数为 57 家，全国占比为 1.62%，居全国第 14 位。其中，沪市 23 家，深市 34 家；主板 37 家，中小板 10 家，创业板 10 家。截至 2018 年 3 月，河北省上市公司总市值为 8 440.8 亿元，全国占比为 1.51%，总市值较年初增长 1.60%，同比增长 3.85%（见表 5 -1）。

表 5-1　2015～2017 年河北省沪深交易所上市公司数量情况

年份	数量（家）	占全国的比例（%）
2015	53	1.87
2016	52	1.56
2017	56	1.58

资料来源：Wind 数据库。

截至 2018 年 3 月，河北省全国中小企业股份转让系统挂牌公司 253 家，占全国挂牌家数的 2.19%。新增挂牌公司 1 家，与上年同期相比，新增挂牌公司家数降幅明显。

（二）直接融资情况

截至 2018 年 3 月，河北省直接融资总额为 82.17 亿元。其中，养元饮品 IPO 融资 33.89 亿元；上市公司股权再融资 25.98 亿元，分别为博深工具增发筹资 3.25 亿元，新奥股份配股筹资 22.73 亿元；非上市公司债券融资 22.3 亿元。2018 年 1～3 月，"新三板"市场未发生融资行为。[①]

二、河北省证券经营机构情况

截至 2018 年 3 月，河北省共有证券公司 1 家（财达证券股份有限公司），分支机构共计 283 家，同比增长 11.42%；其中，分公司 29 家，证券营业部 254 家（见表 5-2），分别同比增长 38.10%、9.01%。截至 2018 年 3 月，河北省共有证券投资咨询公司 1 家（河北源达证券投资顾问股份有限公司）。

表 5-2　河北省证券经营机构分布情况

城市	分公司（家）	营业部（家）
石家庄	23	75
保定	4	29
唐山	1	46
廊坊	1	23

① 中国证券监督管理委员会河北监管局网站，http://www.csrc.gov.cn/pub/hebei。

137

城市	分公司（家）	营业部（家）
邯郸	0	21
沧州	0	19
秦皇岛	0	17
衡水	0	8
张家口	0	7
承德	0	6
邢台	0	3

资料来源：作者整理。

截至 2018 年 3 月，河北证券市场累计交易金额 4.28 万亿元，同比下降 43.24%；累计营业收入 27.06 亿元，同比下降 58.82%；累计净利润 8.61 亿元，同比下降 76.34%。期末托管市值 2 988.18 亿元，同比下降 2.59%；A 股证券账户数 906.99 万户，同比增长 24.90%。2014 年末至 2017 年末，河北地区沪深交易所当月交易金额、股票和基金类金融产品交易金融均发生了大幅下降，债券类金融产品交易金融有较大增长（见表 5-3、表 5-4）。

表 5-3　　　　　　河北地区沪深交易所当月交易金额　　　　单位：千万元

项目	2013 年 12 月	2014 年 12 月	2015 年 12 月	2016 年 12 月	2017 年 12 月
金额	18 365	73 517	65 530	50 045	46 052

资料来源：Wind 数据库。

表 5-4　　　　河北地区沪深交易所 12 月各类金融产品交易金额　　　单位：百亿元

金融产品	2013 年	2014 年	2015 年	2016 年	2017 年
股票	10.33	50.26	52.05	21.19	19.83
基金	0.69	6.40	1.18	0.86	1.60
债券	7.34	16.86	12.29	13.50	24.67

资料来源：Wind 数据库。

三、河北省期货经营机构情况

截至 2018 年 3 月，河北省共有期货公司 1 家（河北恒银期货经纪有限公司），分支机构共计 38 家，同比增长 11.76%；其中，分公司 1 家，期货营业部 37 家。累计代理交易额 10 682.53 亿元，同比下降 68.62%；累计营业收入 0.33 亿元，同比下降 39.75%；累计净利润 00.067 亿元，同比下降 932.10%。年末保证金 21.14 亿元，同比下降 29.19%；客户人数 5.02 万人，同比增长 7.45%。①

四、河北省私募基金情况

截至 2018 年 3 月，河北省已登记私募基金管理人 130 家，已备案私募基金 255 只，基金认缴规模 426 亿元。②

截至 2017 年 12 月底，河北地区已登记私募基金管理人 128 家，占全国私募基金管理人总数的 0.5704%，居于全国第 22 位，但较年初增加 16.36%。私募从业人员 2 195 人，注册资本 130.22 亿元，实缴资本 109.66 亿元。证券投资基金 25 家，股权投资基金 97 家，创业投资基金 2 家，其他投资基金 4 家（见表 5-5）。已备案私募基金 97 只，较年初增加 22.78%，同比增加 110.87%；认缴规模 98.96%，较年初增加 3.92%，同比增加 41.43%。其中，管理规模为 0 的 145 家，1 亿元以下的 26 家，1 亿~2 亿元的 12 家，2 亿~5 亿元的 10 家，5 亿~10 亿元的 3 家，10 亿元以上的 2 家。

表 5-5   2015~2017 年全国和河北省私募基金情况

项目	全国			河北省		
	2015 年	2016 年	2017 年	2015 年	2016 年	2017 年
数量（家）	24 672	17 432	22 440	231	110	128
私募从业人员（人）	428 554	292 675	320 274	4 515	2 255	2 195
注册资本（亿元）	14 381.33	9 809.94	12 344.57	97.38	58.96	130.22

①② 中国证券监督管理委员会河北监管局网站，http：//www.csrc.gov.cn/pub/hebei。

项目	全国			河北省		
	2015 年	2016 年	2017 年	2015 年	2016 年	2017 年
实缴资本（亿元）	9 101.74	6 856.5	8 686.78	59.39	40.77	109.66
证券投资基金（家）	10 738	7 776	8 295	67	29	25
股权投资基金（家）	11 729	7 509	13 055	148	71	97
创业投资基金（家）	1 464	1 203	762	9	5	2
其他投资基金（家）	736	447	325	7	3	4

资料来源：东方财富 choice 数据库。

五、股权交易所情况

石家庄股权交易所于 2010 年设立，目前，石家庄股权交易所挂牌 1076 家，排名第 17 位（见表 5－6），与全国发展较好的交易所比较仍有较大发展潜力。

表 5－6　　　　　　全国区域交易所挂牌家数情况

序号	交易所	挂牌数（家）	序号	交易所	挂牌数（家）
1	前海股权交易中心	11 061	8	广东金融高新区股权交易中心	1 986
2	上海股权托管交易中心	9 747	9	海峡股权交易中心	1 686
3	浙江股权交易中心	3 521	10	湖南股权交易所	1 604
4	北京股权交易中心	3 274	11	安徽省股权托管交易中心	1 360
5	广州股权交易中心	2 995	12	辽宁股权交易中心	1 291
6	武汉股权托管交易中心	2 776	13	天津股权交易所	1 285
7	甘肃股权交易中心	2 411	14	厦门两岸股权交易中心	1 224

序号	交易所	挂牌数（家）	序号	交易所	挂牌数（家）
15	齐鲁股权交易中心	1 169	27	陕西股权交易中心	461
16	海南股权交易中心	1 144	28	重庆股份转让中心	388
17	石家庄股权交易所	1 076	29	吉林股权交易所	371
18	中原股权交易中心	1 057	30	宁夏股权托管交易中心	357
19	广西北部湾股权交易所	1 037	31	哈尔滨股权交易中心	345
20	内蒙古股权交易中心	1 002	32	天津滨海柜台交易市场	323
21	南宁股权交易中心	961	33	青海股权交易中心	291
22	成都（川藏）股权交易中心	948	34	江苏股权交易中心	280
23	新疆股权交易中心	577	35	成都股权托管中心	191
24	宁波股权交易中心	569	36	大连股权交易中心	153
25	江西联合股权交易中心	491	37	苏州股权交易中心	3
26	青岛蓝海股权交易中心	476	38	西安股权托管交易中心	1

资料来源：Wind 数据库。

六、证券机构经营情况

财达证券是河北省唯一一家证券公司，财达证券公司设有 28 个总部部门，3 家分公司及 109 家证券营业部，拥有 1 家境内子公司，间接控股 1 家境内二级子公司，除传统证券公司均有设置的部门外，财达证券还设置有创新投资部。2017 年末，公司资产总额 263 亿元（母公司数据，下同）、净资产 88.38 亿元，净资本 77.69 亿元，位居行业中游，A 股资金账户数居行业第 28 位，托管客户交易结算资金余额居行业第 37 位。2017 年，母公司实现营业收入 14.04 亿元，利润总额 4.51 亿元，净利润 3.35 亿元，分别居行业第 56 位、第 59 位和第 64 位，其中，代理买卖证券业务净收入 6.22 亿元，居行业第 34 位。[①]

---

① 财达证券 2017 年度报告。

选取中信证券、国泰君安和光大证券作为主要比较对象，是由于 3 家证券公司在行业内处于领先地位，其中，中信证券和光大证券是国内首批创新试点证券公司，且 3 家证券公司在河北地区均设有分支机构（中信证券在河北地区的营业部数量为 5 家，国泰君安在河北地区的营业部数量为 10 家，光大证券在河北地区的营业部数量为 2 家），通过研究 3 家证券公司的整体情况与河北分地区的情况可以较好地得出结论。

2017 年，中信证券的股权业务承销规模人民币 2 210 亿元，市场份额 12.29%，排名行业第一；债券业务承销规模人民币 5 116 亿元，市场份额 4.29%，排名行业第一；境内并购重组（证监会通道类业务）交易规模人民币 1 398 亿元，市场份额 16.21%，排名行业第一。代理股票基金交易总量人民币 13.05 万亿元（不含场内货币基金交易量），市场份额 5.69%，排名行业第二。资产管理规模人民币 1.67 万亿元，市场份额 10.10%，主动管理规模人民币 5 890 亿元，均排名行业第一。融资融券余额人民币 710 亿元，市场份额 6.92%，排名行业第一。① 国泰君安营业收入、归属于上市公司股东的净利润分别排名行业第三位、第二位，总资产、净资产分别排名行业第三位、第二位，公司净资本排名行业第一位。②

中信证券、国泰君安合计的营业情况与河北地区的营业情况、财达证券的营业情况见表 5-7。

表 5-7　　　　　　2017 年中信证券、国泰君安财达证券营业情况一览

名称	营业收入（元）	营业成本（元）	营业利润率（%）	营业收入比上年增减（%）	营业成本比上年增减（%）	营业利润率比上年增减
中信证券合计	43 291 634 080.53	27 043 303 413.33	37.53	13.92	13.63	增加 0.16 个百分点
中信证券河北省	29 343 842.82	40 881 519.33	-39.32	-11.77	-3.63	减少 11.78 个百分点

① 中信证券 2017 年度财务报告。
② 国泰君安 2017 年度财务报告。

名称	营业收入（元）	营业成本（元）	营业利润率（%）	营业收入比上年增减（%）	营业成本比上年增减（%）	营业利润率比上年增减
国泰君安合计	23 804 132 903	10 344 945 276	56.54	−7.61	−11.55	增加 1.94个百分点
国泰君安河北省	131 334 747	75 683 179	42.37	−25.66	2.76	减少 15.94个百分点
财达证券	1 481 850 000	1 064 260 000	28.18	−19.33	11.46	减少 19.84个百分点

资料来源：中信证券、国泰君安、财达证券 2017 年度报告。

从表 5 - 7 中可以看出，中信证券、国泰君安均实现了营业收入、营业利润的增长，但是河北地区的营业收入、营业利润均下降，甚至出现了在营业收入减少的情况下营业成本增加的现象。由于财达证券 2017 年度共有证券营业部 109 家，其中 92 家分布在河北省境内，因此用财达证券的整体营业情况可以较好地代表河北当地的情况，财达证券的营业利润率较低，出现了营业收入减少的同时营业成本增加，因此，河北地区的证券经营状况不佳。

第二节　河北省证券行业创新力统计分析

本调研团队共发放《河北省金融机构创新力情况调查问卷——证券业》312 份，其中，有效问卷 302 份，有效率 96.80%。通过对 302 份有效调查问卷的统计分析发现，河北省证券行业创新情况较为一般，创新力较弱。

一、政策环境感知力

（一）证券机构认为目前的政策扶持程度一般

调查结果（见表 5 -8）显示，有 181 份问卷认为现有政策对金融机构创新的扶持程度一般，占比 59.93%；认为扶持程度高的占比 25.16%。数据显示大部分证券机构认为目前的政策并不能很好地扶持机构创新。

表5-8		证券机构对目前政府扶持程度的认知水平			
项目	非常低	低	一般	高	非常高
人数（人）	10	35	181	47	29
占比（%）	3.31	11.59	59.93	15.56	9.60

资料来源：调研数据整理。

（二）证券机构认为目前的监管部门对创新的容忍度较低

调查结果（见表5-9）显示，超过50%的问卷认为目前的监管部门对创新的容忍度较低，认为目前监管部门对创新的容忍度较高的调查问卷比例仅占16.88%。交叉分析（见表5-10）发现，50%在总部层级、超过30%在省级任职的问卷对象选择了"低"这一选项，说明河北省的证券机构认为这一问题较为突出，目前的监管环境偏严，限制了证券机构的创新。

表5-9		证券机构对监管部门对创新容忍度的认知水平			
项目	非常低	低	一般	高	非常高
人数（人）	38	124	89	47	4
占比（%）	12.58	41.06	29.47	15.56	1.32

资料来源：调研数据整理。

表5-10		不同级别证券机构认为监管创新容忍程度低的分布情况			
总部		省级		市（区）级	
人数（人）	占总部比例（%）	人数（人）	占省级比例（%）	人数（人）	占市（区）级比例（%）
2	50	18	36	104	41.94

资料来源：调研数据整理。

综合以上两个方面可以发现，目前河北省证券机构对现有政策及监管手段的认同度较低，对创新环境的感知力较弱。

二、机构管理创新力

（一）证券机构将创新融入公司战略的情况较好

调查结果（见表5-11）显示，仅有16.22%的调查问卷认为公司将创新融入公司战略的情况较差，超过 80% 的调查问卷选择了一般及以上，同时有 33% 的调查问卷认为公司较好将创新融入公司战略。这说明目前证券机构的决策层对创新较为重视，同时通过书面、口头等方式较好地将创新战略传递到员工当中，让员工可以切身感受到证券机构对于创新战略的重视。

表 5-11 　　　　　　　　证券机构对创新融入公司战略的认知水平

项目	完全没有	低	一般	高	完全融入
人数（人）	0	49	153	68	32
占比（%）	0	16.22	50.66	22.52	10.60

资料来源：调研数据整理。

（二）证券机构将创新融入公司文化的程度较低

调查结果（见表 5-12）显示，超过 50% 的调查问卷认为证券机构没有很好地将创新融入公司文化，仅有 17.55% 的调查问卷认为将创新很好地融入公司文化。交差分析（见表 5-13）发现，62.01% 的市区层级的问卷对象认为公司没有很好地将创新融入公司文化，和前一题进行比较可以发现，虽然目前管理层将创新融入公司战略，但是具体实践中却不能让员工感受到创新的氛围，不能让员工参与到证券机构的创新中，因此大部分证券机构认为创新融入的程度较低，说明目前河北省证券机构没有很好将公司战略与公司文化相融合。

表 5-12 　　　　　　　　证券机构对于创新融入公司文化的认知水平

项目	完全没有	低	一般	高	完全融入
人数（人）	21	135	93	39	14
占比（%）	6.95	44.70	30.79	12.91	4.64

资料来源：调研数据整理。

表 5-13 　　不同级别证券机构认为创新融入公司文化程度低或没有的分布情况

总部		省级		市（区）级	
人数（人）	占总部比例（%）	人数（人）	占省级比例（%）	人数（人）	占市（区）级比例（%）
0	0	2	4.00	154	62.01

资料来源：调研数据整理。

（三）证券机构没有较完善的制度保障创新

调查结果（见表 5 – 14）显示，仅有 6.29% 的问卷认为证券机构保障创新的制度较完善或非常完善，占比极小，大部分证券机构认为内部没有较为完善的创新制度，这也从侧面说明河北省证券机构内部人员没有完善的制度保障创新，不能使员工真正参与到创新活动中，创新氛围弱。

表 5 – 14　　　　　　　　证券机构对于制度保障创新的认知水平

项目	非常完善	较完善	一般	不完善	完全没有
人数（人）	2	17	172	73	38
占比（%）	0.66	5.63	56.95	24.17	12.58

资料来源：调研数据整理。

（四）证券机构的创新氛围一般

调查结果（见表 5 – 15）显示，63.58% 的问卷认为目前证券机构的创新氛围一般，22.52% 的问卷认为创新氛围较浓厚或非常浓厚。

表 5 – 15　　　　　　　　证券机构对创新氛围的认知水平

项目	完全没有	不浓厚	一般	较浓厚	非常浓厚
人数（人）	4	38	192	59	9
占比（%）	1.32	12.58	63.58	19.54	2.98

资料来源：调研数据整理。

（五）证券机构创新流程完善性一般

调查结果（见表 5 – 16）显示，55.63% 的问卷认为证券机构创新流程完善性一般，31.79% 的问卷认为证券机构创新流程较完善或非常完善，仅有 12.58% 的问卷认为证券机构的创新流程不完善或完全没有创新流程设计。说明目前河北省证券机构的创新流程设计不仅完善，大部分证券从业者认为可以设计更加合理有效的创新流程。

表 5 – 16 　　　　　　　证券机构对创新流程完善性的认识水平

项目	完全没有	不完善	一般	较完善	非常完善
人数（人）	9	29	168	71	25
占比（%）	2.98	9.60	55.63	23.51	8.28

资料来源：调研数据整理。

综合以上五个方面结果，目前河北省辖内的证券机构的管理层可以较好地将创新融入公司战略，但创新文化下放、创新机制设计等方面仍存在问题，不能让员工很好地参与创新，机构创新氛围不浓厚，对于市区级别的机构，机构创新管理力较弱。

三、科技应用创新力

（一）证券机构在金融科技方面的投入较低

调查结果（见表 5 – 17）显示，61.92% 的问卷认为自己所在证券机构的金融科技投入低或完全没有，而认为投入高、非常高的问卷仅有 20 份，占比仅为 6.62%。交叉分析（见表 5 – 18）发现，仅有 25% 的省级及以上的证券机构认为自己所在机构的金融科技方面投入较高。一般而言，证券机构的科技应用投入主要靠总部划拨资金，由于河北省总部级证券机构较少，说明目前河北省证券机构的发展并没有受到总部级机构的重视，不能对河北省内的分支机构提供较多的金融科技投入。

表 5 – 17 　　　　　　　证券机构对于金融科技投入的认知水平

项目	完全没有	低	一般	高	非常高
人数（人）	12	175	95	13	7
占比（%）	3.97	57.95	31.46	4.30	2.32

资料来源：调研数据整理。

表 5 – 18 　　　　　不同级别证券机构认为金融科技投入水平较高的分布情况

总部		省级		市（区）级	
人数（人）	占总部比例（%）	人数（人）	占省级比例（%）	人数（人）	占市（区）级比例（%）
1	25.00	10	25.00	9	3.63

资料来源：调研数据整理。

（二）证券机构采用新的金融技术较少

调查结果（见表5-19）显示，64.57%的问卷认为自己所在证券机构采用新的金融技术较少或完全未采用，而认为积极采用、较多采用新技术的问卷有55份，占比为18.21%。交叉分析（见表5-20）发现，仅有35.19%的省级及以上的问卷认为自己所在机构较多采用了新的金融技术。一般而言，新的金融技术应用是从上至下的应用，现阶段，大型证券类金融机构较为重视金融科技的应用，但目前河北省内少数省级以上证券机构认为已经采用了新的金融技术，因此综合来看，新技术的下放和应用存在较大问题，基层单位组织不能及时获取新技术并针对技术变革做出相应的营销创新。

表5-19　　　　　　　　　证券机构对金融技术采用的认知水平

占比	完全未采用	较少采用	一般	较多采用	积极采用
人数（人）	2	193	52	38	17
占比（%）	0.66	63.91	17.22	12.58	5.63

资料来源：调研数据整理。

表5-20　　　　不同级别证券机构认为采用新技术程度较高的分布情况

总部及省级		市（区）级	
人数（人）	占总部、省级比例（%）	人数（人）	占市（区）级比例（%）
19	35.19	36	14.52

（三）证券机构对技术在金融领域的应用关注度较低

调查结果（见表5-21）显示，55.6%的问卷认为自己所在证券机构对于技术在金融领域的应用关注少或完全不关注，而认为关注较多、积极关注的问卷有59份，占比为19.54%。交叉分析（见表5-22）发现，仅有37.04%的省级及以上的问卷认为自己所在机构对新的金融技术较为关注。由于科技投入、新技术应用的限制使省市级以下层级的证券机构认为积极关注技术在金融领域的应用毫无必要，因此更多证券机构将工作重心放在如何利用现有产品、营销方式获取更多客户和扩大业绩。大部分证券机构在调研中表示，新技术的学习主要通过省部级及以上级别的机构硬性要求学习，对于新的系统、新的硬件设备学习等有一定抵触情绪，不能很好地接受新技术培训。

表5-21　　　　　证券机构对技术在金融领域应用关注的程度

项目	完全不关注	关注少	一般	关注较多	积极关注
人数（人）	22	146	75	36	23
占比（%）	7.29	48.34	24.83	11.92	7.62

资料来源：调研数据整理。

表5-22　　不同级别证券机构认为技术在金融领域应用关注程度较高的分布情况

总部及省级		市（区）级	
人数（人）	占总部、省级比例（%）	人数（人）	占市（区）级比例（%）
20	37.04	39	15.73

资料来源：调研数据整理。

综合以上三个方面可以发现，由于证券机构级别的限制使目前河北省证券机构的科技应用创新力较差，一些证券机构不注重金融科技的应用与投入，不能顺应时代发展的需要。

四、人力资源创新力

（一）证券机构较少引进创新人才

调查结果（见表5-23）显示，49.01%的问卷认为自己所在证券机构较少或从不引进创新人才，而认为较多引进创新人才的问卷仅有29份，占比为9.60%，没有问卷选择"积极引进"这一选项。交叉分析（见表5-24）发现，仅有25.93%的省级及以上的问卷认为自己所在机构较多引进创新型人才。调研显示，大部分证券机构对于从事经纪业务的人员需求较大，由于经纪业务是河北省主要证券机构的主营业务，通过大量招聘经纪业务人员可以较好满足证券机构扩大经营业绩的需要，同时在招聘考核时更多看重应聘人员的经验和资源，并不过多考核应聘人员的创新意识和能力。但是由于营业部所属级别较低，不需要太多的创新人才进行产品创新，因而较多的证券机构并不在意创新人才的引进。

表 5 - 23　　　　　　　　证券机构引进创新人才的程度

项目	从不引进	较少	一般	较多	积极引进
人数（人）	10	138	115	29	0
占比（%）	3.31	45.70	38.08	9.60	0.00

资料来源：调研数据整理。

表 5 - 24　　　不同级别证券机构认为引进创新人才较多的分布情况

总部及省级		市（区）级	
人数（人）	占总部、省级比例（%）	人数（人）	占市（区）级比例（%）
14	25.93	15	6.05

资料来源：调研数据整理。

（二）证券机构专门的创新研发人才较少

调查结果（见表 5 - 25）显示，选择"同意"及"非常同意"的证券行业从业者仅有 44 人，占比 14.57%。交叉分析（见表 5 - 26）发现，有超过 80% 的省级及以上的证券机构认为自己所在机构有专门的创新研发人员，而市区级的机构则普遍认为公司并没有专门的创新研发人才。一般而言，证券机构的创新研发人才多集中在总部级机构，分支机构的创新研发人才较少，加之鲜有证券机构会要求分支机构上报创新创意，因此大部分证券机构并没有形成创新赶超意识，认为自己所属机构并不需求研发人才。

表 5 - 25　　对"证券机构具有专门创新研发人才"的认同度分布情况

项目	非常不同意	不同意	一般	同意	非常同意
人数（人）	47	83	128	37	7
占比（%）	15.56	27.48	42.38	12.25	2.32

资料来源：调研数据整理。

表 5 - 26　　不同级别证券机构认同专门创新人才较多选项的分布情况

总部及省级		市（区）级	
人数（人）	占总部、省级比例（%）	人数（人）	占市（区）级比例（%）
44	81.48	0	0

资料来源：调研数据整理。

综合以上两个方面的结果可以发现，省级及以上的证券机构的人力资源创新力较强，而市区级的证券机构的人力资源创新力较弱。

五、风险管理创新力

（一）证券机构较好了解创新中的风险点

调查结果（见表5-27）显示，有65.56%的问卷认为自己所在的证券机构可以较多、完全了解创新中的风险点，仅有23份问卷认为自己所在证券机构对于创新中的风险点了解少，没有证券机构认为自己完全不了解创新中的风险点。由于监管层面的严格，大部分证券机构都重点关注合规经营和严控风险，因此会定期进行培训学习强化员工的风险意识，较好地帮助证券机构从业者正确清醒地认识风险。

表5-27　　　　　　　　证券机构对于创新风险的了解程度

项目	完全不了解	了解少	一般	了解较多	完全了解
人数（人）	0	23	81	152	46
占比（%）	0	7.62	26.82	50.33	15.23

资料来源：调研数据整理。

（二）证券机构较好掌握了控制创新风险的技术

调查结果（见表5-28）显示，有66.23%的问卷认为自己所在的证券机构较多、完全掌控创新风险的技术，仅有19份问卷认为自己所在证券机构较少掌控创新风险的技术，没有证券机构认为自己完全不了解创新风险技术。

表5-28　　　　　　　　证券机构对于风控技术的掌握程度

项目	完全不了解	较少	一般	较多	完全掌控
人数（人）	0	19	83	163	37
占比（%）	0	6.29	27.49	53.98	12.25

资料来源：调研数据整理。

综合以上两个方面结果可以发现，目前河北省证券机构认为自己的风险管理能力较强，风险管理力较好。

六、产品服务创新力

（一）证券机构较多了解客户新需求

调查结果（见表5-29）显示，有66.23%的问卷认为自己所在的证券机构较多、完全了解客户的新需求，仅有26份问卷认为自己所在证券机构对于客户的新需求了解较少，没有证券机构认为自己完全不了解客户新需求。

表 5-29　　　　　　　证券机构对于客户新需求的了解程度

项目	完全不了解	了解少	一般	了解较多	完全了解
人数（人）	0	26	76	148	52
占比（%）	0	8.61	25.17	49.01	17.22

资料来源：调研数据整理。

（二）证券机构较少有个性化、定制化产品

调查结果（见表5-30）显示，有54.64%的问卷认为自己所在的证券机构的个性化、定制化产品较少；有3.97%的问卷认为自己所在的证券机构完全没有个性化、定制化产品；而认为自己所在证券机构有较多、非常多个性化、定制化产品的调查问卷仅有33份，占比10.93%。交叉分析（见表5-31）发现，超过60%的省级及以上的证券机构认为自己所在证券机构有较多的个性化、定制化产品，而营业部等低级别证券机构普遍认为个性化、定制化产品较少。

表 5-30　　　　　　　证券机构个性化、定制化产品的数量

项目	完全没有	较少	一般	较多	非常多
人数（人）	12	165	92	27	6
占比（%）	3.97	54.64	30.46	8.94	1.99

资料来源：调研数据整理。

表 5-31　　不同级别证券机构选择个性化、定制化产品多及非常多选项的分布情况

总部及省级		市（区）级	
人数（人）	占总部、省级比例（%）	人数（人）	占市（区）级比例（%）
33	61.11	0	0

资料来源：调研数据整理。

（三）证券机构较少有针对新产品的创新性营销策略（渠道）

调查结果（见表 5 – 32）显示，有 53.64% 的问卷认为自己所在的证券机构较少有针对新产品的创新性营销策略（渠道），有 4.97% 的问卷认为自己所在的证券机构完全没有针对新产品的创新性营销策略（渠道），而认为自己所在证券机构有较多、非常多针对新产品的创新性营销策略（渠道）的调查问卷仅有 38 份，占比为 12.59%。交叉分析（见表 5 – 33）发现，超过 70% 的省级及以上的证券机构认为自己所在证券机构有较多的针对新产品的创新性营销策略（渠道），而营业部等低级别证券机构普遍认为针对新产品的创新性营销策略（渠道）较少。

表 5 – 32　　　　　　　　证券机构创新性营销策略情况

项目	完全没有	较少	一般	较多	非常多
人数（人）	15	162	87	32	6
占比（%）	4.97	53.64	28.81	10.60	1.99

资料来源：调研数据整理。

表 5 – 33　　不同级别证券机构选择创新性营销策略多及非常多选项的分布情况

总部及省级		市（区）级	
人数（人）	占总部、省级比例（%）	人数（人）	占市（区）级比例（%）
38	70.37	0	0

资料来源：调研数据整理。

第三节　河北省证券业金融创新力发展中存在的问题

一、政策环境不宽松

自 2007 年以来，中国证监会的分类监管推动了中国证券公司风险管理水平的提升。近年来，在依法全面从严的监管理念指引下，监管机构出台了多项规范业务操作的政策，如《证券公司分类监管规定（2017 修订）》《证券公司合规管理实施指引》等，增强了投资者对中国资本市场的信心，稳定了市场预期，优化了行业格局，从长远来看也有利于促进稳健有序的业务创新，随着监管的规范化，证券公司的治理水平必将提高，证券公司的风险合规管理水平也会不断提升，并将成为中国领先证券公司的重要竞争力。

监管规范化可以保证证券机构创新的规范化。近年来，国务院、证监会等发布多项制度、管理办法鼓励创新、引导创新，帮助完善资本市场结构、推动资本市场改革和稳定发展。2018年证监会出台了《存托凭证发行与交易管理办法（试行）》，修改并发布《首次公开发行股票并上市管理办法》《首次公开发行股票并在创业板上市管理办法》《试点创新企业境内发行股票或存托凭证并上市监管工作实施办法》《中国证监会科技创新咨询委员会工作规则（试行）》《公开发行证券的公司信息披露编报规则第23号——试点红筹企业公开发行存托凭证招股说明书内容与格式指引》《试点红筹企业公开发行存托凭证并上市申请文件》《保荐创新企业境内发行股票或存托凭证尽职调查工作实施规定》《公开发行证券的公司信息披露编报规则第22号——创新试点红筹企业财务报告信息特别规定（试行）》等，这一系列制度的发布实施，有助于完善资本市场结构，健全资本市场机制，发挥资本市场投融资功能，进一步推动资本市场改革开放和稳定发展，这可以说明国家层面在谋求监管严格和鼓励创新的平衡点。

但是目前，河北省的政策环境还偏严格，对于创新的宽容度不够。河北在《河北省地方金融监督管理条例》的基础上制定了规范的监管文件，包括《河北省地方金融行政处罚流程图》《河北省地方金融监管行政处罚听证工作流程图》《河北省地方金融监督管理局行政处罚文书样式》《河北省地方金融行政执法检查流程图》《河北省地方金融监督管理局行政执法检查文书样式》等，还陆续出台了相关鼓励创新的政策，如《河北省人民政府关于积极有效利用外资推动经济高质量发展的实施意见》《河北省人民政府关于加快推进现代服务业创新发展的实施意见》《河北省人民政府办公厅关于创新农村基础设施投融资体制机制的实施意见》《河北省资产证券化奖励资金管理办法》等，要求证券业进行创新，并在制度上给予一定支持。同时，河北省发布了《河北省创新调查制度实施细则（试行）》，对河北省创新能力进行全面的检测与评价，这充分说明河北省在政策层面对创新的重视度。但河北省并没有出台专门针对证券业创新发展的相关政策，且在鼓励创新的制度中仅从金融宏观层面进行了指导，对比广东省、浙江省相对具体的政策，河北省没有具体针对证券行业的相关办法，因此，相关政策的落实并不到位，大部分证券机构认为目前的监管是严格的，但局限了证券机构的创新空间，证券机构感知的创新环境不宽松。

二、机构内部创新氛围不浓厚

虽然大部分证券机构都将创新融入公司发展战略，认为创新可以帮助证券机构创造业绩，保持行业领先，如国泰君安将创新超越纳入公司价值观、光大证券坚持"综合化经营、国际化战略、创新引领、合规稳健"的经营管理理念等，但许多证券机构的创新主要集中在总部级机构，对于省级、市级等下属机构并没有授予太多的创新权限，且没有设计完善的创新流程，创新氛围在省市级机构并没有较好形成。从公司制度上看，大部分企业主要侧重在合规管理和风险控制，并且有规范的章程、管理规定，但对于创新设计却没有制式规定，许多证券机构并没有具体的创新设计流程。

河北省仅有 1 家总部级证券机构，并且省内大部分证券机构没有产品创新的权限。近年来，大部分证券机构都结合人工智能、大数据、云计算等技术设计的互联网金融平台、针对"一带一路"倡议设计的相关产品，这些创新大多是由总部级机构提出并最终形成成果，即使有省级机构能够参与创新，更多是因为当地政策导向，如光大证券在云南、浙江、江苏、陕西等地央企合作的 PPP 模式，因此在机构内部制度不完善的情况下，即使员工有创新意识，创意的形成和落实需要更高层级部门审批，成果转化需要时间较长。

但大部分证券机构可以感受到总部级机构对于创新的重视度。大部分证券机构面对变化的市场动向、变化的客户需求都提出了针对性、创新性的产品与服务，业务模式的转变、产品体系的健全和服务质量的要求使证券机构从业者清晰认识到机构创新的必要性，使员工可以深入了解创新战略的全面性，也进一步激发了员工的创新意识。但由于创新权限的限制，河北省大部分证券机构的创新主要集中在营销层面的创新，通过创新促销策略、改善服务水平等方式进行创新。但是这种创新是极易被模仿的，在没有相关制度的奖励下，员工创新对的积极性会受到一定影响，因此河北省证券业整体的创新氛围较为一般。

三、科技应用能力较差

目前，大型证券机构积极布局金融科技，将金融科技纳入核心竞争力，如国泰君安布局智能投顾、山西证券与京东的合作、银河证券与阿里云的合作等。但大部分合作是总部级层面的合作，地方证券机构金融科技渗透率较低。

河北省大部分证券机构对金融科技投入的预算较少。从全国范围来看，一线证券公司对金融科技的投入相对较多，国泰君安 2017 年度报告显示，2017 年国泰君安 IT 相关费用同比上浮近三成，达到 2.3 亿元，且集团高度重视对信息科技的战略性投入，着力打造智能化 APP，发布君弘灵犀品牌，构建数字化机构服务体系，2017 年期末手机终端用户突破 2 200 万户，较上年末增加 83.33%；华泰证券 2017 年度报告显示，华泰证券 2017 年研发投入合计达 4.13 亿元，其 2017 年 6 月获批的 260 亿定增方案披露，将有不超 10 亿资金继续用于加大信息系统的资金投入，逐步建立并完善面向业务条线的专业化信息技术服务管理体系，进一步提高信息系统建设与安全管理水平，但这些投入相比科技公司亿万级别的投入就显得略少，并且这部分预算大多用来购买硬件，对于软件的开发投入更少。因此，当预算下放到省市级机构时，河北省大部分证券机构并没有科技投入的预算。就财达证券而言，其关注重点仍是合规经营，对于金融科技的投入较少。

河北省大部分证券机构金融科技技术应用层次浅。目前，证券公司出于合规经营及安全性的考虑，在进行金融科技技术应用上有较多顾虑，与互联网公司的业务合作深度不够。发展金融科技需要大量的前期资金投入，流量变现是一个挑战，在应用科技技术时，业务在开展过程中各分项业务部门间如何协同、合规风险如何控制、监管政策如何应对等也是一大挑战，因此在现阶段，金融科技应用的层次较浅。

同时，由于河北省部分证券机构从业者不能正确认识金融科技的重要作用，对于要求进行了解、学习和必要的培训考试产生了抵触心理，对河北省证券机构顺利推进科技技术应用产生了一定阻碍。

四、人员管理问题

（一）研发人才较少

目前，河北省证券机构研发人才较少。通过比较财达证券与中信证券、国泰君安、光大证券的职工学历构成情况（见表 5 - 34 至表 5 - 37）可以看出，财达证券的硕士及以上学历人员仅占 16.18%，其中博士学历仅 9 人，而中信证券相应学历员工占比超过了 30%，国泰君安、光大证券的相应比例也达到了 23.54%。但从时间维度上看，可以发现，财达证券正在逐渐调整人员学历结构，减少大专及以下的人员构成，增加本科、硕士及以上学历的员工数量，因此，虽然财达证券目前员工学历构成情况不及大型券商，但向着更合理的学历结构调整。

表 5 - 34　　　　　　　　　　财达证券公司职工构成情况

项　目		2017 年		2016 年	
		人数（人）	占比（%）	人数（人）	占比（%）
专业结构	经纪业务人员	1 166	60.45	1 109	51.77
	研究人员	36	1.87	31	1.45
	资产管理人员	50	2.59	44	2.05
	证券投资人员	15	0.78	15	0.70
	信息技术人员	222	11.51	218	10.18
	投行人员	106	5.50	83	3.87
	固定收益人员	11	0.57	22	1.03
	信用交易人员	18	0.93	18	0.84
	财务人员	103	5.34	98	4.58
	行政人员	168	8.70	179	8.36
	其他人员	34	1.76	325	15.17

项　　目		2017 年		2016 年	
		人数（人）	占比（％）	人数（人）	占比（％）
学历	博士生	9	0.47	9	0.42
	硕士	303	15.71	243	11.34
	本科	1 261	65.37	1 192	55.65
	大专及以下	356	18.45	698	32.59
年龄	30 岁及以下	389	20.17	737	34.41
	31～40 岁	666	34.53	803	37.49
	41～50 岁	686	35.56	454	21.20
	51 岁以上	188	9.74	148	6.91

资料来源：财达证券 2016 年、2017 年度报告。

表 5－35　　　　　　　　　　　中信证券公司职工构成情况

项　　目		2017 年		2016 年	
		人数（人）	占比（％）	人数（人）	占比（％）
专业结构	经纪业务人员	9 743	60.29	10 886	64.17
	投行人员	1 091	6.75	985	5.81
	资产管理人员	1 031	6.38	962	5.67
	证券投资人员	183	1.13	226	1.33
	股票/债券销售交易人员	594	3.68	301	1.77
	直接投资	162	1.00	162	0.95
	研究人员	419	2.59	480	2.83
	清算人员	313	1.94	323	1.90
	风险控制人员	131	0.81	141	0.83
	法律监察/合规/稽核人员	265	1.64	258	1.52
	信息技术人员	945	5.85	928	5.47
	计划财务人员	549	3.40	546	3.22
	行政人员	343	2.12	422	2.49
	其他人员	402	2.49	344	2.03

项　　目		2017 年		2016 年	
		人数（人）	占比（%）	人数（人）	占比（%）
学历	博士生	210	1.30	222	1.31
	硕士	4 766	29.49	4 484	26.43
	本科	9 153	56.64	9 688	57.11
	大专及以下	2 034	12.59	2 570	15.15

资料来源：中信证券 2016 年、2017 年度报告。

表 5 - 36　　　　　　　　　　　国泰君安公司职工构成情况

项　　目		2017 年		2016 年	
		人数（人）	占比（%）	人数（人）	占比（%）
专业构成	业务人员	10 344	69.53	10 057	69.01
	业务支持人员	4 026	27.06	4 040	27.72
	管理人员	507	3.39	476	3.27
学历	博士生	139	0.93	122	0.84
	硕士	3 363	22.61	2 791	19.15
	本科	8 020	53.91	7 971	54.70
	大专及以下	3 355	22.55	3 689	25.31
年龄	30 岁及以下	5 436	36.54	5 159	45.98
	31～40 岁	5 608	37.70	3 504	31.23
	41～50 岁	3 032	20.38	2 072	18.47
	51 岁及以上	801	5.38	486	4.33

资料来源：国泰君安 2016 年、2017 年度报告及社会责任报告。

表 5 - 37　　　　　　　　　光大证券公司职工构成情况

项　目		2017 年		2016 年	
		人数（人）	占比（%）	人数（人）	占比（%）
专业结构	经纪业务人员	6 405	70.47	5 797	73.08
	投行人员	622	6.84	295	3.72
	研究部门	179	1.97	145	1.83
	资产管理人员	170	1.87	133	1.68
	证券投资人员	118	1.30	142	1.79
	信息技术人员	224	2.46	146	1.84
	财务人员	163	1.79	125	1.58
	合规/风控/稽核人员	143	1.57	76	0.96
	其他业务及行政	1 065	11.72	1 073	13.52
学历	博士生	82	0.90	72	0.91
	硕士	2 058	22.64	1 637	20.64
	本科	4 706	51.78	4 173	52.61
	其他	2 243	24.68	2 050	25.84
年龄	30 岁及以下	—	—	3 014	38.00
	31～40 岁	—	—	3 014	38.00
	41 岁及以上	—	—	1 904	24.00

资料来源：光大证券 2016 年、2017 年度报告、2016 年度社会责任报告。

从公司专业机构上来看，证券公司均以经纪业务人员为主，比例超过 60%。但财达证券的研究人员仅 36 人，占比 1.87%，中信证券的研究人员相对较多，占比 2.59%，同时，中信证券将人员专业构成划分更为细致，说明中信证券对职责划分更为清晰。从信息技术人员所占比例上看，2017 年，财达证券的信息技术人员有 222 人，占比 11.51%；中信证券的信息技术人员 945 人，占比 5.85%；光大证券的信息技术人员 224 人，占比 2.46%。根据数据显示，证券机构很少有超过 3% 以上的信息技术人员占比，因此可以说明财达证券重视信息技术人员的培养，也可以看出河北省证券机构对信息技术人才的重视程度。从时间维度上看，各大证券公司都在增加研究人员和信息技术人员的数量，但是财达证券近两年研究人员和信息技术人员的引进数量相对较少,应继续增加专业人才数量。

(二)人才吸引、留用制度有待完善

有统计显示,证券公司除常年需要经纪业务人员之外,信息技术人员的需求也较大,但信息技术人员的求职意愿倾向于高薪酬、更大发展空间的互联网企业,且信息技术人员的流失率也较高。优秀的研发人才是证券公司持续性发展的必要条件,但是证券公司吸引人才的动力较弱,对于研发型人才、科技型人才的重视程度还有待加强,激励政策需要强化,对比 2016 年和 2017 年员工的受教育程度情况可以发现,各大证券公司都注重提升员工整体学历水平,但仍存在高学历员工流失的现象。从年龄构成上看,国泰君安更偏年轻化,以 40 岁以下年龄层员工为主;而财达证券的员工更偏中青年化,以 30~50 岁年龄层员工为主,说明其他证券公司在人才招聘上看重年轻人的创新意识和活力,而财达证券更偏稳重和经验,这在某种程度上也限制了财达证券的创新发展。

作为河北省唯一一家总部级的证券公司,财达证券员工学历构成、专业结构情况可以说明河北省证券机构人员管理创新的现状。分析发现,目前河北省证券机构无法设置完善的聘用、留用制度,无法吸引、留住人才,但是河北省证券机构重视对信息技术人才的任用,积极进行人员结构调整,为后续河北省证券业的发展提供了重要保证。

五、风险管理

证券机构较为完善的风险管理体系,可以较好应对创新产生的风险,并运用一定技术或方式对风险进行分散和转移。目前,大部分证券机构都建立了三级、四级甚至更多层级的风险管理体系,主要包括董事会、经营管理层、风险管理部门、其他部门及分支机构等,通过明晰各层级风险管理中的责任,使证券机构可以从容应对各种风险。一般来说,董事会是公司风险管理的最高决策机构,对公司全面风险管理负有最终责任;公司经营管理层对公司全面风险管理承担主要责任;风险管理部门是专职履行风险管理职责的部门；计划财务部、信息技术部等是履行其他风险管理职责的部门；分支机构的主要负责人是各单位风险控制工作的第一责任人。由于分支机构一线风险责任的重要性，大部分证券机构会针对一线分支机构的作用制定相关制度。为增进一线风险责任意识，加强前端风险控制，及时、有效地发现和防范风险，证券机构通过强化各业务部门及分支机构的风险控防功能，加强业务一线风险控防工作，以此来增强一线部门风险管理的机制和意识，并能够就重大经营事项的风险问题主动、及时与专职风险管理部门沟通，便于证券机构整体采取更积极有效的应对措施，提升公司的整体风险管理水平，适应业务发展对风险管理的要求。由于河北省地区仅有 1 家证券公司总部，因此河北省大部分证券机构没有进行产品创新的权限，但可以通过现场指导、文件辅导和培训等方式较好地认识创新中的风险点并获取相关技术支持。

六、产品服务创新问题

目前，证券机构的产品主要集中在股票、债券、证券投资基金等，以经纪业务、投行业务、资产管理、期货经纪为主，产品同质化较为明显。2017 年证券行业进行结构化调整，大部分证券机构的业务均出现下滑，以财达证券 2017 年度的业务板块经营情况（见表 5 - 38）可以证明。但不可否认的是，部分证券机构在结构化调整的环境下仍实现了盈利，其盈利的主要原因在于产品、服务的创新。以财达证券下辖的期货公司为例，其 2017 年度经营情况良好，主要原因在于它在充分了解客户需求的基础上发行了 6 只资产管理计划，期货产品发展势头较好。因此，证券机构需要重视产品创新。

河北省证券行业存在的另一个主要问题是缺少差异化服务和营销策略创新。结合表 5 - 7 和表 5 - 38 可以看出，河北省地区的营业情况不佳，但有部分证券机构仍获取盈利，说明在同样产品的情况下，河北省地区由于证券机构从业人员在客户服务上存在一定问题，不能根据客户需求进行定制化服务，且创新性地营销策略（渠道）较少，导致河北省证券公司的业务行业整体经营情况较差。

表 5 – 38 　　　　　　财达证券 2017 年度业务板块经营情况 　　　　　　单位：万元

业务类别	营业收入（万元）		增减 （％）	营业利润（万元）		增减 （％）
	2016 年	2017 年		2016 年	2017 年	
证券经纪	107 192	78 626	－ 26.65	56 118	35 731	－ 36.33
证券自营	19 698	8 218	－ 58.28	15 329	6 363	－ 58.49
信用交易	55 577	51 460	－ 7.41	53 000	42 920	－ 35.21
资产管理	2 604	1 394	－ 46.47	338	－ 740	－ 318.93
投资银行	8 135	7 014	－ 13.78	5 220	1 285	－ 75.38
期货经纪	4 178	15 069	260.67	2 185	4 173	90.98

资料来源：财达证券 2017 年度报告。

　　证券机构投资者参与比例上升，要求证券公司可以提供专业研究及综合服务；而零售投资者的财富不断累积，因此零售投资者需要相关产品进行资产多元化配置。客户需求的变化促使证券机构进行产品创新以扩大客户数量，但是由于河北省证券机构的级别限制，因此大部分证券机构都没有权限根据河北省客户的需求制定个性化产品、业务，与之相对应的服务创新性营销策略也较少，导致河北省证券公司的整体经营情况不佳。

　　同时，证券机构的组织结构还有待调整，在机构层面没有设立专门负责整个公司营销策略和管理的部门，分支机构通过设置市场部、理财经理等负责客户的开拓和维护，不利于证券机构的资源整合和整合营销的实现。

第四节　改进措施

一、监管机构实现创新与监管的良性互动

　　对证券机构是必要的，但证券行业的创新需要监管机构为其营造一个较为宽松的环境，因此，打造创新与监管的良性互动，找到两者的平

衡尤为必要。

建议河北省制定并出台证券业相关的法律法规，规范、监管证券业活动，从市场进入、业务规范、市场退出条件等方面支持证券机构的规范发展，重点加强对区域内重大风险的防范，同时对证券机构的合规性创新给予财政补贴等奖励政策，如设立专项政府证券创新奖励资金，对证券机构的创新活动进行奖励，发挥政府的引导和推动作用。

此外，充分利用京津冀协同发展的历史机遇，河北省应积极引进北京、天津两地的证券、基金公司等金融机构，加强业务往来，广泛参与京津冀协同项目，提高河北省证券业的发展水平。在河北重点城市，如石家庄、保定、廊坊等打造勇于创新、高效运营、环境优越的"金融街"或开发区，出台各种优惠政策鼓励京津地区证券机构总部向河北地区转移或设立资产管理中心、客户服务中心、电子商务中心、中小企业金融服务中心等功能性总部，促进证券机构总部和功能性证券机构在河北集聚发展，并促进当地的资本市场发展，通过"鲶鱼效应"激发河北省证券行业的创新意识。

同时，中国资本市场进一步对外开放会促进证券行业的国际化进程。河北省的证券机构应该顺应时代发展，在"一带一路"倡议的指导下，开拓海外市场，发展国际业务，实现境内外资源的协同增长。

二、证券机构内部重视创新文化的渗透

政府应积极引导证券机构进行创新权限的下放，设计创新流程，帮助基层员工进行创意的上传、成果的落地，同时证券分支机构要积极制定出台员工创新奖励办法，通过具体制度的制定，引导员工内部转型，提高内部活力，营造创新意识。具体来看，在奖励办法中应强调创新的重要性，引导员工了解创新带给证券机构的重要作用，加强员工对创新的重视程度，最终形成良好的创新氛围。同时，不要过多对创新活动进行限制，鼓励员工进行各方面有利于降低成本、提高效率、提升客户满意等方面的创新。各机构成立创新办公室，对于员工提出的创新方案做到即报即评，对于有实施空间的方案及时上报上一级创

新办公室，每一级创新办公室要保证办事效率，保证创新活动开展的及时性。对于有积极作用的创新要奖励，对于内容创新、出发点好但现阶段不具备可操作性的创新也要备案和奖励，以保证每一个员工都有创新的积极性。

创新氛围的形成需要每一个员工都树立创新意识，因此证券机构还可以设立团体奖励制度，以部门为单位鼓励创新。

河北省内的证券机构规模、实力有所不同，大型证券公司应该通过创新文化的渗透增强整体竞争优势，实现综合化的发展，而小型证券公司（如财达证券）应注重增强员工的市场创新意识，集中资源形成区域内的竞争优势。证券机构间多层次、多样化竞争格局的形成可以促进机构间创新能力的提升，给证券公司以更大的发展空间。

三、证券机构加强金融科技的投入

第一，证券机构要加强对金融科技的投入，增加金融科技投入的预算水平。在 2017 年证券业协会排名指标中，增加了信息技术类指标、考察信息系统投入金额、信息技术人员薪酬和信息技术投入考核值，说明监管层也要求证券机构要重视金融科技的投入。证券机构要增加投入比例，强化金融科技基础设施建设和科技系统升级，设立金融科技创新基金，增加科技创新研发的资金投入。

第二，积极采用先进的金融科技，加强信息系统的技术管理。金融科技这场技术革命为金融创新甚至为金融革命都提供了着力点。证券机构应该积极采用人工智能和区块链技术，针对目前河北省证券机构金融科技投入不足的问题，利用区块链的核心技术特征——分布式总账技术可以帮助金融机构节约交易成本、提高交易效率，相关技术可以帮助城市构建数字平台、信息共享平台等。同时河北省政府要积极引导证券机构使用先进技术，丰富金融产品品种。区块链技术、人工智能技术等先进技术对于证券机构来说是一个机遇，通过学习互联网金融技术，更好地向大众提供无差别、低成本的服务，同时做大做强自己的地域性特征和高端客户业务，抵御互联网金融带来的冲击。

四、证券机构加强对研发人员的引入与留用

第一，积极引进证券行业创新型人才，制定合理有效的人才招聘制度，优化河北省金融人才发展环境。河北省政府可以通过提供优惠政策打破阻碍人才流动的各种政策壁垒和障碍，吸引外省优秀证券业人才，推动建立京津冀地区轮岗交流、异地挂职等人才交流机制。完善证券行业人才引进机制，建立户籍、住房、教育、人事管理和社会保险转移衔接制度，推行高端金融人才动态目录制度。强化证券行业人才培养投入优先保障机制，创新人才引进、使用、评价和激励机制，形成有利于引进人才、留住人才、集聚人才的良好环境。对于证券机构来说，需要发挥其用人主体作用，利用好市场供求、价格、竞争机制的调节作用，积极引进创新型人才。建议通过市场和校园招聘补充创新型人才。

第二，提高创新型人才的薪酬福利待遇，做到留住人才。建议证券机构对研发人员、信息技术人员等提高薪酬福利待遇，可以通过实行股权激励政策、建立健全评价制度、细化评价标准、关注贡献评价导向等方式使证券机构形成良好的用人环境，解决创新型人才的后顾之忧，以真正做到留住人才。

第三，提升人员效率。在大力吸引人才的同时还需要提高现有员工的知识水平和工作效率，可以通过相关培训提升证券机构创新型人才的知识水平、业务能力，从内部抓起。建议充分发挥京津冀三地在金融教育培训领域的资源优势，推动政府部门、证券机构与北京、天津等一流高校合作，建立教育培训中心，通过学历教育、专业讲座、业务培训等形式，建立完善的证券从业人员继续教育体系，不断提升证券从业人员的知识能力和业务水平，满足证券行业发展创新的要求，全面提高证券从业人员素质。

第四，调整人员结构。通过前期人员招聘、培训等工作实现证券机构的人员结构调整，将证券机构的人员队伍向年轻化方向发展，增加硕博研究生学历的员工数量，继续提升研究人员、信息技术人员的数量。

第五，设立专业研究团队，保证研究领域的全覆盖。将招聘的研究

人员进行专业划分，分派至各个团队，通过奖惩机制的设立要求研究人员向外界发布研究报告、组织投资策略会、研讨会等专题活动。加强与其他证券机构尤其是海外机构的合作，提升海外研究服务水平，提升研究业务的影响力。

五、继续建立完善的风险管理体系

第一，建议设立风险偏好体系。证券机构可以通过梳理各利益相关方，如股东、监管机构、评级机构、董事会及高级管理层等对公司的期望和要求，围绕证券机构的发展战略、经营绩效、资本实力、流动性、合规性等维度设定具体目标，构建风险偏好指标体系，在总体风险偏好设定完善的基础上，以量化的方式测度出风险边界。风险容忍度指标描述了在整体及大类风险等不同维度上的风险边界。通过设立风险偏好体系，可以帮助证券公司更好处理风险边界，利于证券机构在创新的过程中进行风险的监测与控制。

第二，设置创新风险的专项工作组。针对新产品、新业务可能出现的市场风险、信用风险、流动性风险、操作风险分别设置由专岗风险管理专家牵头、主要涉及业务部门/业务线参与的专项工作组，通过建立执行层面的协调机制，及时响应日常监控所发现的待处理事项或上级机构制定的决策事项。对于新产品、新业务上市评估，要由创新风险专项工作组、产品发起部门和产品销售部门共同参与产品评估会议，对新产品进行广泛而深入的分析，并做出全面、适当的评价，对其进行事前的风险评估和控制设计。

第三，继续完善动态监控机制。将创新业务纳入全面风险管理体系，制定并完善相关风险管理制度；建立多级预警机制，动态跟踪创新业务的风险情况；定期出具风险信息报告和专项检查报告；健全创新业务的紧急预案，确保创新业务的健康平稳发展。

六、积极推进营销策略创新

第一，证券机构要积极发展场外金融衍生品。目前，我国股票资本市场规模庞大，交易量居世界资本市场首位，但衍生品市场极不发达，市场发展不平衡，风险缓释缺少必要的工具和手段，证券机构可以通过发展场外金融衍生品业务的方式提高证券机构的核心竞争力，不仅有利于增强资本市场的风险管理能力，又可以促进实体经济稳健发展。

第二，坚持以客户需求为导向。根据机构投资者对专业研究及综合服务的要求、对零售投资者资产多元化配置的需求进行产品创新，加快推进创新力度，通过拓展业务和服务的深度与广度，从业务、产品、渠道、支持服务体系等方面进行整合，向具有完整业务链、产业链和服务链的综合金融服务商转变。

第三，坚持差异化竞争策略。对于财达证券来说，可以通过集中资源并在细分业务市场或区域市场形成竞争优势，与综合性大型证券公司形成多样化、多层次的竞争格局。对于综合性大型证券公司的分支机构，需要在全市场、全业务领域加速发展的基础上进行营销策略的创新，实现差异化竞争。

第四，紧跟宏观经济形势发展，加速国际化进程。证券机构需要根据中国宏观经济发展形势和河北省具体情况创新产品、业务，通过紧扣供给侧改革、金融服务实体、产融结合、2020年冬奥会等主题，开展PPP产业基金、城市发展积极、基础设施建设基金等业务，形成政企合作和城市发展基金业务。同时随着人民币国际化和中国资本市场进一步开放，中国证券行业正快速全面推进国际化进程。随着"一带一路"倡议的推进，更多的中国企业在境外进行股权和债务融资，谋求海外融资和并购机会，境内投资者也在寻求跨境资产配置，这都为中国证券公司"走出去"提供了丰富的业务资源。河北省的证券机构可以通过发展国际业务，利用境内外资源实现协同增长。

第五，利用先进技术实现运营模式的升级。先进的信息技术令中国证券公司的业务从传统的收费型模式向注重专业服务、深化客户关系和利用网络服务等多元化模式转化。越来越多的证券公司将线下业务向线上转移，以简化业务流程、降低服务成本并提升运营效率。此外，以互联网为基础的营运模式促使中国证券公司通过收集大量客户数据分析了解客户需求，提高客户满意度和黏性并获取新客户。证券公司将以金融科技应用创新为突破口，为投资者提供个性化、专属化的产品与服务，努力提高客户回报水平。对客户资源进行有效扩宽，并注重后续服务质量的优化。

第六，改善客户关系管理系统，改善公司组织结构。公司组织结构需要进一步优化，通过设置专门的营销部门负责营销策略部署的方式使证券机构更好地利用总部及分支机构的资源，积极改善客户关系管理系统，通过系统升级优化与客户建立长期紧密的关系，并逐渐完善客户服务团队、客户信息团队等，保证客户服务质量的提升。

第七，加快投行业务的创新。应在以客户为中心的前提下、"全产品覆盖"的业务策略下，加强对重点行业的龙头企业客户、区域重要客户、战略性新兴产业客户的覆盖，发挥各类业务的协同发展；对于资产证券化业务，应重点加强对地方国有企业、优质民营企业业务机会的挖掘，重点开展企业资产证券化业务，并加强项目风险管理；对于财务顾问类业务，应深度挖掘境内并购业务机会，抓住供给侧改革、市场化并购等机会，通过加深对客户需求及行业趋势的理解，为客户提供有针对性与创新性的综合性交易方案。

第八，加快经纪业务的创新。经纪业务的重点是分支机构，要做好分支机构作为承载公司各项业务的区域落地平台，聚焦于客户规模、市场地位，将交易性客户和财富性客户的服务进行合理配置，保证客户服务质量的提升。

第九，加快资产管理业务的创新。证券机构需要进一步丰富和优化投资策略，全面提升投研水平，完善产品布局，提高机构客户覆盖率，紧跟国际化趋势进行创新。

第六章 河北省金融创新典型案例

近年来，面对复杂变化的市场环境，河北省金融机构通过技术创新、风险控制、产品创新、组织创新、营销创新等方式抓住市场机遇应对市场挑战。本章选取三家金融机构作为典型案例，分析其创新背景，经验等，以期为其他金融机构带来启示和借鉴。

第一节　邢台银行小微金融的创新案例[①]

在这个鼓励"大众创业、万众创新"的时代，人民创业激情高，众多小微企业涌现。然而，融资难、融资贵却始终是小微企业成长过程中的绊脚石。为鼓励创业，国家出台众多优惠政策，各大银行等金融机构也纷纷响应，设立专项金融产品、金融业务，助力小微金融，满足小微企业金融服务的需求。然而，各银行的同类业务必然存在一定的竞争性，因此，产品创新、业务创新以及整合式、特色化的专项服务成为银行吸引新客户、维护老客户不可或缺的法宝。

专注于小微金融的邢台银行，在产品的创新、整合以及服务的优化等方面成绩突出，获得业界一致好评，其特色业务"冀南微贷"颇具创意，发展前景良好，值得借鉴与学习。邢台银行作为一家经我国银监会

---

①　案例资料源自邢台银行官方网站（http：//www.xtbank.com）、河北新闻网（http：//finance.hebnews.cn）、凤凰网（https：//www.ifeng.com/）等公开资料及实地调研。

批准，依法设立的具有一级法人资格的地方性股份制商业银行，近年来在邢台市委、市政府的正确领导下，明确了打造最具特色和成长性地方银行的发展愿景，以提供"五星级"金融服务为使命，坚持服务地方经济、服务中小企业、服务百姓，形成了"责任、执行、创新、协作、感恩"的企业文化精神，在积极支持地方基础设施建设、重点项目建设、县域经济和中小企业发展的同时，实现了自身的快速健康发展。截至2017年底，邢台银行总资产数额达882.4亿元，各类存款595.8亿元，各类贷款322.3亿元，取得了前所未有的丰硕成果。

截至目前，邢台银行总行下辖23个部室，69家分支机构，共有员工1791人。其中，域外现有邯郸、保定和衡水三家分行；在邢台本域内则设置了51家支行，分支机构实现了对县域的全面覆盖；域外的机构设置情况为邯郸10家支行，衡水5家支行，保定3家支行。

邢台银行自成立以来就注重产品创新与服务质量，在业内口碑良好。所获奖项囊括中国金融行业最佳创新奖、互联网创新中小银行、区域性商业银行移动应用创新奖等国家级奖项。其中，邯郸分行营业部、柏乡支行、临西支行分别揽获全国五星、四星、三星级营业网点称号。"冀南微贷"获得全省"服务小微十佳金融产品奖"。"光伏产业扶贫贷""科贷通商标质押贷"和清河金农村镇银行"循环贷"荣获省级"产品创新奖"。环城科技支行获得省级"新型金融组织发展奖"。

一、案例背景

（一）小微企业面临着严峻的融资环境

小微企业作为"创新、创业"的载体，对于就业民生等方面发挥着不可替代的作用，是实现创新型国家战略的重要推动力之一。但是小微企业往往规模较小、创业期无盈利、通常缺乏房产抵押物等特点使其信用度较低、投资风险较大，金融机构在给这类企业提供金融服务时需要承担较高的风险，因此对其授信贷款时常常较为谨慎。加之小微企业需要经过繁复的中间环节才能获批贷款，且相当数量的融资担保机构在为企业提供担保时，存在保费、保证金过高等问题，增加了小微企业的融资成本。

（二）政策环境支持

从 2017 年以来，国家高度重视降低企业融资成本，缓解小微企业融资难融资贵的问题，2018 年以来不断颁布相关政策。2018 年 3 月 28 日召开的国务院常务会议决定设立国家融资担保基金，通过股权投资、再担保等形式支持各省（区、市）开展融资担保业务，带动各方资金扶持小微企业。4 月 17 日人民银行宣布从 4 月 25 日起，下调大型商业银行、股份制商业银行、城市商业银行、非县域农村商业银行、外资银行人民币存款准备金率 1 个百分点，引导金融机构加大对小微企业的支持力度。4 月 25 日召开的国务院常务会议决定再推出 7 项减税措施，支持创业创新和小微企业发展。国家要求金融机构做好小微企业金融服务工作，积极与政府相关部门、中介服务机构等加强沟通、密切协作，主动适应新时代下小微企业金融服务的新要求，紧密围绕服务供给侧结构性改革、经济高质量发展，做好小微企业融资支持工作。

（三）小微金融业务日趋完善

在一系列政策引导下，传统金融机构正在加大对小微企业的扶持力度。据 2018 年中国人民银行发布的前三季度金融机构贷款投向统计报告显示，2018 年前三季度具有普惠性质的小微企业贷款余额分别为 7 万亿元、7.35 万亿元和 7.37 万亿元，同比分别增长 12%、15.6% 和 18.1%，增长继续加快。同时前三季度的小微企业贷款余额也有明显增长。

与此同时，随着我国经济平稳发展，小微企业的融资贷款需求也在持续增长。根据 2018 年人民银行发布的前三季度银行家问卷调查报告，2018 年前三季度小微型企业贷款需求指数分别为 66.3%、64.5% 和 67.1%（见表 6-1），比上季分别提高 4.1%、降低 1.8% 和提高 2.6%。

表 6-1	小微型企业贷款需求指数	单位：%
时间		指数
2016. Q1		60.1
2016. Q2		57.2
2016. Q3		55.8

时间	指数
2016. Q4	56.6
2017. Q1	62.6
2017. Q2	61.4
2017. Q3	61.4
2017. Q4	62.2
2018. Q1	66.3
2018. Q2	64.5
2018. Q3	67.1

资料来源：中国人民银行调查统计司。

二、案例描述

（一）"冀南微贷"之初建

面对激烈的市场竞争，邢台银行立足邢台当地，深入研究当地企业类型、规模、所属行业等情况，发现邢台的大型企业较少但中小型企业较多，同时中小型企业的资金需求较多，因此邢台银行在 2011 年将银行定位为为中小企业提供全方位优质金融服务的金融机构，避开其他金融机构抢夺的大型企业市场，实现了差异化竞争策略，树立了鲜明地方特色的机构形象。不仅如此，邢台银行与中小企业客户的关系不再简单局限在双赢层面，更多强调与客户共生，相互帮助，和中小企业共同成长、发展、壮大。除了战略选择外，邢台银行针对中小微企业的特点进行产品创新、业务开发，在金融创新领域中实现了跨越式发展。

1. 小企业信贷中心成立

邢台银行小企业信贷中心成立于 2010 年，是经中国银监会批准成立的分行级、准法人机构性质的小企业金融服务专营机构，中心领取了营业执照和金融许可证，直属于邢台银行总行，专营小微信贷业务。

作为邢台银行小企业金融服务专营机构，小企业信贷中心成立以来，分支中心发展到 17 个，专业队伍 160 余人，服务范围覆盖邢台、邯郸、衡水、保定，依托拳头产品"冀南微贷"支持中小企业做大做强。该中心 2017 年摘得"金口碑支持小微企业奖"和"十佳金融产品创新奖"两项国家级奖项，截至目前已累计发放贷款 4.3 万笔、133 亿元。

2. "冀南微贷"上线

针对小微企业的经营特点，邢台银行开发设计了"冀南微贷"产品，用小微贷款支持小微企业发展，并将该业务交由小企业信贷中心负责。"冀南微贷"是邢台银行将国际先进微贷技术与本地小微企业经营实际相结合研发的特色产品，该产品的显著特点就是"高效、便捷、无杂费、无抵押"。"冀南微贷"业务有效化解了小微企业、个体工商户的融资难题，为该客户群体提供高效、便捷、无抵押的微小贷款业务，满足其资金需求，同时也实现了邢台银行差异化经营的发展战略。

3. 引入先进微贷技术

邢台银行为将"冀南微贷"这一产品做大做强，与德国法兰克福金融管理学院签订合作协议，引入国际先进微贷技术培育微贷客户经理，并在工商管理局注册了"冀南微贷"品牌，为一个金融产品注册商标，在国内还是鲜有的。

打铁就要自身硬，创新微贷客户经理的招聘与培训是邢台银行的一大亮点。邢台银行与德国法兰克福金融管理学院专家合作，采用"师徒制"传、帮、带做强"冀南微贷"的机制，由该学院专家负责招聘与培养微贷客户经理。微贷客户经理的培养采用"师徒制"，第一批微贷客户经理由专家亲自带领，从课堂培训、知识梳理、营销演练、实战模拟、客户调查分析、调查报告整理、贷审会陈述、贷后管理到贷款本息收回，由专家全程指导。第一批微贷客户经理成熟后，作为老师以"传、帮、带"的形式将微贷技术的精髓和经验传递给以后的微贷客户经理。目前，通过这种方式已培养了一大批成熟微贷客户经理。

为提升信贷服务质量，不给客户增加负担，邢台银行专门制定了《微贷经理行为准则》，规定微贷客户经理在调查审批过程中"不吸客户一支烟、不喝客户一杯茶"，每一位微贷经理都必须严格遵守，一旦违背将严肃处理，甚至解聘。邢台银行微贷客户经理在服务和行为上树立了

"冀南微贷"良好的品牌形象。

4. 企业文化指导服务

企业文化是一个企业的灵魂，从中我们可以看出小企业信贷中心专注微贷的发展目标、积极向上的工作精神、热情又周到的服务态度以及严格高效的工作标准。

（1）目标：创新小微贷业务，打响小微贷品牌。

（2）工作口号：激情＋奉献，爱心＋责任，规范＋高效。

（3）服务理念：离您更近，给您更多。

（4）工作准则：不吸客户一支烟，不喝客户一杯茶。

5. 产品深受客户喜爱

"冀南微贷"业务一经推出，就受到广大微小企业和个体工商户的热烈欢迎。该业务的开展为众多微小企业和个体工商户解决融资难题带来了希望，为他们扩大再经营提供了金融支持。客户纷纷表示这是一款真正为小商户考虑的贷款产品，符合他们的经营模式、符合他们的用款方式。

6. 口碑与荣誉纷至沓来

通过大力开展"冀南微贷"业务，小企业信贷中心累积获得 11 项国家奖、5 项省级奖和若干市级奖。凭借良好的市场表现，小企业信贷中心先后收到客户赠送锦旗近百面，接受中央电视台、金融时报、河北经济日报等多家媒体的多次采访报道。

"冀南微贷"业务取得这样的成绩与其创新的定位、创新的招聘模式、创新的调查分析技术和创新的理念是分不开的。创新是企业发展的动力，更是一个产品生命力得以延续的保障。在激烈的竞争中，小企业信贷中心凭借其创新理念异军突起，同时也为邢台银行的特色化、差异化经营贡献了力量。

（二）"冀南微贷"之发展

1. 产品介绍

（1）微贷系列。

微贷快车：采用自然人担保，贷款额度 0.5 万 ~ 100 万元，贷款期限为 3 个月至 2 年，采用按月等额本息还款为主的多种还款方式。其特点是：无杂费，无抵押。

好时节·微贷：采用自然人担保，贷款额度 0.5 万 ~ 100 万元，根据行业季节特点贷款期限，采用备货期还息、销售期还本付息的还款方式。其特点是：季节性强，速度快。

速融通·微贷：采用房产或设备抵押的担保方式，贷款额度 5 万 ~ 100 万元，贷款期限为 3 个月至 3 年，灵活调整还款方式。其特点是：抵押率高，利率最优。

心连心·微贷：联保小组相互担保，单户额度 20 万 ~ 100 万元，贷款期限为 3 ~ 12 个月，采用按月或按季等额本息还款为主的多种还款方式。其特点是：联保互担，还款灵活。

循环贷·微贷：采用房地产担保方式，贷款额度为 0.5 万 ~ 100 万元，贷款期限为 3 个月至 3 年，灵活调整还款。其特点是：一次授信，循环使用。

存易贷·微贷：采用存单质押，结合多种担保方式，贷款额度为 20 万 ~ 100 万元，贷款期限为 3 个月至 1 年，灵活调整还款方式。其特点是：授信更高，效率更快，利率更低。

（2）农贷系列。

农资贷：农药、化肥、种子等季节性生产销售商户。单笔金额 100 万元（含）以下，最长期限 12 个月，采用按月等额本息、按月付息按季/到期还本的多种还款方式。其特点是：因时制宜，择机而贷。

农富贷：从事农产品收购、仓储等有季节性集中资金需求的商户。单笔金额 100 万元（含）以下，最长期限 12 个月，采用按月等额本息、按月付息按季/到期还本的多种还款方式。其特点是：助农富农，保值增收。

农商贷：在农村地区创业经营、农业产业化企业及农产品深加工企业。单笔金额 100 万元（含）以下，最长期限 12 个月，采用按月等额本息、按月付息按季/到期还本的多种还款方式。其特点是：宜农宜商，快捷灵活。

第六章 河北省金融创新典型案例

羊绒贷：在春秋季节购买存储羊毛。羊绒原料的生产经营商户。单笔金额 100 万元（含）以下，最长期限 12 个月，采用按月等额本息、按月付息按季/到期还本的多种还款方式。其特点是：量身定制，方便贴心。

（3）创业贷系列。

冀南双创·助业贷：由平乡双创综合体推荐，面向双创企业发放的贷款。单笔金额 100 万元（含）以下，最长期限 3 年，还款方式灵活。其特点是：助力创业，发展致富。

2. 显著业务特色与高效业务流程

"冀南微贷"具有高效、便捷、无杂费、无抵押等显著特点，打破"抵押至上"，在证照齐全的前提下，审核的核心落实在小微企业的经营状况上，而担保人只需收入稳定，为当地居民即可；舍弃"繁文缛节"，借款人将不再需要填制烦琐的财务报表，转而由微贷经理上门服务，经过实地调查填制该小微企业的资产负债表、损益表、现金流量表等财务报表；取消"层层审批"，小企业信贷中心作为独立法人机构专营"冀南微贷"业务，微贷经理接到贷款申请并调查后，经贷审会批准即可放贷，3 个工作日内即可回复客户。

"冀南微贷"的目标客户为小微企业和个体工商户，从事贸易或服务行业要求 3 个月以上的正常经营期；从事生产或提供专业服务的行业要求 6 个月以上的正常经营期。小微企业和个体工商户只需身份证和营业执照即可申请贷款。办理流程为：申请人持相关证件到邢台银行小企业信贷中心进行申请→银行信贷人员到企业调查并且收集资料→贷款审批→签署合同→发放贷款。

3. 营销方式别具一格

为多方位满足小微企业的融资需要，邢台银行积极通过市场调研，以邢台市所属的省级开发区及一些优秀的工业园区为调研标的物，进行深入分析、行业筛选，发掘出一批行业优质、自身生产经营良好且具备土地使用资格的企业。邢台银行采取微贷客户经理团队的外拓营销方式，主动"走街串巷"，开展多种有效的营销方式，为各小微企业及个体工商户推荐本行的优质产品。为进一步细化营销，邢台银行同时采用对商务楼进行覆盖式宣传的营销方式，为将产品介绍到每一个有需求的企业而不懈努力。

4. 防控风险警钟长鸣

为了将风险压降至最低水平，邢台银行建立了立足于员工素质、业务流程等多角度的风险防范机制，配以相应的防范措施，通过措施的落实，使防控风险的警钟声回响在业务处理过程中的每一时刻。

邢台银行认为，《微贷经理行为准则》是每一名产品营销经理的行为准则和规范，通过对制度的严格遵守从而把控业务办理中的每一个风险点。优秀的客户经理是风险防控的基础，交叉检验技术是风险防控的重要手段；把握客户需求是风险防控的有效途径；规范的操作流程是风险防控的重要保障；科学有效的贷后管理是预防和化解信贷风险的有效措施；健全的微贷系统是风险防控的技术支撑。

5. 不断创新，动态发展

河北恒泰瑞欣轴承制造有限公司通过在线申请，仅用 5 秒钟的时间，便获得邢台银行 20 万元的信贷资金支持。根据县域特色产业融资需求，积极探索在线供应链金融，邢台银行将"在线供应链金融"作为服务实体经济的一条新的重要途径进行探索创新，推出"冀南云贷·轴转贷"，实现 2 分钟申请、1 秒钟审批、零人工干预，助力企业发展。

2018 年 1 月 18 日，中国轴承产业发展论坛暨找轴网上线仪式于北京梅地亚中心举行。在上线仪式启动的同时，邢台银行与"找轴网"通力合作的为临西轴承产业提供服务的"在线供应链金融平台"正式成功上线。

为了更好地服务实体经济发展，邢台银行将"在线供应链金融"作为服务实体经济的重要途径开展创新。临西是中国轴承之乡，全县拥有402 家轴承企业，已成为全国最大的轴承集散地和现代化轴承交易市场之一，并已形成从轴承锻造、车磨到安装、销售的产业链条，2017 年销售收入达到 172 亿元。但一些轴承企业普遍面临着信息不对称、产供销脱节以及融资难、融资贵、融资慢等问题。专注服务于临西轴承产业的

B2B 电商平台——"找轴网"把轴承企业的产供销环节搬到互联网上，对企业提供数据和信息支持。邢台银行作为一家地方性商业银行，为了更好为临西轴承产业提供高效服务，带动县域经济不断转型升级，通过与"找轴网"联手合作，建立了在线的供应链金融平台，同时升级了针对小微企业发放的品牌产品"冀南微贷"，加大科技研发力度，实现了互联网综合支付平台、电子账户平台和在线供应链融资平台三大平台的建立，进而成功升级"冀南微贷"为"冀南云贷"，量身定制出"冀南云贷·轴转贷"，帮助轴承企业解决一系列难题。

"冀南云贷·轴转贷"使企业节约了成本，提高了生产效率。轴承企业在"找轴网"上的电子订单，一经邢台银行成功授信，便可获得 100 万元以内的信贷资金支持，系统可实现 2 分钟申请贷款、1 秒钟审批、零人工干预，随借随还，按天计息，真正解决了融资难、融资贵、融资慢的问题。针对"找轴网"对轴承企业提供的支持，对 400 多户轴承企业进行全方位调研，以"210"贷款模式作为业务主要模式，推出了专注于轴承企业的"冀南云贷·轴转贷"应收账款融资产品。

"冀南云贷·轴转贷"作为邢台银行的一款特色产品，是其在线上供应链金融领域的第一次成功探索。下一步，邢台银行将从顶层设计布局，基于"在线供应链金融平台"不断打造"冀南云贷"品牌，丰富线上融资产品，解决供应链上下游企业的融资难题，加快为商贸物流、汽车产业、玻璃产业、医药等更多行业提供供应链金融解决方案，更好地帮助实体企业实现转型升级，为地方经济发展贡献更大力量。

小企业信贷中心在"冀南云贷"品牌建设方面计划基于客户日均流水推出 e 存贷，将微贷与祥牛云付相结合推出新产品来丰富云贷产品，并着手商标设计，申请品牌注册。在微贷团队精神的体现与落实方面，已经制定了全年的文化建设实施方案。在供应链业务方面，除"找轴网"外，与一缆通、兆美网进行实地对接，达成初步合作意向。在小微企业的五星级服务方面，倒排时间制定标准，指导信贷经理提升服务水平。在与支行的联动营销方面，与光明支行开展联合营销取得较好成效。

三、案例分析——邢台银行的创新力分析

（一）邢台银行的机构管理创新力

金融企业战略是指金融机构在一定时期内面对复杂、变化的市场环境，为实现特定的目标以求得生存发展而制定的全局性、决定性、长期性的谋划与决策是金融行业经营思想的具体体现，也是金融企业一切经营活动的"方向盘""舵轮"。差异化战略是金融企业有别于竞争者提供与众不同的金融产品和服务，凸显鲜明的个性和特色，满足顾客的需求，形成有别于其他金融企业的竞争优势，创造和提升金融企业竞争优势的战略。通过产品差异化、市场差异化、形象差异化等方式形成企业特色。邢台银行的战略愿景是成为"最具特色和成长性的地方银行"，这凸显了邢台银行的差异化战略特征，为实现这个目标，邢台银行着力在企业战略和文化上做文章。

金融企业战略管理是金融企业确定其使命，根据组织外部环境和内部条件设定金融企业的战略目标，为保证目标的正确落实和实现进行谋划，并依靠金融企业内部能力将这种谋划和决策付诸实施，以及在实施过程中进行控制的一个动态管理过程。

邢台银行的战略管理注重规划导向和创新拓展边界。在战略选择上，董事长面向全行作了邢台银行未来战略与路径的选择与思考重要讲话，带领全行讨论和思考未来发展；注重有效结合，采取先自主制定再统一汇总的规划编制形式，提升战略规划与业务条线发展的结合程度，通过多层级跨条线研讨，发散思维，打破条线局限，同时紧密结合区域经济发展状况，设置与地区经济发展匹配的战略目标，提升战略规划挑战性与可行性。在企业文化上，重视企业文化建设提升。邢台银行经常召开企业文化建设动员会，分阶段、按步骤开展访谈、问卷调查，全面启动2.0版企业文化建设，确定了"责任、执行、协作、感恩、创新"的企业核心价值观，"服务多走一步，感动每一位客户"的服务文化，"把利润实现在安全区域"的风控文化，"谁把工作放在心上，就把谁举在头上"的用人文化等，企业文化氛围更加浓郁。企业文化中将"创新"加

入企业核心价值观，通过日常经营管理、员工培训等方式内化，利于邢台银行的创新发展。

邢台银行通过较为出色的机构管理能力，将创新内部化，为其发展构建了坚实的基础。

（二）邢台银行的科技应用创新力

党的十八大以来，国家高度重视科技创新，在此背景下，科技向金融领域不断渗透，金融机构如何利用科技、如何应对金融科技带来的挑战成为金融机构在未来市场中立足的关键一环。

邢台银行坚持以客户为中心、以技术为驱动力提供金融服务的方式为其带来了经济价值与社会价值。通过依托移动互联网、大数据、云计算、人工智能、生物科技、区块链、物联网等技术手段，邢台银行通过过硬的科技应用创新能力，坚持"大科技""支撑＋引领"的方向指引，突出数据思维，引领全行业务发展创新。邢台银行聚焦大数据和物联网，基于"在线供应链金融平台"不断打造"冀南云贷"品牌，丰富线上融资产品，更好地帮助实体企业实现转型升级，为地方经济发展贡献更大力量。

邢台银行的科技应用创新力相对其他地方性银行较强，为其后期发展提供了更多的可能。

（三）邢台银行的人力资源创新力

创新的提高已经成为企业的核心竞争力与资源的投入目标。企业之间的竞争归根结底是人才的竞争，能否引进、留住创新人才、研发人才、如何培养员工的创新性等成为人力资源管理中重要的一个环节。人力资源管理如何在实现组织发展的同时兼顾个人的职业生涯发展是现有企业课题中的重中之重。

为打造"冀南微贷"业务品牌，提高信贷服务效率，邢台银行结合当地小微企业的实际情况，成立了具有特色服务的"冀南微贷"小微企业信贷中心，专营"冀南微贷"小微企业信贷业务。在经原银监会正式批准后，该小微企业信贷中心成为河北省所辖的第二家小微企业专营机构。为打造"冀南微贷"的过硬品牌，该行采取公开、公正、公平的选拔方式，从毕业于全国各大高等院校的人才中招聘高素质的微贷从业人员，选拔出的人才团队将由德国法兰克福金融管理学院微贷专家进行相关业务方面的严格培训，为专业管理和操作人员的培养奠定了坚实基础，从而推进"冀南微贷"品牌建立。

邢台银行打造了自身过硬的创新微贷客户经理队伍，这源于该行极具特色的招聘与培训。邢台银行的员工团队经过德国法兰克福金融管理学院专家的专业培训，采用"师徒制"（传、帮、带）做强"冀南微贷"的机制，增加并提高了邢台银行资源数量与质量，保证了邢台银行的人才培养模式的健全与完善。经过全流程的培训、演练和经验传授，微贷客户经理可以成为优秀的营销人员、微贷品牌专家和客户的专属顾问，同时这种制度增加了员工黏性，可以使邢台银行更好地留住优秀员工。在这个过程中，由于外界新鲜的知识刺激和资源整合，使微贷客户经理将知识内部化，强化了微贷客户经理对于创新的敏锐捕捉力，帮助微贷客户经理及时从客户、竞争对手等外部寻找创意构思，为品牌产品的改进提供合理的建议。

邢台银行完善的人力制度、较高的人力资源创新力为其项目开展及后续发展提供了可持续的竞争力。

（四）邢台银行的风险管理创新力

随着金融自由化和经济全球化的不断推进，金融企业面临的风险在不断增大，金融企业如何有效防范和管理金融风险显得尤为必要。金融企业的风险中以营销风险危害最大，因此金融营销风险认识与管理是金融机构的重要职责之一。同时随着金融创新的不断加快，金融机构也面临着新的风险，给金融机构带来新的挑战。

面对上述情况，邢台银行在创新产品的同时加强风险管理，识别营销中的风险点，掌握控制风险的技术手段。邢台银行从员工道德约束、贷前贷后审核、贷款流程等角度出发，通过全方位防控风险的措施控制风险，将风险防控的理念融入机构经营中。

第一，对客户经理、微贷相关业务人员的行为做出具体规定。为防范操作风险，邢台银行要求微贷人员遵守职业道德、树立正确的人生观、价值观，以服务客户为中心，杜绝出现向客户索要礼品、好处费等现象，保证按照公平、公正和专业的原则为客户办理相关业务。对于出现不良行为的微贷人员，邢台银行也绝不姑息，要求立即离开微贷团队。通过严格规则的制定、执行和微贷人员的自我约束，邢台银行的微贷业务在业内具有良好的口碑和影响力，同时可以防范信用风险和操作风险。除了要求客户经理有良好的职业道德外，邢台银行对客户经理的专业性要求同样严格，认为专业过硬的客户经理可以有效防范风险，基于此，邢台银行在微贷客户经理的招聘考核中全程聘请外国专家进行监督管控，保证招聘员工在各方面都是优秀的。在确定录用后，新任客户经理要通过一系列课程培训了解微贷业务、金融综合知识和其他综合知识，以帮助客户经理较好地处理和客户的关系、解答客户的疑问、树立良好的机构形象。

第二，邢台银行依靠引进国外先进的交叉检验技术增加自身风险防范的手段。由于大部分小微企业没有健全的财务制度、完善的经营准则，如何保证信息收集的准确性、真实性、有效性是银行类金融机构需要考虑的重要问题。面对这种情况，邢台银行的"冀南微贷"利用交叉检验技术保证获取真实、全面的信息，做好完善的贷前准备。

第三，把握客户需求是风险防控的有效途径。邢台银行调研发现，微贷目标客户的所属行业广泛、经营模式多样、经营绩效不同，因此，"冀南微贷"就采用不同客户不同贷款模式的方式，对不同客户的不同需求有针对性地发放贷款，较好地保证客户的生产经营需求，利于其正常还款，从而减少信用风险，防范信用风险。

第四，邢台银行坚持操作流程的规范化。为防范信用风险，邢台银行根据小微企业信贷业务的特点，对微小贷款的管理、审批、操作流程等制定和完善了多项制度，从根源上防范信用风险。"冀南微贷"业务实行调查、审批两岗分离，前台、后台两位分开，部门内部快速审批和信贷档案专人管理等严格操作方法。当每笔贷款审批时，都由三名贷审会委员组成，实行"一票否决"制；贷审会是最高审批机构，其他人都无权干涉，以确保贷款审批的客观、公正。总之，邢台银行对微贷业务的申请、调查、审批、发放、收回等流程都有严格的规定，规范的操作流程是防范风险的保障。①

第五，邢台银行坚持严格规范科学的贷后管理技术。由于小微企业尤其是科技型小微企业和初创期小微企业，缺乏有效的风险防御机制，因此邢台银行严格贷后审核时间，要求每月不少于一次的贷款监控和每季度不少于一次的实地监控，及时了解小微企业的经营现状，发现小微企业出现风险事件后有效辅导和降低其贷款风险。

第六，邢台银行依靠强大的微贷业务运营系统为风险防控提供技术支持。微贷业务运营系统覆盖了包括客户关系管理系统、人力资源系统、产品开发与设计系统、财务系统等多种系统功能，微贷涉及的每一个部门、每一位员工都能清晰地看到相关信息，为开展微贷业务打下良好的基础。

邢台银行优异的风险防控能力、对风险防控技术精细的把握和改进体现出其优秀的风险管理创新力。

（五）邢台银行的产品服务创新力

1. 识别客户需求，精准市场定位

客户的需求是金融营销的核心，金融企业必须全方位了解客户的需求与意愿，清晰定位客户的需求，考虑客户需求与金融企业的匹配性。小微企业需要通过融资发展壮大，但是大部分小微企业缺少符合银行条件的抵质押品，而其他融资渠道的融资成本较高，因而便宜便捷的融资类产品是小微企业迫切需要的金融产品，但市场上同期推出的类似的金融产品少之又少。邢台银行针对当地小微企业多，且大部分小微企业经自身运营规模有限、固定资产匮乏、资本积累单薄、难以经过贷款审批的现实情况，通过市场研究、总结规律、深入探索、勇于实施，将目标市场定在"小微企业市场"，通过差异化策略使邢台银行与市场上其他银行较好地区分开来，鲜明地体现出邢台银行为中小企业提供全方位优质

---

① 邢台银行"冀南微贷"品牌塑造之路［EB/OL］. http：//bank. hexun. com/2014 - 04 - 03/163625760. html.

金融服务的市场定位。在此基础上，邢台银行创造性地打造了"冀南微贷"，跳出了小微企业以抵押物作为贷款审批标准的旧有模式，而是化客户信用、企业订单、产品质量和发展前景为贷款审批依据，分析确定发放贷额与否及发放量，使大量按照传统审核模式无法获批贷款的小微企业融资成功。

金融企业的发展是一个从小到大、从弱到强的发展过程，其客户也应具有一定的发展空间，因此，金融企业在开发客户时不仅要注重客户的当前价值，更要关注客户的长远发展。邢台银行在选取"冀南微贷"客户时，充分考虑企业的发展前景，注重投入、产出比，体现了邢台银行的前瞻性和谨慎性。

2. 创新产品模式，满足客户需求

在科学技术发展迅速、市场瞬息万变的当下，金融企业要想获得可持续发展必须不断进行产品开发。邢台银行针对其市场定位，根据小微企业的金融需求开发金融新产品，最大限度地吸引客户，不断占领市场。邢台银行"冀南微贷"产品最大的特色就是其创新性，也正是通过创新，"冀南微贷"产品深受客户青睐，获得业内一致好评，品牌形象深入人心。"冀南微贷"产品的创新点主要表现在以下三点：（1）调查技术变革，摆脱通过财务报表判断经营状况的传统思路。"冀南微贷"这款产品改变了传统贷款模式中抵质押物所占据的重要地位，视客户经营状况为贷款审批的最重要依据，小微客户即使资产薄弱，但只要具备良好的经营状况，同样可以获得资金支持。在客户经理对客户经营场所进行现场调查后，通过对客户经营情况的深入分析，制作企业财务报表，并与客户确认报表准确性后，即可着手最终信贷调查报告的拟定。（2）担保方式改革，用企业的现金流而非抵押物作为新的贷款评判标准。针对小微企业目前缺乏抵质、押物的现状，"冀南微贷"的保证方式以自然人财产担保为核心，包括但不限于自然人所有的住房或生产设备。此担保方式的改革基于邢台银行所持有的企业的现金流量状况优于抵质押物的评价理念。（3）审批流程改革，仅仅 3 天，业务便可完结。"冀南微贷"的业务全部环节均在小企业信贷中心实现内部流转，从而削减了中间环节，实现了整个审批流程的简化，仅需 3 天即可实现贷款审批，从而高效地为小微企业提供资金流。

除了对目标客户的产品服务差异化之外，邢台银行还注重产品的系列化和配套化。邢台银行开发出脉络清晰的产品系列，并将各类金融产品和服务项目进行预先配套，以适应客户成长。

这种基于客户需求的产品创新是邢台银行实现打造地方特色银行的战略愿景的关键一环。

3. 创新营销方式，多方加强业务宣传推介

新产品的推出需要营销进行推广，通过创新促销、渠道等策略使金融产品在激烈的市场竞争中立足。常见的促销方式包括广告、人员促销、营业推广、公共关系等，常见的渠道包括自有渠道、合作渠道、第三方渠道等。

在促销策略层面，邢台银行将人员促销、公共关系等方式结合使用。为了让客户更好地了解"冀南微贷"业务，及时帮助小微企业主解决融资难题，该行打破"酒香不怕巷子深"陈旧观念，采取三项措施大力宣传"冀南微贷"小微企业信贷业务。一是依托营业场所滚动电子屏进行"冀南微贷"业务的宣传，通过咨询电话的公布实现业务政策的透明化。与此同时设立微贷人员团队，组织定期深入企业、工业区、商业街及沿街门店，走访各类客户进行"冀南微贷"的业务宣传。二是借助当地电视台、电台、报纸等多样化的新闻媒体进行"冀南微贷"业务的广泛宣传，在邢台《牛城晚报》每日刊登"冀南微贷"业务广告，定期召开银企座谈会积极向客户推介"冀南微贷"产品。三是印发"冀南微贷"业务宣传单、利用节假日设立咨询台，宣传小微企业贷款业务的对象、条件、办理流程，并公布受理"冀南微贷"业务的机构地址、电话号码，使"冀南微贷"业务家喻户晓，进一步扩大了服务影响力和覆盖面。同时邢台银行坚持以客户为中心创新营销手段，开展多次节日主题营销活动，开设夜间银行，提供 7×24 小时不间断金融服务，不断满足客户个性化需求。

在渠道策略上，邢台银行主动开拓线上业务，自主上线互联网支付

平台、"智慧微贷"，升级优化手机银行，极大提升客户体验。同时摒弃阵地营销的传统理念，通过设立微贷客户经理团队，进行主动性的外拓营销，营销采用但不限于"扫街推广""上门走访"等营销方式，积极地向小微企业宣传自身的信贷产品，从而真正实现走出网点，接触客户，打动客户，这种密切与客户业务往来的方式可以帮助邢台银行更好地分析客户潜在的金融需求，可以更好、更及时地为客户提供相应的金融产品和服务。

邢台银行通过不断深入创新，增强自身的产品服务创新力，为实现其战略目标奠定了基础。

四、未来展望

邢台银行在严格遵守监管要求的前提下，对于大小微企业信贷产品进行创新优化，设计并推出了一款名为"冀南微贷"的贷款类业务。该业务能够充分满足小微企业的流动资金信贷需求，并且具备放款高效、手续办理快捷、无各类杂费、无须企业抵押的优势，客户所需的贷款在提交申请后 3 日即可到账。"冀南微贷"业务自开办以来，已为 6 519 家小微企业提供信贷服务，累计发放贷款 4.84 亿元，其中为 3 755 名下岗失业人员提供创业贷款 1.5 亿元，上述贷款全部保持零不良率，深受小微企业欢迎和地方政府认可。同时，三门峡商业银行、内蒙古商业银行等九家外地银行先后来邢台学习取经，小微贷造就了"大明星"。

然而要逐步优化小微企业所面临的严峻融资环境，需要长期短期措施组合使用，既需要诸如减税降费、定向降准等短期措施的应用，也要进一步进行改革建立长效机制，从根本上解决问题。对于邢台银行，虽然其"冀南微贷""冀南云贷"等业务已经极富创意，颇受客户青睐，但产品创新有其时效性，且任何产品都有其生命周期。因此，我们对邢台银行也有更多的期待与展望。

（一）业务更加完善

在保持现有业务水平的前提下，丰富产品系列，进行产品整合，提升业务的综合性、周到性。

（二）流程更加便捷

通过设立微信公众平台扩展宣传面，亦可通过平台完成相关业务的申请工作。通过创建 APP 提供一线式服务，简化业务流程，做好产品的售前、售中、售后服务。

（三）服务更加综合化

提供相关附属产品，使产品更具增值性。设立选项式产品，增加客户的可选择性，形成具有个性化、适合客户的专属产品，为客户提供全方位、系统化服务。

（四）产品更加"智慧"

通过大数据、云计算等进行相关的数据分析，在客户选择与风险控制等方面提升效率。产品与 AI、VR、AR 等技术相结合，使之更具"智慧"，更富科技性，更具吸引力。

第二节　鼎立巾帼小额贷款公司的创新案例①

小额贷款公司自 2005 年试点成立以来已经成为优化金融资源配置的重要机构，但是 2014 年之后由于经济增速放缓、经济结构调整等原因使得小额贷款公司的发展进入了"瓶颈"期。截至 2018 年 3 月，全国共有 8 471 家小额贷款公司，公司数量、从业人员、贷款余额等指标均出现减少趋势，面对发展趋缓、监管趋严的背景，小额贷款公司如何通过创新经营模式发挥自身特长、如何改善经营状况等成为研究焦点。同时随着经济结构调整、居民意识的转变等影响，农村地区对于妇女的重视程度越来越高，妇女创业的情况也逐渐增多。但是由于妇女对于资金需求量不大但迫切的特点使现阶段的贷款产品并不能完全满足妇女需求，因此妇女需要有专门适应其要求的机构或产品。

妇女小额贷款是创造性地以扶持妇女创业为主的贷款业务，通过政

---

① 案例资料源于实地调研。

府部门、金融机构、就业组织等机构相互配合，通过不同的担保方式向符合条件、有意愿申请的城乡妇女发放额度较小的贷款。①

本案例选取河北省保定市定兴县鼎立巾帼小额贷款公司（以下简称"鼎立小贷公司"）为研究对象，以期通过对鼎立小贷公司在妇女贷款领域相关创新、经营模式创新和对河北省小额贷款发展产生影响的探讨，为小额贷款公司提供发展借鉴。

一、案例背景

（一）公司基本情况介绍

鼎立小贷公司于 2012 年 5 月 15 日正式挂牌，2012 年 6 月 28 日正式开业运营。鼎立小贷公司的注册资金为 5 000 万元，资金来源主要是自有资金。董事长为定兴县著名女企业家、市政协委员李文利女士，股东的80% 为女性，员工的 80% 为女性。公司成立以来，坚持"携手巾帼、服务三农"的宗旨，客户均为涉农行业的从业人员，或者自主创业的农户和城乡妇女，贷款质量持续良好，资产收益情况良好。鼎立小贷公司主要面向城乡妇女、农户、小微企业发放贷款。鼎立小贷公司在成立之初就有明晰的定位，鼎立小贷公司立足于河北省定兴县，对定兴县的经济发展水平、收入水平等经济环境、家庭结构、消费习惯等都比较熟悉，因此鼎立小贷公司主要的贷款对象为县域的贫困妇女，对贫困妇女的贷款占公司总贷款的比例超过 2/5，同时对于处于初创期的小微企业给予融资帮助。

（二）鼎立小贷公司成立的背景

1. 国家推动

2009 年 7 月 27 日，四部委联合出台了《关于完善小额担保贷款财政贴息政策，推动妇女创业就业工作的通知》，从国家宏观层面确定了妇女创业工作的重要地位，明确了政策的执行方向。同时中央一号文件连年聚焦"三农"问题，要求通过金融创新解决相关问题，并且 2013 年直接

———

① 李思佳.《河北秦皇岛市妇女小额贷款问题研究》［D］. 昆明：云南财经大学，2014 年.

189

提出"把解决好农业、农村、农民问题作为全党工作重中之重",因此从理论上来讲,发展和创新妇女小额贷款是实现共同富裕、现代化建设的客观需要,更是全面建设小康社会,人民共享人生出彩机会,实现"中国梦"的必然要求。

2. 河北情况

除了国家推出相应鼓励政策外,2010 年河北省推出《河北省妇女小额担保贷款实施办法》,将小额贷款政策进一步细化,规定了具体的贷款对象、流程、方式和保障方案,要求河北省相关政府部门、各级妇联等部门积极发挥作用,保证政策落地,推进妇女创业工作,帮助符合条件的贷款对象获得资金支持,以此解决河北省贫困地区的贫困问题,帮助相关区域脱贫致富,维护河北的稳定发展,促进经济进步。虽然河北制定了相关办法,但在 2013 年前政策落地不尽完善,缺乏合适的金融机构保证政策的执行。

3. 供需不平衡

由于现代化进程的发展,大部分贫困农户的劳动力选择外出打工,因而留在家乡的农村妇女成了中坚力量,她们迫切地需要除银行贷款之外的融资方式帮助其获得小额资金支持创业。但由于农村妇女受制于地域、教育程度、年龄等因素,农村妇女无法获得其期望的贷款额度、贷款期限和贷款利率,如何解决融资供需的不匹配问题是金融机构进行金融创新的重要议题。

4. 小额贷款公司的优势

大部分小额贷款公司的服务范围限定在特定的区域内,可以对区域内的贷款对象进行较为充分的了解,帮助公司减少信用风险。同时小额贷款公司在贷款额度、贷款期限、贷款利率上对传统金融机构的互补特性,加之小额贷款公司的贷款流程简洁、放款速度较快,这些使其可以较好满足低端客户的需求。

因此在上述背景下,在河北省妇联的支持下,河北省政府批准的唯一一家巾帼小贷公司——定兴县鼎立巾帼小额贷款有限公司,于 2012 年 5 月 15 日正式挂牌,2012 年 6 月 28 日正式开业运营。

二、案例描述

（一）业务经营情况

鼎立小贷公司自开业以来，注重利用各种媒体、广告等形式，加大宣传力度，树立良好的公司品牌，突出"巾帼"特色。同时组织信贷人员有计划有目的对辖区内企业进行实地考察，准确了解客户资金需求，取得了较好的经营效益。基于定兴县金融服务市场针对女性贷款产品不足的现状，为突出公司"巾帼"特色，公司推出了一系列全新的商业贷款产品，为定兴县女同胞贷款提供优惠政策，针对不同情况制定不同的贷款政策，更专业、更贴心地为客户服务。截至 2017 年 3 月 31 日，公司贷款余额为 5 432.94 万元，其中农户和城乡女同胞创业贷款余额占到 5 302.94 万元。

（二）贷款业务的成功经验

鼎立小贷公司是以"巾帼"为特色的，向创业女性贷款既是鼎立小贷公司经营的特色，同时也是其没有不良贷款的秘诀。

1. 充分了解分析客户，准确目标定位

为了更好地服务于广大女同胞，鼎立小贷公司与定兴县妇联积极合作，建立"妇女之家"，组织丰富多彩的妇女活动，在这些活动开展的过程中，鼎立小贷公司了解了定兴县妇女的普遍生活和创业状态，也发现了女同胞具有巨大的自我奉献精神和良好的理财能力，因此，为了更好组织、引导、鼓励女同胞创业，切实维护女同胞的合法权益，鼎立小贷公司在成立之初就与县妇联协商制定了《鼎立巾帼小额贷款公司关于支持城乡妇女创业具体方案》，采取快捷方便、利率优惠的贷款政策，支持妇女创业。近年来，定兴县种植、养殖、服装加工等行业快速发展，其中不乏女同胞积极创业的结果，据鼎立小贷公司的初步摸底，由女同胞创业成立的小企业、个体工商户、种植、养殖专业户达到 500 家，这些都是鼎立小贷公司的目标客户。

2. 充分了解行业发展趋势，抓住重点扶持

鼎立小贷公司将服务对象瞄准那些成长势头好、社会效益高的产业化企业，一方面，提高企业经济效益，更重要的是通过企业的发展壮大，创造更大的社会价值。张玉芬女士是定兴县绿园农牧有限公司总经理，1995 年开始经营蛋鸡养殖，2010 年成为"保定市养殖龙头企业"。经过几年的经验积累，她决定根据市场需求，扩大存栏量。但扩建资金成为一道迈不过去的坎。鼎立小贷公司主动登门服务，先后为该公司发放贷款 5 笔，共计金额 220 万元，用于扩建鸡舍、购买设备。有了资金保障，张玉芬的公司规模由原来的占地 200 亩、存栏 30 万只、年产值 2 700 万元，发展到占地 300 亩、存栏 50 万只、年产值 4 600 万元。

3. 始终关注妇女弱势群体，扶持创新创业

下岗女职工是女同胞中的弱势群体，胡彩红下岗之后一直在路边摆摊卖菜，家里生活困难。鼎立小贷公司知道相关情况后，主动上门服务，在深入分析调查基础上，了解到她能跑运输且有蔬菜销售渠道。经公司调查审批，先后向胡彩红发放两笔低息贷款，金额 10 万元，用于购买运输车辆及蔬菜经营。经过努力，胡彩红不仅摆脱了贫困，还实现了致富。南冬村杨秀兰女士是定兴县服装厂下岗职工，主要经营服装加工，在经营中遇到了资金周转困难，鼎立小贷公司了解情况之后，经过贷前调查，先后为杨秀兰女士发放妇女创业贷款 11 万元，帮助她解了燃眉之急。现公司逐渐发展壮大，服装厂用工由原来的15 人发展到现在的 50 人，不仅提高了自己的收入，还为更多妇女提供了就业岗位。

三、案例分析——鼎立小贷公司的创新力分析

（一）鼎立小贷公司的政策感知创新力

金融市场环境对金融企业经营环境及经营绩效起直接或间接影响各种外部因素或力量的作用，包括宏观环境和微观环境，是金融企业的生存空间和开展经营活动的基本条件。通过环境分析可以较好识别市场机会、规避环境威胁、选取利于企业发展的综合环境，在环境分析中，对金融企业而言，经济政策、政治法律情况等显得尤为关键。

鼎立小贷公司立足于定兴县，根据河北省和保定市的相关政策，对定兴县的经济发展水平、收入水平等经济环境、家庭结构、消费习惯等社会文化环境、进行了深入的调查研究。2009年四部委联合出台的《关于完善小额担保贷款财政贴息政策，推动妇女创业就业工作的通知》、2010年河北省出台的《河北省妇女小额担保贷款实施办法》等政策使鼎立小贷公司看到了政策对妇女群体创业的支持，嗅到了市场契机，鼎立小贷公司研究制定了具体的政策支持办法，并在现阶段小贷公司发展趋缓、监管趋严的背景下寻找最合适的经营模式，保证业务开展的持续性和经营的方向性。

而差异化经营理念的提出正是鼎立小贷公司在充分研究市场环境、政策环境后做出的选择。差异化经营可以使小贷公司有别于其他竞争者的重要策略，小贷公司可以通过产品差异化、市场差异化、形象差异化等方式提供与众不同的金融产品和服务，凸显、形成鲜明的个性和特色，满足顾客的需求，形成有别于其他金融企业的竞争优势，实现创造和提升小贷公司的竞争优势。

鼎立小贷公司通过敏感的政策感知创新力坚持了为"三农"服务的发展理念，从战略设计上实现经营范围的确定，同时将创新引入经营理念，保证后续业务的改进，为公司的发展打下坚实的基础。

（二）鼎立小贷公司的风险管理创新力

通过前期筛选目标客户，选择出有发展潜力的客户后，再针对每一个客户的实际情况制定特定的贷款期限、金额、利率等，在风险防范方面做出创新，严格防范贷款风险，确保按期回款。

目前，我国农村地区的信用体系建设尤为薄弱，鼎立小贷公司在进行贷款审查过程中，贷款女同胞的信用评价是遇到的一大难题。由于目前农村地区信用体系不健全、存在信用缺失问题，虽然鼎立小贷公司主要服务当地，对贷款对象情况了解便利性要好于其他金融机构，但对于贷款对象的信用情况依然难以准确把握，贷前调查较为困难。鼎立小贷公司顶住压力，其员工在充分调研的基础上，公司采取上会共同讨论的方式决定相应贷款政策。鼎立小贷公司的贷款期限、贷款金额、贷款利率会根据贷款对象情况进行调整，对于信用状况良好的客户，鼎立小贷公司会给予贷款期限放宽和增加贷款额度的优惠；而对于信用状况不佳的客户，会提高贷款利率、降低贷款额度甚至限制其贷款。对于贷出款项，如果不能及时还款会影响其二次贷款，通过这种仿照"穷人银行"的贷款模式不仅可以帮助农户建立信用观念、促进农村地区信用体系建设，而且帮助鼎立小贷公司控制住风险，利于鼎立小贷公司客户信息的架构、完善和更新。

鼎立小贷公司对传统风控模式的改进与创新展现出优秀的风险管理创新力，为其后续的发展做出了较好的支撑。

（三）鼎立小贷公司的产品服务创新力

1. 精准确定贷款对象，以女同胞为主

市场细分是指金融企业根据客户需求的不同，将整体市场划分为若干客户群，即区分为若干个子市场，市场细分的实质在于通过区分市场、研究市场来达到选择市场和占领市场的目的。

市场细分的标准很多，鼎立小贷公司以相对稳定的性别、年龄等人口因素对市场进行划分，选取女同胞为目标市场。虽然鼎立小贷公司成立的目标客户就定位于女同胞，但是如何识别有贷款需要、有还款能力的女同胞是鼎立小贷公司需要思考的问题。金融机构需要挑选能和其共同发展成长的客户，客户也需要清晰地了解金融企业的产品服务对象，以区分于其他金融机构。基于此，鼎立小贷公司创造性地提出了"精准确定贷款对象"的概念，将女同胞这一目标市场更加细化，使公司经营业务范围明显区分其他金融机构。"精"主要针对贷款项目选择更具区域特点而言，鼎立小贷公司会选择有发展空间、对区域发展有重要作用的项目进行支持，保障每一笔贷款对农村女同胞、当地发展的作用最大化。"准"主要针对贷款对象信息采集的准确性而言，通过入户上门、多方了解等渠道对贷款对象的信用情况、贷款对象对子女教育的态度等可能影响其信用、还款能力的因素进行调查，并基于此将贷款对象的需求清晰化、具体化，保证鼎立小贷公司可以更为准确地把握客户需求和客户信用情况。精准确定有贷款需求的贫困女同胞，是鼎立小贷公司的重要创

新实践，这一创新不仅帮助鼎立小贷公司识别市场机会、规避风险，而且严谨地筛选过程可以让定兴县当地居民了解其目标客户，其服务定位在当地形成了较为广泛的影响力。同时仿照"穷人银行"模式进行贷款模式的改良也是鼎立小贷公司的一大创新，利用农村女同胞对当地人情关系的重视，除了可以减少公司的信用风险外，还可以构建关键的客户关系网，通过网状化模式实现与目标客群的对接。

2. 创新客户关系管理模式，助力精准扶贫

客户是企业的重要资产，任何一家企业只有拥有了客户才能获得企业价值，实现企业的可持续发展。随着客户与企业关系越来越密切，客户对企业的信任和承诺也逐渐增加，双方形成了一种长期合作关系，这种长期关系客户是任何企业都梦寐以求的理想客户，因此实现客户价值最大化的关键在于将客户转化为超值忠诚客户。对于金融机构而言，关系是通过金融服务提供者为客户提供服务建立的，因此为客户提供有价值、令人满意的服务会使客户愿意与企业形成长期关系。因此金融机构可以通过创新客户关系管理模式，培养长期客户，不仅利于企业可持续发展，也利于社会进步。

客户关系管理可以帮助企业获得忠诚，拉近与客户的关系，使企业更好地了解客户需求、为客户开发设计符合其需求的产品和营销策略。由于农村地区居民金融观念较模糊、并受制于农产品市场发展不健全、政策信息传递不及时等因素的影响，使当地居民无法及时有效接收到最新的支持优惠政策和产业信息，不敢贸然贷款。基于此，鼎立小贷公司为贷款对象及意向贷款对象免费开设经营管理的培训班，不仅为客户提供了沟通交流的机会，帮助她们更好地开展创业项目经营，同时拉近了鼎立小贷公司与客户的距离，保障贷款的回收率。同时，鼎立小贷公司除了宣传金融知识、组织课程培训外，还主动关心客户生活情况，通过定期组织旅游、定期关注创业项目经营情况、及时开展心理疏导等方式为客户提供增值服务。通过鼎立小贷公司高度接触客户、着眼于长期利益的方式加强了与客户的关系强度，为公司带来了忠诚客户。同时，对于河北省而言，鼎立小贷公司的客户关系管理创新可以帮助地方政府的

精准扶贫政策有效落地，对于河北省贫困地区脱贫和建立信用观念都具有重要意义。

鼎立小贷公司通过市场差异化、创新客户关系管理为其留下了忠诚客户，为企业的长期发展和经营业绩带来了新的可能。

（四）总结

鼎立小贷公司主要对经营模式的三个方面进行创新。对于经营理念，主要从行业发展前景、监管环境和区域环境等层面分析，从战略层面加深服务"三农"的意识，引入创新经营理念；对于业务范围，通过选定合适的目标客户、目标市场进行差异化经营，塑造有特色的金融品牌和企业形象；对于实现方式，采用集中式策略，通过关系营销拉近客户与公司的距离，获取客户的信任和学习其他金融机构先进的风险管理经验并进行改进，以更好适应当地情况的方式实现目标市场内的竞争优势。鼎立小贷公司通过努力最终实现了经济效益，同时更好地助力精准扶贫，实现社会价值。

四、未来展望

鼎立小贷公司自成立以来，立足定兴、定位巾帼，公司的不良贷款率几乎为零，发展战略也非常清晰。鼎立小贷公司将继续坚持"携手巾帼、服务三农"的宗旨，按照"全心全意服务妇女，竭尽全力帮助妇女，积极推动妇女创业"的原则，积极开发符合定兴县实际情况、符合定兴县广大女同胞创新创业、做大做强需求的信贷产品，更有力地支持女同胞创业和支持巾帼企业的持续进步与发展，为定兴县经济发展注入新的活力，同时，将公司做成小贷行业的标杆企业。

第三节　人保财险保定分公司的平台创新[①]

京津冀协同发展、雄安新区的设立为保定带来了巨大的发展机遇，

---

① 案例资料源于实地调研。

随着高端人才的不断聚集、金融资源的不断整合，保定市相关金融机构有了更大的发展空间。但同时也对金融机构提出更多要求，要求金融机构通过模式创新、产品创新、渠道创新等加强与雄安新区等地的联系，配合相关城市产业转型升级，促进重点产业协同发展，健全金融服务体系。在这个过程中，保险需求将得到进一步放大，保险业作为金融体系和社会保障体系的重要组成部分，保险公司作为重要的金融机构迎来新的发展机会，保险机构如何进行创新成为保险业新的关注重点。

中国人保财险保定分公司（以下简称保定人保财险）作为一家大型国有财产保险企业，是目前保定市唯一一家此类企业。保定人保财险共设有38家分支机构，分支机构范围覆盖了保定市区及域内22个县域地区，目前在职员工已超过1 600人，员工团队素质较高，拥有90%大专以上学历的专业人才。保定人保财险坚持以"人民保险、服务人民"为使命，始终遵循"求实、诚信、拼搏、创新"的人保精神和"以市场为导向、以客户为中心"的经营理念，注重经济效益和社会效益的协调发展，工作重心聚集于优质服务的提供和有力保障的落实，是保定业界的领跑者。其主要经营范围包括：财产保险、工程保险、货物运输保险、家庭财产保险、责任保险、信用保证保险、综合保险、意外伤害保险、企事业单位、家庭和个人的机动车辆保险等。公司连续五年在全国186家地市级分公司中排名第10位，连续被总公司、河北省分公司评为"经营业绩优胜单位""双文明"建设先进分公司；多年来，被保定市委、市政府评为"文明单位""先进集体"；2016年，保定市分公司荣获河北省金融工作办公室、金融工会联合会"河北省金融系统劳动关系和谐单位"荣誉称号。

保定人保财险围绕保定市委、市政府创建省级、国家级文明城市要求，积极做好金融服务窗口创建工作和创建文明城市宣传工作，不断提升营业窗口服务水平，助力保定经济社会发展，赢得客户和社会的广泛好评，获得"全省系统2017年度先进单位"荣誉称号，并被保定市委、市政府授予2016～2017年度"保定市文明单位"，成为保定市唯一一家获此荣誉的财险公司。

本案例选取中国保定人保财险分公司为研究对象，介绍了该公司在金融创新方面的相关过程及经验，深度分析了其成功原因。

一、案例背景

（一）雄安新区的设立与京津冀协同发展

党中央、国务院关于设立雄安新区的战略部署创造了继深圳经济特区和上海浦东新区后的第三新区，作为国家的千年大计，雄安新区承担了重要的经济任务、社会任务。同时创新是对雄安新区的另一要求，在这之中，金融机构如何利用资源优势、信息优势进行创新显得关键且必要。在雄安新区建设中，对于可能出现的责任、风险，如何规避与分散也是对金融机构尤其是保险机构的一大挑战。河北地区的金融机构能否抓住机遇、面对挑战主要看金融机构的创新能力强弱。

除了雄安新区的设立外，京津冀协同发展为京津冀三地提供了极大的机遇，在政治、经济、社会、民生等领域，在三地协同的过程中，金融机构如何利用先天优势发挥作用、保障资源的合理分配是其需要处理的重要问题。同时，京津冀三地协同给了河北地区金融机构更多地发展机会和有利的创新环境，为金融机构间人才流动、资源分配、经验共享等提供了较大空间。

（二）中国人保财险设立保险创新实验室

保险创新实验室旨在加强经营管理创新，整合内外部人才优势、专业优势和资源优势，强化部门协作与团队合作，积极探索保险服务创新的内容、模式和载体，将着力从三个方面搭建平台。一是搭建保险产品创新、经营模式创新、运行机制创新、管理方式改进、销售产能提升、大服务体系建设、客户资源共享以及对接服务雄安新区的研讨平台。二是搭建系统内部员工相互学习启发、共同进步提高的开放交流平台。三是搭建分公司培养和储备专业人才、技术骨干的成长发展平台。

二、案例描述

（一）平台建立

2017 年 6 月 8 日，保定人保财险成立保险创新实验室，成为河北省分公司辖内首家设立保险创新实验室的地市机构。

在保险创新实验室推进建设中，保定人保财险从四个方面进行探索创新：一是结合保定分公司经营管理实际，聚焦车险精细化管理、商业非车险（以下简称"商非"）市场开拓、农村市场开发、销售队伍建设、服务体系构建等问题，深入研讨并提出合理化建议。二是作为分公司讲师团的重要组成部分，定期组织开展"送培训下基层"活动。作为分公司智囊团的重要组成部分，协助基层单位做好一揽子保险服务的支持和指导工作。作为分公司创新开拓团队的重要组成部分，开展系统内外学习交流、沟通互访、创新研讨等工作。三是对接雄安新区建设，探讨如何有效发挥保险在雄安新区建设中的综合保障作用，结合雄安新区建设推进开展摸底调研、拟定对接方案、推进服务创新等，并提出合理化建议。四是联合河北大学、河北金融学院、河北农业大学等高等院校以及外部科研机构，开展保险产品研发、经营创新、风险管理、人才培养等方面的研讨。

保定人保财险希望可以通过保险创新实验室加强经营管理创新，整合内外部人才优势、专业优势和资源优势，强化部门协作与团队合作，积极探索保险服务创新的内容、模式和载体。

（二）平台发展

2017年8月，保定人保财险获评"中国人民保险集团创新基地"。设立创新基地是集团深入贯彻国家创新发展战略的重要举措、是积极顺应保险行业转型趋势的必然选择、是全面推动公司创新发展的关键步骤。创新基地将承担集团的重大创新任务和研究课题，在产品设计、商业模式、平台应用等重点领域，推进涉及集团改革发展全局的创新实践。

保定人保财险深刻领会集团设立创新基地的价值和重要意义，深入推进创新驱动发展，紧抓雄安新区建设机遇，全面落实国家脱贫攻坚战略，紧跟国家绿色经济转型改革，积极营造良好的创新环境，聚集丰富创新资源，全力打造创新驱动发展升级版，让创新成为全系统发展的引领力量，助力公司转型发展。

（三）重点项目

2017年7月19日，保定人保财险召开保险创新实验室专题会议，邢运江总经理要求实验室为公司经营发展"立项"，重点研究目前制约公司健康发展、改革转型的重大问题点和难点，精准对接公司转型发展和基层一线服务需求。基于此，保险创新实验室小组成员围绕发展思维、发展方式、管理模式、服务品质等方面内容，结合公司发展现状，立足工作实际，分成创新项目小组，共开发了集团客户拓展、法人客户专属服务、基层司部决策支持平台、农网功能激活、异业联盟商家拓展、保险顾问系统开发6个项目。保定人保财险要求6个项目小组对项目名称、项目背景、项目目标、项目范围、项目特点、实现路径等做出充分论证与讨论，为后续相关产品的完成和市场化做出规划。

1. 集团客户拓展

项目目标：加强业务司控能力，解决销售能力外化的问题；散单团做，解决销售人力不足的问题，丰富展业手段，拓展展业渠道；压缩非市场费用空间，更多让利客户，解决市场竞争力不足的问题。

项目范围：整合各方资源，服务集团客户，包括承保、理赔、服务提供一整套；集团客户拓展方案及相关落地设施。

项目特点：价格低；理赔快；服务优。

2. 法人客户专属服务

项目背景：分公司和各支公司对法人客户业务都非常重视，投入了大量的精力，但是客户的需求与公司所提供的服务没有找到最佳结合点，并没有将法人客户的资源进行二次深挖，一方面造成了资源的浪费，另一方面造成了双方合作的单一性和不稳定性。

项目介绍：法人客户专属保险服务项目可根据客户所面临风险，为其提供一揽子专业保险服务，充分利用双方资源，达到合作共赢，与客户建立长期稳固的合作关系，促进公司法人客户业务稳定快速发展。整合公司内部资源，满足公司一线员工的业务开展需求，快速提供一揽子保险方案，提高工作效率。通过此项目，转变一线员工的工作状态，从客户提出要求被动应对，变为主动出击，促进法人客户业务及相关业务发展，稳定并提升法人客户的保费规模。

3. 基层司部决策支持平台

建立三大系统：基层司部费用管理系统（服务对象：基层财务人员、各岗位人员、各级管理者）、基层司部利润预测系统（服务对象：基层服务人员、各级管理人员、其他相关人员）、基层司部重要客户数据查询系统（服务对象：分公司、基层司部各级管理者、财务人员，重要客户维护人员）。

基层司部费用管理系统：实现逐单费用配置和兑现情况的实时查询，查看是否可借用总公司销售费用管理系统数据；内外欠账按费用投入率、累计兑现和欠账金额等进行动态查询跟踪，根据设定的规则进行风险提示。

基层司部利润预测系统：进行利润预测、预算差异分析与滚动预算。

基层司部重要客户数据查询系统：以被保险人、投保人名称或阻止机构代码证、身份证等为表示，调取系统该客户的所有数据进行分析，提供各项成本数据和利润数据，同时提供第二大项中利润预测各项功能。

4. 农网功能激活

项目背景：（1）农网建设阶段性成效显著。自农网建设工作被列为公司"一号工程"以来，在集团、总公司、省公司、市公司大量的人力、物力和财力支持下，农网建设工作取得了一定的成效，完成了网点职场的建设和人员的配备工作，服务专员和协保员队伍建设也初见成效，区域产能挖掘能力显著提升，为本项目的开展提供了网点基础和人员基础。（2）农网发展现状令人担忧。农网目前尚未彻底摆脱靠公司补贴运营、甚至成为基层公司"包袱"的窘境；尚未根本解决服务功能单一、自我造血能力不足的问题；尚未根本转变传统展业方式和资源消耗型业务获取模式，还存在极大的生存压力。（3）农网发展出路亟待确定。在此情况下，如何充分将农网功能充分激活和提升，利用农网构建农村大服务体系、充分调动农网队伍积极性，构建服务竞争壁垒，实现"百姓、百事、百帮"，以点带面、逐步铺开，以服务带动销售能力的提升、带动公司形象的宣传提升，最终解决农网目前的生存问题，是亟待思考的问题。

项目预期效果：农村服务部成为区域保险金融综合服务中心；服务型竞争壁垒初步构建，农村客户信息综合利用；平台初步建立，区域产能挖掘能力显著提升；农网自我造血能力提升，发展实现自给自足。

实现路径：大服务体系构建、信息综合利用平台打造、保险组合产品政策跟进、队伍积极性充分调动。

5. 异业联盟商家扩展

项目目标：依托人保庞大的客户资源，整合车周边、生活周边的特惠商家，根据商家提供的不同优惠层次与现有客户评级体系相匹配（五星级个人、四星级个人、三星级个人、VIP 客户及非 VIP 客户），为不同级别客户提供差异化会员专属折扣特惠，提升市场竞争力。

项目模块：（1）异业商家挖掘：通过梳理责意险、财货险在保单位客户资源，筛选出车周边和生活周边的目标商户，开展异业联盟合作；与各支公司加强沟通，将其已承保或正在洽谈的商户纳入异业商家联盟范围，最大限度地挖掘其车周边、生活周边的可合作项目。（2）资源置换整合：利用集团客户政策及一揽子保险（面向企业全面风险），为拟洽谈异业联盟商家员工提供优于其他主体的承保、理赔、增值服务；协助支公司拓展合作商家业务资源，通过合作进一步开发新客户，维系老客户。（3）增值服务拓展：通过整合异业联盟商家提供的有价服务及特惠折扣，形成针对不同级别客户的差异化增值服务大礼包，作为业务拓展吸引点，助力业务发展。

6. 保险顾问系统

开发背景：目前出单人员工作内容较为单一，薪酬福利待遇较低，之前的利益分配规则导致出单人员销售积极性有待进一步激发。该项目是客户资源管理的重要环节，提供客户资源管理销售端辅助功能，以及多险种协同发展。

项目开发目标：促进商非业务和公司整体业务发展，提高出单员多险种联合销售意识，深挖客户资源，增强客户体验服务。

建立数据基础：建立商非产品库、车险实时数据、客户全险种承保理赔整合数据。

针对客户群：到营业厅办理业务的客户。

目前，农网功能激活等项目已初见成效，与"京东帮"试点合作模式已经落地、与区域快修厂试点合作已初现成效、与银行机构试点合作已开始洽谈，为项目的后续推进提供了必要的支持。

（四）平台前景

2017 年 10 月 20 日，保险创新实验室举办"保险＋期货"新型农险产品分享学习会，全力推进保险产品创新。此次分享会特别邀请北京市分公司"保险＋期货"新型农险产品和业务专家介绍分享了北京市分公司"保险＋期货"产品创新和业务推广的经验。下一步，保险创新实验室将在保定人保财险的统一部署安排下，协助农险部联合北京分公司就辖区的现有农村业务资源积极推进"保险＋期货"新型农险产品的开发和业务拓展工作。

面对市场和行业深刻变革带来的新形势、新机遇和新挑战，保定人保财险准确把握当前形势的变化，高定位审视当前保险市场发展，从三项举措上出实招，将资源向发展倾斜，着力提升创新发展能力，扎实推进公司转型发展：一是多渠道提升专业人才创新力；二是整合资源提升客户服务能力；三是强化风险管控和定价能力。

2018 年 1 月，安新分公司签订雄安新区政府救助责任保险，累计提供保险风险保障 1 000 万元，这是保定人保财险与雄安新区政府签订的关于建设问题的第一笔保险业务，同时也是第一次把雄安新区先期拆迁建设中可能存在的风险纳入保险责任中，保障雄安新区的先期建设顺利进行。

三、案例分析——保定人保财险的创新力分析

（一）保定人保财险的政策感知创新力

近些年，国家、地方政府对创新都非常重视，相继出台了多项政策鼓励创新，如 2015 年河北省颁布的《河北省人民政府关于大力推进大众创业万众创新若干政策措施的实施意见》、2017 年国务院颁布的《国务院办公厅关于推广支持创新相关改革举措的通知》等，加之雄安新区的设立与京津冀协同发展的不断推进，使人保集团深知需要在河北、保定

进行相应的创新，保定人保财险承担起河北省的创新实验室项目就是领导层抓住政策利好、勇于踏出创新脚步的证明。保定人保财险在建立创新实验室后，抓紧对接雄安新区建设，探讨如何有效发挥保险在雄安新区建设中的综合保障作用，结合雄安新区建设积极推进开展摸底调研、拟定对接方案、推进服务创新等，并提出合理化建议。

保定人保财险较强的政策感知力为其后来项目的顺利进行提供了前提条件。

（二）保定人保财险的机构管理创新力

根据哈佛大学教授迈克尔·波特的理论，企业一般可以通过三种策略建立核心竞争力，分别为差异化竞争策略、低价竞争策略和聚焦策略。通过三种策略中的一种或几种建立在市场上处于领先地位的竞争力且这种竞争力优势明显和持久时，企业将获得较高的市场地位和更大的市场份额。这些竞争优势的建立更多依赖于企业战略的选择。

很明显，保定人保财险在集团战略的指引下，不断增强自身的机构管理能力，在建立创新实验室后，提出要结合保定市分公司经营管理实际，聚焦车险精细化管理、服务体系构建等问题，充分表明保定人保财险将竞争优势选择在"聚焦力"上。这种竞争优势的选择又经过会议讨论、员工培训、小组发言等形式在公司内部进行传播，帮助员工了解、熟悉并最终吸收。

保定人保财险较强的机构管理创新力为项目的发展提供了方向性指引。

（三）保定人保财险的人力资源创新力

保定人保财险深知研发人才的重要性，虽然公司内部没有专门的研发人才，但是创新实验室的成立使负责和参与创新实验室项目的员工都间接变成了产品开发者，因此在参与筛选员工时，保定人保财险通过层层筛选和内部举荐等方式选出合适的人选。

同时，保定人保财险也深知仅靠自身优势难以满足日益变动的市场需求，因此保险创新实验室整合内外部人才优势，从多个方面实现创新人才的培养。第一，保定人保财险要求员工不断学习借鉴，通过加强沟通交流的方式为创新提供专业的思路和建议，不要为创新而创新，要充分学习和借鉴系统内外成功经验，学做合一，学以致用。第二，创新实验室项目成员作为分公司创新开拓团队的重要组成部分，开展系统内外学习交流、沟通互访、创新研讨等工作，同时赋予创新实验室项目成员双重身份——分公司讲师团的组成部分。作为分公司智囊团的重要组成部分，定期组织开展"送培训下基层"活动，协助基层单位做好一揽子保险服务的支持和指导工作。第三，加强与高校的合作，充分利用学校及外部科研机构的学术能力，与河北大学、河北金融学院、河北农业大学等开展保险产品研发、经营创新、风险管理、人才培养等方面的研讨。

不仅如此，对于未参与创新实验室的员工，保定人保财险也积极鼓励全体员工为公司转型升级积极贡献智慧和力量，这种方式不仅能让员工找到归属感，激发其工作和创新的热情，而且可以帮助公司提高创新效率、加大创新成功的可能性。

保定人保财险较强的人力资源创新力为新产品、新项目的设计和为开发提供重要的保证。

（四）保定人保财险的产品服务创新力

在科学技术迅速发展的今天，在瞬息万变的市场中，金融机构想要站稳脚跟并获得持久性的盈利增长，就要不断进行产品开发与创新。市场营销意义上的新产品是一个广义的新产品概念，它不仅指"全新发明产品"，还包括改进型新产品、组合型新产品和模仿型新产品。所谓全新发明产品是指这类产品在市场中从未出现过的、利用新技术、新资源等方法开发设计出的金融产品，这类产品研发的难度大、周期长、失败率高，需要金融机构有足够的人力、物力、财力支持产品的研发。改进型产品是指对市场中存在的产品进行包装设计、服务效率、服务方式等方面的改进，以保证符合客户新的需求。组合型新产品是指金融机构将自己现有的金融产品或其他金融机构的金融产品进行组合而形成新的服务组合，这个新的服务组合就是组合型新产品。模仿型新产品是指金融机构通过变化产品名称、调整服务费率等方式模仿其他金融机构的产品而形成的产品，这种新产品不需要付出太大研发成本，适用于小型金融机构。金融产品的开发与创新，无论对于社会还是对于各类金融机构来说，都有重要的意义，因此金融机构需要通过产品创新提升自己的竞争优势。

保定人保财险理清了继承与创新的关系，在进行创新实验室项目时，立足于继承，着眼于创新。保定人保财险既勇于创新，又善于继承，不断汲取优秀经验和做法来丰富创新项目，根据实践要求不断发展创新。保定人保财险在已有产品或项目的基础上，通过深入调研分析，制订严谨的实施计划，结合行业经验创新产品，这种新产品是改进型或组合型新产品，这种做法不仅节约了企业成本，而且可以更好地为客户提供高质量、高效率的服务。在产品创新中，保定人保财险还要求注重项目的可操作性、可执行性，切实推进项目落地，以保证产品创新的成功率，助推公司转型发展。

产品创新是一个长期繁杂的过程，保定人保财险经过新产品构思和筛选后选取了六个有潜力的项目进行开发，通过成立项目小组对每一个项目的形成背景、产品名称、预期目标等都做出充分的论证，编制具体的开发步骤与营销方案，便于下一步的开发与落实，这些都充分展示了保定人保财险对于产品开发投入的重视度，展现了过硬的产品创新能力。

保定人保财险过硬的产品服务创新力为其后期新产品的成熟与市场化及公司未来可持续发展打下了坚实的基础。

（五）总结

保定人保财险在创新力评价中的四个环节有突出特色，及时跟进国家政策，敏锐把握国家大方向、大环境，同时配套组织战略的及时更新与调整，优化人才管理、树立正确的人才观念，通过创新薪酬制度、培养模式等方式实现内部顾客价值最大化，并积极进行知识管理内部化，将从外界感知到的机会、构思等转变为现实可行的创新产品，在实现自身经验积累、机构转型、利润最大化的同时实现了对国家经济发展、社会稳定的支持。

四、未来展望

保定人保财险在加快保险产品与服务的转型升级的同时。不断创新。

在经济发展"新常态"下，保定人保财险必然会充分发挥普惠金融在加速经济转型、提高资金配置效率、构建和谐社会等领域的积极作用，不断探究保险参与普惠金融的新路径，同时全面部署对接服务雄安新区建设的各项工作，在基础设施、绿色金融发展、承接疏解等方面提供保险保障，协助地方政府发挥管理、监督和服务的职能，促进雄安新区顺利建设，为京津冀协同发展战略实现保驾护航。

第七章 河北省金融创新中存在的问题及对策

金融创新是金融业在制度制定、金融工具、金融产品等方面为了适应实体经济的发展而进行的创新活动，是转变金融结构的主要方式和推动金融发展的强大力量。随着河北省经济的发展，金融创新的手段也不断发展。现代金融发展史实质上是金融发展创新的过程，但金融创新具有两面性。在促进金融业不断发展的同时，也会产生新的金融风险因素，使现有的金融监管制度与监管措施失效，增加金融监管的难度。通过研究河北省金融创新中存在的问题，找到研究对策，对于提高河北省金融创新力具有重大意义。

第一节 河北省金融创新中存在的问题

金融创新力的提高可以改善金融发展环境，提升金融服务经济的能力。河北省在进行金融创新的过程中存在着许多问题，找到这些问题可以切实提高河北省金融创新力，更好地实现金融对经济的推动作用。

一、政策、监管对金融创新支持力度有待提升

金融创新发展应保持鼓励创新与防范风险之间的动态平衡。因此，金融创新的发展离不开适度、有效的政策支持和制度监管。从目前情况来看，河北省支持金融创新的政策发挥的效果有待提升，需要进一步加

强鼓励力度，监管法律过于"滞后"，有待及时调整和跟紧金融创新步伐。

（一）机构对创新政策感知力一般，政策缺乏有效落实

近年来，河北省政府相继出台了《关于加快金融改革发展的实施意见》《河北省普惠金融发展实施方案》等政策，均重点提出加快推进金融改革发展，鼓励金融创新。2014 年以来，河北省财政厅也相继出台了《财政助推金融创新支持经济发展的实施意见》《河北省鼓励新型金融组织发展奖励资金管理办法》《河北省资产证券化奖励资金管理办法》《河北省普惠金融发展奖励资金管理办法》等政策法规，试图借助财政力量鼓励金融机构创新发展。但从问卷统计情况来看，41.38％的河北省金融行业从业人员认为现有政策对金融机构创新的扶持程度一般，反映出河北省现有政策的影响力有待提升，实际落实情况不佳。

与广东、深圳、浙江等省市相比，河北省支持金融创新具体方向不明确，且未形成一定的体系，支持政策内容不够具体细化，实际落实不到位。《关于加快金融改革发展的实施意见》中针对创新提出了"发展互联网金融、加快要素交易平台建设、推动投融资模式创新、发展融资租赁业、提升信息服务质量、创新抵押担保方式"等内容，均较为宏观，缺乏有效的组织推动机制和高效创新流程。目前缺少专门的职能部门主导对金融创新进行规划和推动，同时缺少针对河北省具体情况与特色的金融创新支持政策，金融机构得不到有效的指引方向。

构建高效创新流程。大部分商业银行还没有专门支持金融创新的制度落实，河北省财政厅制定金融创新的操作办法，形成了"财政＋金融"支持经济发展的政策体系，但操作办法不够细化，涉及实施的部门众多。《财政助推金融创新支持经济发展的实施意见》中提出要鼓励金融机构创新，"大力支持金融机构在科技金融、文化金融、绿色金融、小微金融、民生金融、农村金融等方面的产品、技术、工具和服务等方面的发展创新，省财政每年安排不低于 1 500 万元，对促进地方经济发展做出突出贡献的金融机构给予奖励"。对这 1 500 万元如何分配，以及奖励标准都不够明确，导致落实较为困难。在众多支持政策下，金融机构从业人员对

创新政策感知力却一般，反映出河北省政策的宣导工作也可能存在不到位的问题，从政府到机构、机构到职员，政策没有得到良好的传播与重视，因此政策效果大打折扣。

（二）监管对创新容忍度不高，创新空间有限

河北省与全国金融监管情况类似，越来越趋于严格与规范，对金融创新发展的监管理念和方式较为落后，制约了河北省金融的发展。目前，创新型的金融产品的模式与传统金融产品有很大的区别，例如，互联网金融的发展与银行的发展有许多不同，银行贷款必须以抵押品作为担保，而互联网金融则运用大数据法则，利用金融中介的信息管理系统，能够解决传统银行业无法解决的问题，这为中小创新型企业的发展提供了巨大的契机。由于互联网金融发展初期还不够成熟，法律不完善漏洞较多，导致出现很多混乱的现象，形成严重的金融风险。有关部门应加强规范和监管，但目前我国及河北省的金融监管理念和手段都较为落后，仅仅采取传统的"禁或堵"的方法，没有及时进行监管创新，易发生"一管就死"的情况，或导致较为宽松的创新金融发展环境趋于紧张。① 这种金融监管错位削弱了微观金融主体创新的积极性，监管制度落后于金融创新的发展实践，产生了巨大的监管漏洞，导致了违规行为的频频发生、屡禁不止。西方发达国家在对待金融创新问题时，在放松管制的同时又加强监督，而我国是双向加强，监管机构把重点放在对金融机构行为的监管，又总是进行干预，难以做到适时、适当干预，使微观金融主体难以施展拳脚。②

二、机构管理创新经验不足

由于金融创新在我国起步比较晚，金融机构普遍面临着创新经验与管理能力不足的问题，金融机构最为典型。在市场竞争的前提下，其机构的创新管理能力是实现稳健经营和发展创新的保障，是公司治理能力的重要表现。良好的创新管理能力不仅能提高商业银行的战略竞争力，

---

① 武雪华. 我国商业银行金融产品创新现状及对策研究 [J]. 财会学习, 2018 (18).
② 张勇. 金融创新在我国的发展现状与发展趋势研究 [J]. 科技经济市场, 2008 (7).

而且也可以促进商业银行金融创新的发展。良好的机构创新管理能力体现在创新完全融入公司战略、将创新融入企业文化、完善的制度保障金融创新、浓厚的创新氛围等，这些方面都可以为金融创新提供一个良好的平台与发展环境，激励金融机构的发展创新活动。

（一）缺少科学的金融创新理念

经过采访调查，发现河北省仍有不少金融机构并没有树立科学的金融创新理念，保留着传统的思想，没有形成长期的战略规划，依然把业务量放在首位，这导致对机构对创新的重视不够。另外，大部分金融机构在创新过程中单纯追求量的增长，模仿、借鉴较多，而忽视创新的质量，自主创新意识薄弱。目前，河北省金融创新的目标只放在易掌握、易操作、科技含量低的外在形式建设上，如扩大中间业务代理范围、增加资产业务零售品种等。

（二）缺少长期规划与制度保障

已经将创新意识融入日常工作的金融机构因为经验不足，创新战略过于宏观，缺少一定的绩效评价和长期规划，没有形成完善的制度来保障金融创新，导致落实效果欠佳。在调研过程中我们了解到，有些金融机构早期专门组建了金融创新的团队和部门，并寄予了很大的希望，但由于制度不完善，缺少规划与保障，没有固定的工作内容和人员，建立不久便解散了，创新发展的战略一时难以进行下去。这都反映出河北省金融机构的创新管理能力有待提升。

（三）内部创新监管不够，尚未建立有效的创新成本收益分析机制

虽然金融机构的管理层已经深入了解到金融创新为银行带来的效益，但是缺乏对金融创新所伴随的市场风险、操作风险、信用风险和法律风险等的充分认识，全方位的监督不到位，导致有些创新产品没有得到良好的风险把控，进入市场后效益较差或受到监管部门的查处。同时，尚未建立有效的创新成本收益分析机制也是金融机构创新过程中面临的问题。金融创新不断趋向复杂性和多元化发展，引入大量经济计量模型，并组合构建多种基础性业务，日益增强对创新成本收益分析的重视，但

目前金融业的金融创新对于有效的成本收益测算有很大的欠缺，对金融创新和业务数据的收集不够充分，仅停留在粗放式的成本收益定性分析的层面，导致许多产品盲目性的创新。[①]

三、金融科技投入不充分，科技应用水平低

科技是金融创新的第一生产力，金融机构的技术创新水平和发展速度是机构战略竞争力最直接的因素。目前，河北省正大力推进金融科技信息的发展，从统计调查结果来看，超过60%的人员认为工作单位在金融科技方面的投入情况较高，感受到工作单位在密切关注新技术在金融领域的应用，反映出河北省金融机构在积极提升其现代化金融建设水平，将科学技术运用到金融业务流程中，并取得了阶段性的成果，但从中依然显现出一些问题。

（一）金融科技缺乏顶层设计和有效组织推动

河北省金融业总部机构设置较少，金融科技发展时间不长，且前期呈现碎片化发展，分支机构对金融科技的态度不端正，发展前景不明朗。对金融创新存在一定的抵触心理和不得不跟随发展的矛盾心态。同时，顶层的设计策略不完善，缺乏有效的组织推动架构和高效创新流程。大部分金融机构没有一个专门的职能部门牵头对金融科技进行规划和推动，相关的职能分散在零售业务部、电子银行部、科技部等部门，创新力量分布零散，效果大打折扣。[②]

（二）技术水平存在差距

目前，互联网、云计算、人工智能、大数据应用、移动设备等技术的不断发展和实践应用已成为金融科技发展的重要因素。虽然河北省多家银行推出了以依托金融科技的业务，但从实际情况来看，多为一些网上银行和手机银行等较为简单的应用，依然停留在金融科技行业发展的第二阶段。互联网金融发展期，主要体现在互联网技术和金融业务深入

---

① 司彩丽. 我国上市商业银行金融创新力评价 [D]. 合肥：合肥工业大学，2010.
② 陈泽鹏，肖杰，李成青. 新形势下商业银行发展金融科技的思考 [J]. 国际金融，2018（2）.

融合，实现渠道网络化，并催生出创新的业务模式和业务形态。同时，由于现阶段传统金融机构技术创新慢，与市场上金融科技公司相比，不能快速地更新其系统与应用。因此仍然存在差距，特别是在云计算、大数据处理、人工智能等真正金融科技应用方面的差距较大，处于金融科技发展追赶者的地位。

（三）省内科技研发力量薄弱

目前，河北省能够为金融机构服务的科技企业与研究机构过少，无法满足市场需求，缺少合作导致金融机构科技创新难以落实。河北省地处京畿要地，由于京津地区与河北省在经济发展水平、公共服务环境、金融机构规模等方面存在的巨大差距，在"虹吸效应"的影响下河北省大量金融创新型人才流失，聚集在京津地区。同时，河北地区高校与研究所数量有限，科技企业较少，金融机构难以找到可以合作的对象，限制了金融科技的创新发展。

四、人力资源的开发和管理不足

金融创新的核心资源是人力资源，人力资源的创新已成为金融业发展的关键因素。加强金融业人力资源的开发与管理显得更加重要。金融业属于知识和智力密集型产业，金融业要求科技含量高、创新速度快。在金融创新中，人力资源的开发和管理尤为重要，提高人力资源创新力是提高河北省金融创新力的重要影响因素。但是河北省的人力资源管理和开发存在以下不足。

（一）引进创新研发相关人才的力度严重不足

金融业创新的根基在于人力资源管理过程中人力资源的开发，金融业要想不断创新就意味着必须要有充足的创新研发相关人才。河北省金融业创新需多多引进金融专业"高精尖"创新型人才，在金融领域应以定量分析为基础，将数理分析、计算机技术和系统工程等进行综合应用。因此，金融创新人员需要具备雄厚的数理基础和现代金融理论知识。

河北省在金融创新中缺乏高级金融创新人才、金融创新方面的创新业务骨干，尤其是缺乏金融业的关键人才和领军人才。在金融业发展创新中缺少拥有良好专业素质与丰富从业经验、较强组织管理能力的金融创新型人才。创新人才储备不足会造成金融创新研究缺乏智力支持。金融产品开发、宏观经济和产业经济研究，包括保险精算、核保核赔、风险控制和理财、大中型项目投资、资产管理、投资银行等方面，需要具备专业基础扎实、拥有丰富专业经验和对市场判断准确的创新型人才。目前，在金融创新团队中能起重要核心作用的领军人才较少，从而出现对金融业创新拉动作用不足的现象。

（二）对创新研发人才的管理经验不足

优秀管理人力才是促进河北省金融业发展的首要条件，金融业的创新发展需要金融业的管理者制定正确的创新发展目标。在发展金融创新的过程中，拥有优秀的高素质金融创新人才，可以更好实现金融业的创新发展。但是，河北省目前对创新研发人才的管理经验严重不足，在一定程度上制约了人力资源的充分利用水平。

1. 落后的金融人力资源管理理念

目前，河北省金融业对创新研发人才的管理不到位，大部分人力资源部门的管理者来自传统的人事工作部门，在日常管理工作中，管理者将自己传统的观念运用于工作中，在一定程度上，缺少对金融创新的理解，影响金融人才的积极性与创造性，使金融人才的创新能力得不到充分发挥。传统落后的金融管理观念阻碍了人力资源的不断发展，也阻碍了金融业的创新发展。

2. 不合理的人力资源创新力规划

河北省金融业对于人力资源创新没有详细的人才规划方案，在制定金融业人力资源创新管理战略时没有清晰的思路。由于金融业人力资源管理缺乏计划性和预见性，造成金融业创新人力资源管理混乱、管理效率低下的现象。人力资源创新力规划的不合理导致不能充分发挥金融创新人才的作用，降低金融业创新发展效率。

3. 缺乏合理有效的激励机制

有效的激励机制在金融业人力资源管理中对金融创新的高效率运作

具有重要影响，采用合理的激励机制十分重要。金融创新人才对金融创新行业发展具有积极的促进作用。从事金融行业的工作往往具有挑战性高、未来发展前景好等特点，如果当地管理机构能够实施合理的政策鼓励，将更能调动金融创新人才的积极性。

河北省金融业缺乏合理有效的金融人才激励机制，不同岗位的金融人才薪酬差距不大，没有体现出贡献差异性，也没有对提出金融创新方案的金融人才给予实质性的奖励机制。由于没有充分对前期的创新调研提供积极的技术、人力、资金的支持，在一定程度上不利于调动金融人才创新的积极性，容易造成高素质金融创新人才的流失。

4. 缺乏对金融业创新人才的培养机制

河北省金融业人力资源部门对创新人才的培养重视程度不够，存在理论和实践分离的问题，同时也面临着投入大量培养经费后高素质创新人才流失的问题。金融业人力资源部门缺乏金融创新人才培养，对人才的培养投入较少，培训效果较差，培养模式欠佳。河北省金融业往往通过知识讲座、APP 网课讲解等手段来提升人才素质，但是这些不能从根本上将金融人才培养成为真正的金融创新人才。由于无法让金融人才真正认识到自己的工作误区和需要提高的能力，导致培养效果不佳。

人力资源管理部门的培训内容主要是面对大部分金融人才，缺少针对性和与实际工作的联系，使金融人才浪费了许多时间，在很大程度上缺少了对自己实际认知与长远规划。金融业对创新人才培养只是注重短时间的培训，希望运用较少的资金投入达到良好的培养效果。然而，高素质金融创新人才的培养是一个长期的过程，人力资源可持续性培养的缺乏导致高素质创新人才培养的失败，以至于金融创新人才严重不足。

5. 创新研发人才占比较低

河北省创新研发人才占河北省金融业从业人员的比例较少，低于全国平均水平。虽然目前河北省高度重视对创新型人才的引进、培养与后期再培训，但在专业技术从业人员中，具备创新能力、有较强研发能力及高级职称专业技术人员的占比依然很低。河北省的创新性人才队伍无论是从质量上还是从数量上都不能满足金融业的扩张和转型升级的迫切要求。

河北省创新型人才占比不足的原因包括：一是对人才的作用认识不到位。由于政府层面的重视和引导不足，加上金融企业本身的主观因素，导致大部分企业对人才的重要性认识不足，人才环境不够优化。二是现有人才政策有待完善。虽然近年来河北省出台了一系列人才引进、培养及激励方面的政策，但是在培养高级创新型人才方面仍然缺乏较完善的激励政策。如由于受到现有人才认定标准的限制，有的非公金融企业紧缺人才；由于受到学历、职称的限制，无法引进，即使引进也享受不到优惠政策。三是引才、留才、育才环境尚未形成。虽然目前提出了一些奖励措施，但是在高学历、高级职称人才未引进、留不住时，对本科或中级职称专业技术人员培养的重视度和鼓励政策远远不足。四是人才公共服务机制不完善。人才信息平台建设比较滞后，虽然各个市区都有人才市场，但是市场的运行机制仍然不成熟、不稳定。人才信息供给不足、人才供求信息不全面。虽然政府在人才公共服务方面每年都组织招聘或者网站招聘，但是远远不能满足金融企业对人才的需求。

五、风险管控创新力不足

（一）不能充分了解金融创新中的风险点

一个金融市场想要健康稳健发展必须充分了解金融创新中的风险点，并及时对这些风险点进行合理测量，选择适当的风险管控方法进行规避。河北省由于受到现行监管体系的限制，各个金融监管机构之间虽然也有分工，可是监管职责没有明确界限，金融创新易出现监管重置、监管套利和监管真空等监管漏洞。监管不到位就会造成金融创新中的重要风险点，忽视潜在风险，威胁金融市场的安全与稳定。

（二）控制创新风险的技术不成熟

对于已经存在的巨大金融风险，河北省金融业的应对技术不够成熟。不成熟的技术水平造成不能及时的预感金融风险的来临，当金融风险来临时，应对措施不够足以化解危机。金融机构有时过度依靠中央经济政策的援助与宏观调控，对于金融风险危机过后的金融修复，河北省金融业缺少系统的金融恢复计划。

河北省金融创新管理技术不足，严重制约着金融创新的发展。现代金融创新越来越多运用数学建模、统计分析、计算机程序等来设计和开发金融高科技产品。而河北省经济发展水平有限、专业人才匮乏造成金融创新技术严重不足，限制了全省金融行业的发展。

创新型互联网金融业的平台搭建和系统开发、后台数据整合、系统认证、防火墙等均需要先进的金融技术进行管理。客户信息中有大量的客户真实身份信息和金融账户信息，保证数据的安全性十分重要。如果出现系统漏洞或安全漏洞，容易被不法分子盗用并造成客户的损失；如出现技术风险，对互联网金融业乃至个人客户都造成较大负面影响。

六、金融产品服务创新力不足

（一）不能充分了解客户的新需求

产品服务力是金融业通过产品服务满足市场需求的能力，是金融业对经济参与者的吸引力，是金融业提高竞争力的重要手段，是金融业整合资源为经济参与者创造有效商业价值的转化力，是金融业实现创新发展的关键。河北省金融业对金融客户的新需求缺乏了解，往往根据其他省份金融机构来定制产品，不能及时对客户的产品反馈做出总结归纳来升级产品。由于缺乏足够的市场调研，不能及时跟踪调查客户对产品的满意度，导致产品改进受到限制。创新发展的金融产品与市场需求不一致，无法满足广大金融客户的新需求。

（二）缺乏有个性化、定制化的产品

河北省金融业的创新大多停留在普遍创新的水平上，没有对产品服务进行个性化、定制化的改进。由于研发阶段忽视有针对性的产品服务，又缺少为客户提供专项服务的经验，导致最终设计的产品尽管有创新性但并不能吸引客户，扩大市场占有率。

随着互联网技术的发展，互联网企业对传统的消费观念有很大冲击，形成了以用户需求为主导、以体验为核心的生态链。重点放在用户体验方面，"余额宝""蚂蚁花呗""微信红包"等一批实用性强、体验性好

的程序得到了社会的广泛使用和普遍好评。金融业在未来仍属于稀缺资源、拥有垄断牌照、用户体验性弱的行业。随着互联网金融的发展、利率市场化以及国家政策的改变，金融行业需要从客户需求出发，推出更多的定制化产品。河北省由于经济发展受限，很少注重用户体验与未来交互性体验。为了更好地促进本省创新金融业的发展，河北省金融企业必须从客户体验出发，开发中间成本低、操作更加便捷的定制化产品。

（三）智能化电子化业务占比较少

随着物联网时代与互联网时代的发展，金融用户更希望获得智能化的电子服务，愿意使用智能化的电子产品。由于河北省创新技术研发条件的限制，智能化电子化业务占金融行业业务的比例仍然较少。一方面说明了河北省金融业对金融创新产品的开发力度小、不能更好地发挥金融创新作用；另一方面说明了河北省金融行业还没有充分开发互联网用户的需求。

根据中国互联网协会发布的《中国互联网发展报告 2018》的数据分析，截至 2017 年底，中国网民规模达 7.72 亿人，比 2016 年网民新增4 074 万人，互联网普及率达到 55.8%。这些剧增的互联网用户意味着金融业有更多的潜在用户需求需要开发。河北省金融业创新发展应该紧紧抓住这一契机，大力发展智能化电子化业务，充分调动网民的积极性。大力开发智能化、电子化金融业务，增加金融用户的使用量，促进河北省金融行业大规模发展。

第二节 河北省金融创新的对策建议

一、其他省份经验借鉴

（一）广东省提高金融创新力的有益实践经验

为了提高高新技术发展水平，促进金融创新的发展，广东省积极建设广东"互联网＋"众创金融示范区，省市联合建立一个全新的"互联网＋"创新创业的环境。在发布的相关行动方案中，设置 100 亿元引导基金，建立"互联网＋"征信中心、非公开股权融资、"互联网＋"应收账款融资试点。在这种积极的鼓励政策之下，涌现出一大批"触网"经济业态。广东省利用互联网信息技术催生许多的新产品、新技术、新服务，形成新的竞争优势，佛山的"互联网＋"实践引领全国，颇具样本意义。

（二）杭州市提高金融创新力的有益实践经验

走在全国前列的是杭州金融。杭州金融工作的发展方向就是将杭州打造为长三角南翼金融中心，其根本途径是发展多层次的资本市场，重点发展引导金融投资，最终目的是建设成熟的金融创新"试验田"、金融创新发展的示范区、金融支持中小企业创新发展的试点区和金融生态环境协调发展的优先区。

在不同的方面采取不同的措施。在平台建设方面，建设金融创新平台。围绕"一区两带"加快金融中心建设。在金融带多地建设金融城等金融综合体，着重金融总部中心建设，抓好金融创新发展区的楼宇建设与层次提高，以吸引国内外的金融机构落地与发展。在主体发展方面，促进金融机构的内部发展。培养和引进创新型金融人才，给予金融人才优惠的住房政策，加强对大学生金融实训能力的培养。积极促进证券、期货、保险、信托、金融租赁、担保及金融培训等行业的发展，不断加强其金融服务职能。加强地方金融机构实力，推进杭州银行发行上市的进程，对杭州联合银行股份制改组进行合理计划。在创新发展方面，政府加强对金融企业的支持。保证政银企合理对接，满足重点工程和民生项目建设的合理信贷需求，鼓励金融机构对战略性创新产业的资金支持，鼓励合法信贷，努力成为跨境贸易人民币结算试点城市。发挥金融风险池和信用担保联盟的优势，鼓励金融机构适当放宽对中小企业的信贷业务。促进债权基金的运营机制的完善，重点鼓励创新型产业债权基金的发展。扩大金融业的业务范围，允许银行开展动产抵押贷款业务。在功能发展方面，发展多层次资本市场。支持私募股权业的发展。加快高新区股份代办转让系统试点申报工作。鼓励成长型企业到创业板、中小板上市，引导战略投资者向大企业投资，促进大企业到海内外资本市场上市。增加产权交易所的职能，积极配合国家发展改革委支持设立的产业基金，科学筹划低碳基金的建立，争取发行更多企业债券。在金融机制方面，建设金融生态体系。坚持以民间资本、服务中小企业和金融服务为主体，与上海国际金融中心并列发展，力争优先在杭推广外汇管理七项改革措施。加大全省的服务力度，建设杭州"金融一体化"都市圈，形成杭州金融中心。加快征信体系建设，不断完善金融风险防范和处置机制，促进金融咨询服务发展，加强金融研究探索和区域统筹协调。

（三）上海制度创新的可借鉴经验

上海国际金融中心的建设需要制度创新，通过制度创新来促进法制创新，不断加强金融创新，有利于增强吸引力和竞争力，进而促进上海金融创新力。上海国际金融中心制度创新的可行路径：一是多元立法，采用利用好现有的地方立法权、争取中央授权金融中心立法、争取中央金融管理部门量身定制规范、充分运用司法解释、注重金融交易惯例、发挥金融业自律规则的作用等方法。二是分层监管，实现中央与地方金融监管的分权监管，将监管机构及职能下移，并在金融中心进行试点实施功能型监管，同时体现保障金融创新、提高金融市场整体效率、协同官方监管的理念。①

（四）深圳创新的有益经验借鉴

深圳是中国最早的金融创新中心。中国第一家外资银行、第一家股份制保险公司、第一家证券公司、第一家中外合资经营的金融公司、第一家金融电子结算中心、第一家外汇调剂中心等均诞生在深圳。②

深圳金融创新的重点主要在新型业务品种的创新上。如以票据业务为核心的短期融资方案、土地权按揭（抵押）贷款、应收账款融资、商业承兑汇票贴现、个人投资经营贷款业务、港币按揭等一系列资产业务新品种，不断满足客户对金融产品的需求。例如，深圳发展银行改变了传统的企业担保方式，由传统的信用担保，存款（国债）质押和固定资产抵押，创新为应收账款抵押，提单质押，出口退税质押等多种担保方

---

① 吴宏．上海国际金融中心建设的制度创新 [J]．法学，2016（9）．
② 葛志琼．深圳、上海金融积聚与金融创新比较 [J]．特区经济，2007（9）．

式。深圳市政府发布的《关于加快深圳金融业改革创新发展的若干意见》，力求把深圳打造成产业金融中心、金融创新中心、金融信息中心和金融配套服务中心。同时，深圳还提出要建立证券融资等七类新型金融机构，力争成为新型金融机构的聚集区和金融产品的原创中心。在具体措施中，重点扶持金融机构、金融产品和金融服务的改革创新。政府积极引导金融业的发展，深圳市政府给予金融机构落户奖，对总部在深圳或区域总部在深圳的金融机构将给予大企业直通车服务，加大在金融机构在办公用房、高管人员、金融人才的引进力度，多方面给予优惠政策和资金补贴。为鼓励金融业创新，深圳市设立了金融创新奖，中国平安保险、招商银行、深圳证券交易所获得创新一等奖。

综合以上先进省市的金融创新实践，结合河北省的实际情况，提出以下提高河北省金融创新力的措施。

二、提高河北省金融创新力的对策

（一）营造更加良好的创新环境

加快和深化金融机构创新，提高其金融创新能力，政府和监管部门应支持与鼓励金融机构的创新发展，河北省应在体制创新和制度创新两个方面为金融机构创造一个有利于金融创新的外部环境，给予金融机构在创新道路上更多的动力与保障。

1. 加大扶持力度，确保政策落实

河北省金融业在支持实体经济发展和经济转型升级发挥着重要的作用，而这离不开农村金融、科技金融、文化金融、绿色金融、小微金融等创新产品、技术、工具和服务，因此，河北省应加大金融创新的扶持力度，利用支持金融创新的针对性政策来鼓励金融机构参与经济结构调整和产业转型升级。首先，应细化政策内容，对于财政补贴、税收优惠政策出台相应的细则，明确鼓励方向，确保政策的可实施性。其次，由于相关政策涉及部门较多，有关部门要进行有效衔接，具体到任务分配、职责分工，利用责任归属和绩效评价体系，提高政策落实积极性。最后，要加大政策宣导力度，将有关鼓励金融创新的政策和财政补贴办法及时

有效传播出去，并指导相关金融机构进行申报，充分调动创新的积极性。

2. 结合河北省金融发展特点，加强金融创新顶层设计

河北省应借助京津冀一体化发展与雄安新区设立的机遇，加强金融创新的顶层设计，突出省内创新特色进行着重发展。广东省借助自身地理优势，在2015年推出了16项金融创新政策对港开放，内容包括加大金融创新开发试验力度、探索建立离岸证券交易中心、促进跨境支付服务创新发展、加快创新型金融业态集群发展等，鼓励围绕探索进一步对香港开放进行金融创新。河北省也可借鉴广东省的经验，结合自身特色与发展机遇，做好整体规划，如加大鼓励金融机构总部落户河北，为其提供一系列优惠政策。引导金融机构设计研发针对雄安新区的创新产品和服务，借助北京、天津的辐射作用，建立金融创新试验园区并给予更多优惠支持政策。

3. 创新金融监管，完善法律法规

目前对于我国以及河北省而言，在一定程度上放松金融管控，为金融创新提供良好的发展环境是急需解决的问题。因此，应积极探索新的监管模式，给予创新更多空间，与金融行业创新形成良性互动。立足国际视角，借鉴欧美国家积极开展的既鼓励真正的金融创新，又有效防控风险的监管创新探索方案，金融创新"监管沙盒"模式走在前列，形成了监管新趋势。各国和地区通过"监管沙盒"提供一个"缩小版"的真实市场和"宽松版"的监管环境，在维护消费者的权益和金融平稳运行的条件下，允许金融机构和金融科技企业对创新的金融产品、服务及模式进行严格测评，既保证监管部门对创新产品的金融内涵、风险特点和操作手段有充分的了解，可合理地为其制定相关政策制度，监管测试机构又能进一步了解监管意图和未来发展方向，从而缓解监管范围不完全覆盖的负面影响。河北省可以采用设立金融创新园区的方式，适当放开金融机构的束缚，对于创新型产品和服务进行局部"试验"，使金融机构能够在一定空间开展产品创新活动。在强化外部监管和内控机制的同时，要重视发挥市场限制的作用，适当给予行业与市场更多信任进行自身调控。

同时，完善金融法规的建设，防范和化解金融风险，也是十分重要环节。正是由于法律法规的不健全与滞后性，没有及时对金融创新的部分进行规范，产生监管漏洞，导致违规行为的屡禁不止。因此，要及时完善金融法规体系，切实解决当前的金融监管过程中无法可依、有法难依的问题，为金融创新提供一个良好完善的法律环境，使制度适应金融市场的发展需求。

（二）提高机构自身创新管理能力

2006 年，中国银行业监督管理委员会发布的《商业银行金融创新指引》提出，商业银行董事会制定的金融创新发展战略，应与全行整体战略相匹配。促进商业银行优化内部组织结构和精简商业银行业务流程，形成完善的前台营销服务职能、中台严密风险控制、后台有强大的保障支持功能的业务运行结构，建立符合金融创新的"流程银行"。促进商业银行从制定操作流程、加大对信息技术、人才的投入支持、维护客户关系管理、完善绩效考核评价与激励机制等方面发展金融创新的运行机制，不断提高我国商业银行的金融创新水平。

1. 树立科学的金融创新理念

创新理念是金融机构创新必不可少的因素，这需要商业银行引导全体员工解放思想，特别是要铲除传统以业务量为主的思想，进行长远的发展规划，树立科学的竞争意识和创新理念。金融机构应将创新融入发展战略规划与企业文化，持续的创新又需要营造良好的、宽松的、有利于促进创新的文化氛围，通过不断的学习和引导，使创新意识与创新理念深入人心，以举办创新大赛、培训会等方式来培养员工的创新意识提升创新水平，帮助员工全方面从产品创新、服务创新、管理创新寻找机会。更重要的是要建立有效的激励机制，使投入的人力效益和物力效益有效结合在一起，真正使创新成为全行业自觉、自愿的行为，企业文化中真正加入创新，将创新作为一种行业精神。[①] 同时金融机构的高层要对现代市场经济竞争格局有深刻认识，不断学习先进的金融知识，完善传

---

① 司彩丽. 我国上市商业银行金融创新力评价［D］. 合肥：合肥工业大学，2010.

统的管理模式，建立科学的创新的激励机制，优先发展金融创新的重点。

2. 健全完善金融创新机制

科学的创新理念也需要体现在不断完善的金融机构治理运行机制方面，提升金融创新的有效性和规范性，保障创新能力的持续提高。没有完善而科学的创新规划体系，机构的创新管理容易流于形式，创新很难持续进行下去。因此应以客户为中心，建立规范的金融创新体系，向标准化、流程化发展，建立创新产品研发完整的科学标准化流程。同时，对于创新工作机构应建立科学的跟踪机制和信息收集、反馈、处理系统，努力走在市场前面，主动进行创新。完善项目创新的激励机制，调动员工的创新积极性，实行项目负责制，对项目的开展和成果展示进行严格的管理制度，可利用下发"创新管理办法"与"细则"，并对于创新项目实行积分管理办法，对各创新管理委员会审批立项的创新项目将对其在推动过程中计划的完善性、管理的规范性等重要方面进行积分，积分结果将作为创新奖项评比的重要参考依据，进一步规范创新管理。这样就使金融机构更注重远期利益，合理分配创新所需资源，保障创新的效果和效率。

（三）提升金融科技应用水平

金融科技创新使金融行业发展模式和市场竞争格局将重新构建，以技术创新引领行业转型升级，成为金融机构经营转型的关键。在这一新的发展形势下，金融机构只有加强金融科技的创新发展，才能够在新的市场竞争中占有优势地位。

1. 加快对金融科技领域的战略布局

金融机构应转变传统的经营发展思路，审时度势，运用全新的金融科技发展思路，及时调整自身策略，加大对技术的融合应用，对于平台、数据、服务进行重塑，以实现数字化转型。河北省金融机构总部可以借鉴国内外同业机构先进的应对策略及成熟经验，结合本行经营资源及客户资源情况，对整个公司金融科技发展架构和发展策略进行科学合理的设计。同时，其他分支机构也可以根据实际情况，组织专门的金融科技发展部门，加强机构金融科技统一推动和规划，对于现有的创新业务流程，应尽快加以梳理，建立一套适合本机构金融科技潮流的高效流程。

2. 多渠道加强机构金融科技应用发展

目前，河北省技术创新能力较弱，是金融机构科技发展的最大制约。各机构应根据实际情况，加大科技研究、试验、应用的投入，并对资金进行专项管理，针对性地采取相关措施，保证资源实现有效的资源配置。金融机构还应以资金投入等方式积极引入其他科技企业或研究机构的先进成果或项目，并通过研究、改造、吸收，使相关技术不断完善创新，或者与金融科技公司进行外部合作，实现优势互补，共同开拓市场，形成互利共赢局面，提高金融科技的核心竞争力，实现金融科技跨越式发展。另外，金融机构应积极与高校等研究机构进行合作与创新交流，通过举办论坛、研讨会、创新比赛等方式激发创新思维，时刻关注金融科技前沿应用，联合各方面力量，吸收各方面优势资源，促进河北省金融科技产业转型升级、发展创新。

3. 政府应加大金融科技支持，建立金融科技新型组织机构的聚集平台

政府应该加强对金融科技企业的财政投入与扶持力度，给予金融科技企业技术创新、科技创新、金融创新等多领域给予激励政策，加大政策扶持力度，尤其是在研发经费、科技创新资金补贴、培育金融科技创新企业等领域为金融科技企业提供政策、智力支持，为金融科技产业创新提供良好的发展环境。同时，引导具有创新意义的金融科技创新项目，参与相应的金融创新、科研成果方面的展示。河北省可探索效仿广州的金融科技中心，建立金融科技新型组织机构的聚集平台，制定中长期金融科技发展战略规划，利用全方位的政策扶持与京津冀一体化的机遇，引进具有先进技术、科研创新能力的金融科技企业和研究机构入驻，建立良好的金融科技发展平台。[①] 组织河北省的金融科技企业到金融科技企业发展先进的省市培训交流，结交金融科技友谊城市，借鉴其发展经验提高河北省金融科技发展的效率与水平。

---

① 张留禄. 金融科技引领金融创新与发展——以广州金融科技中心建设为例〔J〕. 金融科技时代，2017（12）.

（四）提高人力资源创新力

1. 大力引进创新研发相关人才

河北省在未来发展金融业上应注重引进创新研发的相关人才，制定良好的人才引进政策，吸引人才落户河北，促进河北省金融业创新发展。利用高标准的优待政策，提高金融业人才的工资、福利待遇，留住金融业创新型人才。

金融业应善于发掘金融业创新型人才，可以通过与高等学校建立人才互动机制，防止金融业创新型人才的流失。制订金融业创新型人才培养计划，重点培养金融创新人才，为金融人才提供良好的实践平台，给金融业创新型人才提供理论知识与实际运用相结合的机会。积极举办金融创新人才交流会，通过人才交流发现金融创新人才，积极做好人才发掘工作。

2. 加强对金融创新研发人才的管理

（1）及时更新金融人力资源管理理念。金融业的人力资源管理部门要及时更新人力资源管理理念，树立正确的金融业人力资源管理观念。制定符合金融创新人才的政策，促进金融人才的发展。金融业的人力资源管理者与创新人才相互配合，人力资源管理者做好人才策划，激励金融人才创新。在正确理念的下合理选用金融创新人才，积极发挥金融人才的作用，实现自身价值和社会价值的最大化，从而实现金融创新发展的目标，促进金融业的发展和创新。创新人才应具备优秀的能力素质，理解管理者的真正意图，积极为金融创新提供新思路，共同促进金融业的发展和创新。创新人力资源管理理念，需站在金融人才的角度，充分调动金融人才的积极性，提供积极良好的创新氛围，积极引进和高素质金融创新人才，扩大金融业创新人才队伍，从而促进金融业的发展创新。

（2）合理规划人力资源创新力。规划人力资源管理是金融业发展创新的基础。金融业的创新性决定了金融业的发展，引进高素质的金融创新人才，拥有高素质的创新人才，是在人才竞争中取得优势地位的关键。合理有效对高素质的金融创新人才资源进行科学管理，积极配合金融技术的创新，实现金融业的发展创新。

河北省金融业应按自身发展的实际，规划并实施创新人才的中长期计划，增加金融创新人才储备。应当预测未来金融业发展的趋势，积极做好合理目标和规划，不断吸引创新人才，制定科学的人才引进政策，完善金融人才选聘机制，合理安排创新人才规划。建立符合河北省金融创新发展的金融创新人才培养、引进、规划制度。要加强人力资源的合理规划，具有完善的金融创新人才资源规划，才能确保金融业实现长期、健康、稳定发展。

（3）建立合理有效的激励机制。建立完善合理有效的人才激励机制是金融业创新人力资源管理的关键。河北省金融业应采取合理有效的激励机制，制定合理全面的薪酬体系。对金融人才的工资和奖金的发放要合理、公平，严格依据按劳分配、按能分配的原则，做好绩效考核的工作。人力资源管理部门不仅要对有贡献的创新人才给予实质性的奖励，也要给予精神方面的激励，充分发挥激励的效力，调动金融创新人才的积极性，达到金融业与金融创新人才共同发展的双赢局面。管理好金融业人力资源，开拓金融创新人才的创新思路，激发金融创新人才的工作创新热情，保证金融业实现的经济效益和社会效益。

（4）加大对金融业创新人才的培养。河北省金融业应加强对高素质金融人才的培养，为金融人才的职业生涯提供一个正确的引导作用，要注重其技能的掌握、能力的发展和创新的思路。建立科学的金融业创新人才教育培养体系，增加对金融人才的培训和继续教育，使金融人才紧跟时代的步伐，适应时代创新发展的需要，增强其对未知领域的创新能力。同时要不断开发人力资源，留住现有金融人才和吸引高层次金融人才，加强对金融人才创新方面的培训，实现金融业的可持续创新发展和人才创新能力升级。

河北省金融业与高等教育学校共同培养金融人才，建立创新型、现代化、全球化的人才培养机制，高等教育学校承担起对金融人才的专业素质培养、科技研究创新的责任。河北省金融业对培训要加以重视，构建金融创新人才培养模式，制定适合金融人才的教育与培养规划，改善自身的培训模式，形成多元化并具有金融业专业性的人才培养方式，加强金融人才基本专业素质与金融业务技能的培训，增强适应创新环境的能力，从多方面提高金融人才的综合素质和创新水平，引导金融人才发挥所长。合理利用培训和教育经费，注重金融创新人才的多层次、多途径培养，以适用当前金融创新发展的现实需要。利用网络学习等方式进行专业化的培训，不断提升金融业人才的创新水平。

（五）提高风险管控创新力

1. 及时应对创新中存在的未知风险点

面对金融创新存在的未知风险，河北省金融业应不断提高自身应对风险的能力，对金融风险有合理的预测，防范创新中出现新风险。完善河北省金融风险的监管机制，实现监管的体系性和协调性。一方面，政府要严格履行政府的职责，对经济进行合理的宏观调控，保证金融资产的合理运用，防范可能发生的金融风险；另一方面，应运用一系列的法规政策规范金融业的经济行为，建立有序的金融业发展环境，防范可能发生的金融风险，并及时处理发生的金融风险。河北省应建立金融风险的预警机制，完善目前的金融风险预警制度。建立金融风险的各项指标体系，在建立机制、明确责任的条件下，加强不同监管机构之间的联系性，建立金融信息共享平台，共同应对金融未知的风险。

2. 提升控制创新风险的技术

河北省金融业要学习控制创新风险的新技术，提高应对金融风险的能力和手段。金融业应建立内部预警机制和风险管控内部机制，设立金融风险管控部门，并赋予其明确的职责、权力和功能，负责日常监测金融风险和重大事项报告和记载。加强对金融业的管理，收集、分析、整理数据，奠定金融风险的数据基础，为金融风险的研究提供科学依据。扩宽控制创新金融风险的思路，提高控制金融风险水平，采用多种经济手段，对金融风险实施全方位的预测与控制。随着金融创新的快速发展，对风险的预测、控制的能力和手段应与时俱进，不断创新，适应金融的发展创新，综合运用政治、经济、法律、高科技等技术手段，提高控制创新风险的水平。

3. 提升信息披露的公开透明度

金融市场往往受到信息不对称、外部性、交易费用等外部因素的影响，河北省要营造良好的金融市场氛围，完善信息披露制度，使获得信息的途径简单、真实、可靠，增加市场的稳定性，减少金融风险管控成本，面对金融创新风险可及时获得参考信息。金融企业可以根据信息披露情况及时改变企业的生产经营策略，保证企业安全、稳定运营。

4. 加强对具体金融项目的实时管控

河北省金融业应对金融投资实施人员、主体、长短期的分类化管理，对投资项目实施严格的考核制度和监督机制。强化对金融风险的考核和分析，增加对金融业的财务业务管理，完善金融财务报告平台和财务预警体制的建设。对金融财务有准确的分析并增加报告水平质量，加大对金融业的监管和控制，将财务信息转化为有效的决策参考信息。完善管控流程的设计及执行有效性，提高金融风险内部管控和外部管控的水平，防范金融风险扩大化。

（六）提升产品服务创新力

1. 充分了解客户需求，设计更加具有针对性的产品

目前，客户对获取信息的意识逐步提高，对主导型自我金融服务产品的需求大大提高，对金融产品的投资决策性也拥有更多的支配权。客户不仅满足于全天候的客户服务，更希望得到更多的互联网和移动渠道的服务。河北省金融服务业应该根据客户的需求，及时改变金融服务方案，满足客户的需求，获得更好的客户体验。

2. 实现创新产品的智能化、电子化

围绕"智能生产"，传感器、云存储、以太网以及大数据技术等是智能工业化实施的重要部分，互联网金融企业作为新一代智能化金融服务的提供者和使用者，取得了可观的经济效益。河北省金融机构可以与互联网金融企业合作，增加其对金融机构的依赖性和黏性，奠定长期合作的智能化服务基础，更好实现金融创新产品的智能化和电子化。

为了更好实现金融产品的智能化与电子化，增强客户体验，河北省金融业需要从以下三个方面入手：一是做好前期数据的采集和集成工作

并实时监控和分析。要想明确客户的需求并根据他们的现有需求开发潜在客户，需要利用现代化金融分析工具来分析数据，并做出统计分析来预测未来发展趋势，有针对性地开发金融产品。二是完善金融服务工作流程。要想更好地满足客户需求，提升服务水平，必须严格控制整个金融服务的过程。对过程中客户的敏感问题、不满问题做出及时反馈并提出有效的解决方案。可以成立专门的服务团队，负责整个产品线的服务监测与处理工作。三是定期组织培训，提升员工金融新技术水平。金融行业可以组织内部企业培训也可以请技术专家来做客座讲授，也可以鼓励员工去高校深造，不断提升本企业的技术水平。

参考文献

［1］曹蒸蒸．我国商业银行金融创新力评价［J］．金融理论与实践，2009（11）：85－88．

［2］陈岱孙，厉以宁．国际金融学论史［M］．北京：中国金融出版社，1991：178－179．

［3］陈国庆．国际金融市场的金融创新［J］．南开经济研究，1990，6（1）：19－66．

［4］程丹．中国证监会发布9项规则拥抱新经济［N］．证券时报，2018－6－7．

［5］程思劢．基于相对位次法的商业银行金融创新能力评价研究［D］．蚌埠：安徽财经大学，2014．

［6］方先明等．我国商业银行竞争力水平研究——基于2010－2012年16家上市商业银行数据的分析［J］．中央财经大学学报，2014（3）：31－38．

［7］富兰克林·艾伦，格伦·雅戈著，牛红军译．金融创新力［M］．中国人民大学出版社，2015：252．

［8］龚峻．对我国银行业引入营销管理的思考［J］．管理世界，2000（1）：195－196＋211．

［9］谷亚宇．阜平县农村金融服务改革创新的调研报告［D］．保定：河北金融学院，2017．

［10］顾德娴．金融科技助推网点智能化转型升级［N］．中国城乡金融报，2018－8－24．

［11］韩志雄，冯学奋，赵权．智慧金融的产生、发展与前景探析［J］．海南金融，2018（8）：19－27．

［12］何鹏．我国中小企业创新力研究［D］．长海：中南大学，2006．

［13］何晓丽．YJ公司员工培训管理改进研究［D］．成都：西南交通大学，2017（1）．

［14］黄洪．转变增长方式　推进广东省保险业科学发展［J］．南方金融，2007（3）：16－22．

［15］嵇尚洲．发挥上海中心城市作用，建设长三角世界级城市群［J］．科学发展，2018（7）：49－58．

［16］金泳．金融科技赋能　提升体系智能化水平［N］．中华合作时报，2018－6－15．

［17］康书生，杨镈宇．京津冀区域金融协同发展的理论探讨与实证检验［J］．河北经贸大学学报，2016，37（6）：112－118．

［18］孔祥纬，许洪贵．论企业创新力［J］．管理现代化，2009（3）：33－35．

［19］李东亮．创新企业 IPO 或 CDR 试点呼之欲出［N］．中国证券报，2018－6－7．

［20］李林鸾．小微金融发展需政策加码与防风险并重［N］．农村金融时报，2018－7－2．

［21］李颖灏，彭星间．基于创新力与控制力动态均衡的企业持续成长路径分析［J］．科研管理，2007（4）：67－72．

［22］林建华．金融创新力与银行微观经营效益关系探讨［J］．金融论坛，2001（3）：51－56．

［23］林婷婷．证监会：严格掌握试点企业家数和筹资数量［N］．证券日报，2018－6－7．

［24］刘志良，张明亮．"冀南微贷"唱响冀南大地［N］．金融时报，2012－3－13．

［25］罗清和，朱诗怡．中国证券公司经纪业务效率评价——基于 2011－2015 年数据［J］．特区经济，2017（5）．

［26］马宏．保险市场创新中的保险监管［J］．武汉金融，2006（9）：28－31．

［27］孟庆江．供给侧改革中证券公司的机遇、挑战及对策［C］．创新与发展：中国证券业 2016 论文集．2017．

［28］裴少峰．货币银行学［M］．广东：中山大学出版社，2006．

［29］亓新政．当前江苏省保险业发展理念与重点措施［J］．金融纵横，2016（3）：4－8．

［30］乔新周．基于要素视角的上市商业银行创新能力评价研究［D］．深圳：深圳大学，2017．

［31］邱洪华．基于层次分析模型的中国内外资银行创新力综合评价［J］．研究与发展管理，2012（5）：64－72．

［32］《人保财险签出支持雄安新区建设保险第一单》［EB/OL］．http://sc. stock. cnfol. com/gushizhibo/20180131/25975977. shtml.

［33］邵宏伟，孙石泽．河北省金融精准扶贫创新实践研究——以保定市 A 小

额贷款公司为例 [J]. 时代金融, 2017 (36): 36-37.

[34] 石睿. 金融创新、金融风险与金融稳定的理论分析 [J]. 南方金融, 2011 (6).

[35] 司彩丽. 我国上市商业银行金融创新能力评价 [D]. 合肥: 合肥工业大学, 2010.

[36] 苏杰. 金融支持科技创新实践及启示——以深圳投控为例 [J]. 现代经济信息, 2018 (14): 311-312.

[37] 苏诗钰. 证监会: 严格掌握试点企业家数和筹资数量 [N]. 证券日报, 2018-6-7.

[38] 孙立媛, 邓三鸿. 企业创新能力构成要素研究与评价指标体系的构建 [J]. 西南民族大学学报 (人文社会科学版), 2012, 33 (12): 230-235.

[39] 唐双宁. 城市商业银行的发展阶段和现存问题 [J]. 资本市场, 2007 (12): 26-27.

[40] 王彬武. 北京城市副中心住房发展趋势研究 [J]. 中国房地产, 2018, 611 (18): 12-23.

[41] 王丽平. 保险客户关系管理初探 [J]. 经营管理者, 2011 (15): 90-90.

[42] 王宁江. 企业创新力如何评价 [J]. 浙江经济, 2015 (22): 40.

[43] 王宁, 李曼音, 王丽. 经济新常态下的河北金融创新路径分析 [J]. 河北青年管理干部学院学报, 2017, 29 (3): 80-82.

[44] 王仁祥, 喻平. 金融创新理论研究综述 [J]. 经济学动态, 2004 (5): 90-94.

[45] 王珊珊. 金融危机背景下我国中小企业创新力的提升研究 [J]. 时代金融, 2011 (12): 175+215.

[46] 王术芳. 我国金融创新对经济增长的影响研究 [D]. 长沙: 湖南大学, 2016.

[47] 王燕茹. 金融危机环境下中小企业创新力的提升对策 [J]. 未来与发展, 2011, 34 (1): 79-83.

[48] 肖科, 夏婷. 国有商业银行金融创新力的评价 [J]. 统计与决策, 2006 (21): 105-106.

[49]《邢台银行"冀南微贷"品牌塑造之路》[EB/OL]. http://bank.hexun.com/2014-04-03/163625760.html.

[50] 许鹏远. 现阶段我国上市商业银行金融创新评价研究 [D]. 合肥: 安徽大学, 2012.

［51］杨丽华．企业核心竞争力结构模型及评价体系的研究［D］．南京：东南大学，2017．

［52］杨梅，刘燕，肖硕然．金融供给侧结构性改革服务保定市实体经济发展的研究［J］．纳税，2018（10）．

［53］叶萍．金融创新模式与金融创新能力相关问题研究［D］．武汉：武汉理工大学，2002．

［54］余德波．深圳金融业竞争力研究［D］．深圳：深圳大学，2017．

［55］喻平，李敏．金融创新能力评价［J］．当代经济管理，2007（3）：99－102．

［56］袁宇霞．9月8日寻访团来到"挑战生命极限"的夹金山——谈红军长征爬雪山的精神与企业创新力的持之以恒［J］．今日印刷，2016（10）：38－41．

［57］远德玉．科技风险投资与技术创新［J］．北京化工大学学报（社会科学版），2000（2）：1－4＋15．

［58］张炜．银监会《商业银行金融创新指引》解读［J］．中国城市金融，2007（3）：77－80．

［59］张响贤．保险业创新存在的问题及对策［J］．中国金融，2003（20）：42－22．

［60］张协奎，邬思怡．基于"要素—结构—功能—环境"的城市创新力评价研究——以17个国家创新型试点城市为例［J］．科技进步与对策，2015，32（2）：138－144．

［61］张昭，金环．金融创新力在我国商业银行中的探讨［J］．时代金融，2018（18）：87．

［62］赵广翔．商业银行金融创新力评价的分析［J］．商场现代化，2018（9）：88－89．

［63］赵志宏．采用科学的方法提升金融创新能力［J］．中国金融，2007（15）：51－54．

［64］郑旺生，林志生．新形势下强化保险宣传的对策思考［J］．福建金融，2016（4）：46－49．

［65］周萃．破解小微融资难须多方发力［N］．金融时报，2018－7－2．

［66］周林，何旗．浅谈西方国家的金融创新［J］．金融研究，1985（12）：42－43．

［67］朱菁．论金融创新及其影响［J］．世界经济文汇，1992，1（1）：1－5．

［68］朱培莹．基于战略竞争力的我国商业银行金融创新力评价体系研究［D］．南昌：江西师范大学，2015．

［69］朱元甲，刘坤，杨利峰．自贸试验区证券业发展思考与建议［J］．银行

家，2017（8）：77 – 78.

［70］《2018 年一季度金融机构贷款投向统计报告》发布［J］. 中国信用卡，2018，264（5）：92.

［71］ Christopher James. The Use of Loan Sales and Standby Letters of Credit by Commercial Banks［J］. Journal of Monetary Economics，1988（2）.

［72］ C. K. Prahnalad and Gary Hamel. The Core Competence of the Corporation［J］. Harved Business Review，May-June 1990.

［73］ Dorothy Leonard-Barton. Core Capabilities and Core Rigidities：A Paradnx Managing New Product Development［J］. Stategic Management Journal，1992，Vol. 13.

［74］ J. A. Schumpeter. Economic Doctrine and Method［M］. Commercial Press，1912：117 – 121.

［75］ W. L. Silber. Financial Innovations［M］. New York，The Free Press，1975：89 – 95.